新时代检察理念研究

贾宇/著

中国检察出版社

图书在版编目（CIP）数据

新时代检察理念研究／贾宇著. —北京：中国检察出版社，2021.2
ISBN 978–7–5102–2537–6

Ⅰ.①新… Ⅱ.①贾… Ⅲ.①检察机关–工作–研究–中国 Ⅳ.①D926.304

中国版本图书馆 CIP 数据核字（2021）第 009259 号

新时代检察理念研究

贾 宇 著

出版发行：中国检察出版社
社　　址：北京市石景山区香山南路 109 号（100144）
网　　址：中国检察出版社（www.zgjccbs.com）
编辑电话：（010）86423753
发行电话：（010）86423726　86423727　86423728
　　　　　（010）86423730　86423732
经　　销：新华书店
印　　刷：鑫艺佳利（天津）印刷有限公司
开　　本：710 mm × 1000 mm　16 开
印　　张：22.75
字　　数：280 千字
版　　次：2021 年 2 月第一版　2021 年 2 月第一次印刷
书　　号：ISBN 978–7–5102–2537–6
定　　价：86.00 元

检察版图书，版权所有，侵权必究
如遇图书印装质量问题本社负责调换

作者简介

◇ 贾宇，男，汉族，青海贵德人，1963年2月生，法学博士、教授、博士生导师,浙江省人民检察院党组书记、检察长,二级大检察官,第十三届全国人大代表。曾任西北政法大学党委副书记、校长，获第五届"全国十大杰出青年法学家"称号。任"马克思主义理论研究和建设工程"重点教材《刑法学》课题组首席专家、主编，中国刑法学研究会副会长、国际刑法学协会中国分会副主席。长期从事中国刑法学、国际刑法学、犯罪学、反恐怖主义与国家安全等研究，代表作有《国际刑法学》《犯罪故意研究》《刑法学》《中国反恐怖主义法教程》等。曾主持多项国家哲学社会科学基金项目和教育部、司法部等规划项目，多项研究成果获得教育部、司法部等优秀学术成果奖，一百多篇专业论文在《法学研究》《中国法学》《法律科学》等学术刊物发表。

序

  在深入学习贯彻党的十九届五中全会精神和习近平法治思想的特殊时点，浙江省人民检察院贾宇检察长的最新力作《新时代检察理念研究》即将付梓出版，邀我作序，我欣然应允。一则朋友之情难却；二则新作很有价值。

  思想是行动的先导，理论是实践的指南。党的十八大以来，习近平总书记从坚持和发展中国特色社会主义全局和战略高度，创造性地提出了关于全面依法治国的一系列新理念新思想新战略，深刻回答了新时代为什么实行全面依法治国、怎样实行全面依法治国等一系列重大理论和实践问题，形成了习近平法治思想。最高人民检察院党组和张军检察长坚持以习近平法治思想为指引，在重塑性变革中不断更新理念、转变观念，努力适应国内外形势变化、经济社会发展对检察机关履行法律监督职责提出的更高的新要求，以"讲政治、顾大局、谋发展、重自强"作为工作总要求；因应国家监察体制改革提出"转隶就是转机"；为进一步彰显人民检察官作为公平正义守护者的职责，明确"检察官的客观公正立场"；针对公益诉讼面临的新情况新问题提出"双赢多赢共赢"，进而将其延展为做好整个法律监督工作的理念；就监督与办案在实际工作中的定位提出"在办案中监督、在监督中办案"；为解决重刑轻民问题，要求各项检察职能"全面协调充分发展"，明确"四大检察"的履职目标分别是"做优、做强、做实、做好"。这一系列检察工作新理念，引领新时代检察工作不断创新发展。

  近年来，特别是 2018 年以来，浙江检察机关在省检察院党组和贾宇检察长的领导下，立足革命红船起航地、改革开放先行地、习近平新时代中国特色社会主义思想重要萌发地"三个地"和全面展示中国特色社会主义制度优越性的"重要窗口"，深入贯彻习近平法治思想和新时代检察工作新理念，以"平安中国示范区、法治中国示范区"建设者、推动者的责任担当谋划和推动检察工作，不少工作走在全国前列。在强化法律监督方面，提出了"深化法律监督，彰显司法权威，维护公平正义"的工作主线，持续以法律监督行动年、检察业务建设年、智慧检察提升年"三个年"活动为载体推动法律监督提质增效；积极争取和推动省委率先出台《关于进一步加强检察机关法律监督工作的若干意见》，进而以落实省委意见为抓手，推动各市县（区）党委出台相应实施意见，强化各项规定落地落实，营造良好法律监督环境；出台高水平服务保障"重要窗口"建设的决定，提出要努力打造具有全国影响力和浙江辨识度的12项检察标志性成果。在社会治理方面，践行和发展新时代"枫桥经验"，坚持"少捕慎诉"，部署检察机关12309服务中心全面入驻县级社会矛盾纠纷调处化解中心，推进诉源治理。在服务经济发展方面，围绕打造良好营商环境，制定完善促进民营经济健康发展意见21条，开展涉民企刑事挂案及控告申诉案件专项行动和民营企业内部人员职务犯罪专项立案监督，率先开展企业经济犯罪刑事合规法律监督试点，最大限度地保护民营企业发展。在智慧检察建设方面，聚焦数字赋能，在省委政法委的统一部署领导下，牵头政法各家协同推进"政法一体化办案系统"应用，实现数字卷宗单轨制协同办案全覆盖；绍兴市检察机关开发的"民事裁判智慧监督系统"被最高人民检察院向全国推广；杭州市检察机关会同公安部门在全国率先研发刑事诉讼非羁押人员数字监控系统"非羁码"，为非羁押人员监管这一世界性难题提供了中国方案。

贾宇检察长的最新力作《新时代检察理念研究》，既是对新时代检察理念的系统解读，也是对近年来浙江检察工作实践的全面总结。该书围绕"政治性与业务性相统一""全面协调充分发展""客观公正立场""监督与办案相统一""公益守护""智慧借助"等六大新时代检察理念展开论述，政治站位高，学术视野广，前瞻性、针对性和实践性强，既充分彰显了检察机关"讲政治、顾大局、谋发展、重自强"的工作总要求，又深刻体现了一名大检察官、一名法学家具有的格局与担当，对推进新时代检察工作高质量发展具有重要的理论意义和实践价值。

我和贾宇同志相识三十几年了。他的硕士导师周柏森教授、博士导师马克昌教授，都是我的老同学、好朋友。贾宇同志从跟随老师参加刑法学术活动的年轻学子，一步步成长为全国著名的法学家，我很高兴见证了他的成长经历，也曾为他提供过前辈学者应有的支持和帮助。贾宇同志为人谦逊，一直对我执弟子礼。三年前他从古都长安来到我的家乡浙江工作，从大学校长转任省检察院检察长，我也很关注关心他在这样大跨度转型后的工作情况。现在看来，他的转型是非常成功的。我真诚为贾宇同志，也为我的故乡感到高兴。"无问西东，此处自有深情。"我深知，作为法律人和浙江检察的掌舵人，如何在法治实践中更好地贯彻党的主张、服务国家的发展、把握社会最大公约数，贾宇检察长重任在肩。我期待，浙江检察工作在助力浙江高水平打造法治中国示范区、平安中国示范区新征程中展现更大作为，以"浙江检察之窗"展示中国特色社会主义检察制度优越性，以"浙江检察之答"回应高水平法治中国建设的"时代之问"。

是为序！

高铭暄

2020 年 12 月于北京

目 录

序 …………………………………………………………… 1

第一章 绪 论 …………………………………………… 1

第一节 检察理念的概念与特征 ………………………… 3
一、检察理念的概念 ………………………………… 3
二、检察理念的特征 ………………………………… 3

第二节 中国检察理念的历史沿革 ……………………… 6
一、近代检察理念的产生 …………………………… 6
二、新民主主义革命时期的检察理念 ……………… 9
三、社会主义建设道路探索中的检察理念 ………… 13
四、改革开放和社会主义现代化建设时期的检察理念 … 20

第三节 新时代检察理念的基本内容及其实现保障 …… 34
一、新时代检察理念的基本内容 …………………… 34
二、新时代检察理念的实现保障 …………………… 40

第四节 新时代检察理念的研究价值 …………………… 42
一、检察理念的研究综述 …………………………… 42
二、新时代检察理念的研究价值和意义 …………… 44

第二章 政治性与业务性相统一理念 …………………… 49

第一节　检察工作政治性的内涵及其要求 …… 51
一、坚持党对检察工作的绝对领导 …… 51
二、坚持服务大局 …… 54
三、坚持以人民为中心 …… 56

第二节　检察工作业务性的内涵及其要求 …… 58
一、以办案为主要手段 …… 58
二、对法律规则和底线的坚守 …… 58
三、围绕"四大检察""十大业务"新格局履职办案 … 59

第三节　检察工作政治性与业务性相统一的内涵及其历史脉络 …… 61
一、政治性与业务性相统一的内涵 …… 61
二、政治性与业务性相统一的历史脉络 …… 63

第四节　检察工作政治性与业务性相统一的实现 …… 67
一、依法独立公正行使检察权的内涵、渊源及意义 …… 67
二、准确把握党的领导与依法独立公正行使检察权的关系 …… 70
三、全面推进检察专业化建设 …… 74

第三章　全面协调充分发展理念 …… 79

第一节　四大检察全面协调充分发展理念的确立及渊源 … 81
一、全面协调充分发展理念的确立 …… 81
二、全面协调充分发展理念的法律渊源 …… 83
三、全面协调充分发展理念的政策依据 …… 84

第二节　全面协调充分发展理念的内涵 …… 85

一、全面发展 ························· 86

　　二、协调发展 ························· 87

　　三、充分发展 ························· 88

　　四、全面、协调、充分发展之间的内在关系 ··········· 89

第三节　检察工作中坚持全面协调充分发展理念的意义 ··· 90

　　一、促进依法治国 ······················ 91

　　二、更好服务经济社会发展大局 ··············· 93

　　三、更好服务人民群众 ··················· 94

第四节　全面协调充分发展理念在检察工作中的实现 ··· 95

　　一、做优刑事检察 ······················ 95

　　二、做强民事检察 ······················ 107

　　三、做实行政检察 ······················ 111

　　四、做好公益诉讼检察 ··················· 117

第五节　四大检察的融合发展 ················ 122

　　一、融合发展的必要性 ··················· 123

　　二、融合发展的方向和路径 ················· 124

第四章　客观公正理念 ·················· 127

第一节　客观公正的理论渊源与历史流变 ·········· 129

　　一、大陆法系国家检察官客观义务的理论渊源与
　　　　立法规定 ······················· 129

　　二、英美法系国家的检察官客观公正理念的体现 ········ 132

　　三、国际刑事司法准则中检察官客观公正理念的
　　　　体现 ·························· 134

第二节　我国检察官客观公正理念的内涵、理据及意义 … 135
　　一、客观公正的内涵 … 135
　　二、客观公正的理据 … 138
　　三、坚持客观公正理念的意义 … 139

第三节　理论困境及澄清：客观公正理念下的控诉与监督 … 142
　　一、控诉与监督的关系 … 143
　　二、客观公正理念下的控诉与监督 … 147

第四节　客观公正理念在检察工作的贯彻落实 … 148
　　一、客观公正理念在刑事诉讼中的体现 … 150
　　二、客观公正理念实践检视 … 154
　　三、客观公正理念贯彻实施路径 … 158

第五章　监督与办案相统一理念 … 163

第一节　监督与办案相统一理念概述 … 165
　　一、监督与办案相统一理念的内涵 … 165
　　二、监督与办案相统一理念的渊源 … 168
　　三、检察工作中坚持监督与办案相统一理念的意义 … 171

第二节　监督与办案相统一理念在检察工作中的实现 … 176
　　一、在办案中强化监督 … 176
　　二、在监督中深化办案 … 178
　　三、探索办案—监督双核驱动新模式 … 179

第三节　法律监督案件化办理 … 184
　　一、法律监督案件化办理的必要性 … 184

二、法律监督案件化办理的基本原则 ………………… 186
三、法律监督案件化办理的必要条件 ………………… 188
四、法律监督案件化的制度设计 ……………………… 189

第六章 公益守护理念 …………………………………… 197

第一节 公益守护理念的渊源 ………………………… 199
一、法国检察制度的公益守护 ………………………… 199
二、英国、美国、日本检察制度的公益守护 ………… 201
三、中国检察制度的公益守护 ………………………… 202

第二节 公益守护的内涵、价值及意义 ……………… 203
一、公益守护的内涵 …………………………………… 203
二、公益守护理念的价值 ……………………………… 207
三、坚持公益守护理念的意义 ………………………… 211

第三节 公益守护与法律监督 ………………………… 216
一、公益守护理念以法律监督为基础 ………………… 216
二、公益守护理念对法律监督的要求 ………………… 221

第四节 公益守护理念在检察工作中的贯彻落实 …… 224
一、公益守护理念在刑事检察中的实践 ……………… 225
二、公益守护理念在民事检察中的实践 ……………… 228
三、公益守护理念在行政检察中的实践 ……………… 232
四、公益守护理念在公益诉讼检察中的实践 ………… 235

第七章 智慧借助理念 …………………………………… 239

第一节 智慧借助的渊源、内涵与意义 ……………… 241

一、智慧借助理念的渊源 …………………………………… 241
二、智慧借助理念的内涵 …………………………………… 250
三、检察工作中坚持智慧借助的重要意义 ………………… 254

第二节 智慧借助中的"借"与"扶" ……………………… 258
一、"借"与"扶"关系辨析 ……………………………… 258
二、借助"外脑"深化检察监督 …………………………… 260
三、厚植专家型人才 ………………………………………… 263

第三节 智慧借助理念在检察工作中的贯彻落实 …………… 266
一、规范和细化专家咨询论证机制 ………………………… 267
二、智慧借助之"请进来"与"走出去" ………………… 273
三、智慧借助要实现传统人力资源与新兴科技
手段并进 ………………………………………………… 278

第八章 新时代检察理念与检察智能管理 …………………… 283

第一节 检察智能管理的概念与内涵 ………………………… 285
一、检察智能管理是"智慧检务"的重要组成部分，
是检察信息化建设发展的更高形态 ………………… 285
二、检察智能管理以大数据为关键要素，是以大数据
理念为引领的新型管理模式 ………………………… 286
三、检察智能管理是以智能化辅助办案为重点和支撑的
全方位、系统化的新型管理模式 …………………… 287

第二节 检察智能管理的功能与作用 ………………………… 287
一、提升办案质效 …………………………………………… 288
二、强化对检察权运行的监督制约 ………………………… 288

  三、强化检察监督主责主业 …………………………………… 289

  四、检察决策的科学化 ………………………………………… 289

  五、提升检察对外服务水平 …………………………………… 289

 第三节 大数据与检察智能管理的融合之道 ……………………… 290

  一、大数据的概念与特点 ……………………………………… 290

  二、检察大数据的现状 ………………………………………… 293

  三、推动检察大数据智能化运用的实践路径 ………………… 298

第九章 新时代检察理念与检察官能力建设 …………………… 303

 第一节 新时代检察官的角色定位 ………………………………… 305

  一、犯罪的追诉者、无辜的保护者 …………………………… 305

  二、国家法制统一、尊严和权威的维护者 …………………… 306

  三、公共利益的代表者 ………………………………………… 307

  四、中国特色社会主义法律意识和法治进步的
引领者 ……………………………………………………… 308

 第二节 新时代检察官的能力提升 ………………………………… 308

  一、检察"工匠"与检察"大家"的关系 …………………… 308

  二、检察"工匠"应具备的基本技能及其培育 ……………… 310

第十章 新时代检察理念与检察制度改革 ……………………… 317

 第一节 新时代检察制度改革的模式与原则 ……………………… 319

  一、我国检察制度改革的模式 ………………………………… 319

  二、新时代检察改革应坚持的原则 …………………………… 322

 第二节 新时代检察制度改革的挑战与应对 ……………………… 324

一、国家治理体系现代化必然要求检察制度同步
迈向现代化……324
二、新时代人民群众对检察机关平衡、充分履职
有更高的需求……325
三、在中国特色社会主义法治建设中持续深入推进
检察改革……326

第三节　新时代检察制度改革的成就与评述……328
一、四大检察并进格局初步形成……329
二、捕诉一体改革稳步推进……330
三、认罪认罚从宽制度深入推行……331
四、公益诉讼检察制度全面推开……333

第四节　中国特色社会主义检察制度的前景展望……334
一、检察机关坚持党的领导制度体系更加完善……335
二、检察机关的宪法定位更加明确……335
三、四大检察的发展更加全面充分协调……336
四、检察职能履行的组织机制更健全……339
五、检察工作与科学技术深度融合……340

后　记……342

第一章 绪 论

> 理念是行动的先导,一定的发展实践都是由一定的发展理念来引领的。
>
> ——习近平

当前，中国特色社会主义进入新时代，检察工作迈入转型发展的新阶段。新时代我国社会主要矛盾发生历史性变化，人民群众在民主、法治、公平、正义、安全、环境等方面有了更高水平、更丰富内涵的需求，进而对检察工作有了新的更高要求；国家监察体制改革的实施和公益诉讼制度的确立，检察机关空前而深刻的职能调整给检察工作带来新的挑战和机遇；司法责任制改革的深入推进对检察机关的法律监督能力提出更高标准。站在新的历史方位，最高人民检察院党组在习近平法治思想引领下审时度势、更新理念、转变观念，努力适应国内外形势变化、经济社会发展对检察机关履行法律监督职责提出的新的更高要求，"检察工作是政治性很强的业务工作，也是业务性很强的政治工作""在监督中办案，在办案中监督""全面充分协调发展""客观公正""智慧借助"等一系列具有时代特点的检察新理念应运而生，其目的就是将理念转变、理念引领作为推动检察机关重塑性改革最有力的抓手，以理念变革引领检察工作科学发展。新时代检察工作的新理念不仅改变着检察人员法律监督的思维方式，而且引领着检察改革不断走向科学化，对检察权运行方式、检察官履职方式的转变和重塑发生着指导、引领和催化作用，诠释好、理解好、践行好这些新理念对实现检察工作优质高效发展具有重要意义。

第一章 绪 论

第一节 检察理念的概念与特征

一、检察理念的概念

《辞海》在对"理念"一词进行解释时,归纳为两条:一是"看法、思想、思维活动的结果",二是"理性的观念(idea)"。通常指一种高度概括提炼的思想智慧,有时亦指"表象或客观事物在人脑里留下的概括的形象"。一般意义上,观念和理念是通用的,严格来讲,上升到理性高度的观念才能称作理念。理念可以升华为理论、指导思想,也可以具体化为原则和工作规范。系统化的理念就是理论,具体化的理念就是规则。据此,我们所讲的检察理念,是指检察人员在司法实践和法律监督思维活动中形成的对"检察工作应然状态"的理性认识和主观要求,是检察人员对自身工作价值判断的内心标准和事业追求的价值取向。检察理念既形成对检察工作状况"应该是这样"的判断评价,也形成"我应当这样做"的工作方向指引和内生动力源泉。2020年12月15日张军检察长在最高人民检察院党组理论学习中心组集体学习暨党组务虚工作会时指出:"没有习近平法治思想的指引,没有现代化的检察理念武装,就不可能在建成社会主义现代化强国过程中作出应有的检察贡献,也不可能满足人民群众在新时代新发展阶段对民主法治、公平正义更高水平的需求。"

二、检察理念的特征

检察理念对检察工作发展具有全局性、根本性、方向性、战略性指导作用。就检察理念而言,主要具有如下几个特征:

一是检察理念具有指导性。理念是一种主客观统一,内化于主体之中又主导、引导主体从事实践活动的高度抽象概括的精神原则。检察理念就是人们对检察权本身及其发展规律的理性认识和整体把握,是一种关于"检察"或"检察权"的理性认知的思想及态度,是一种支持、引导、判断检察人员的行为是否符合法律监督职责中应当一以贯之的时代精神、立法精神、政策方向、专业素养、职业道德等形而上要求的最为根本的思想和意识。检察理念并不直接作用于司法实践,而是假借检察人员这一行为主体,将相关精神落实和作用于司法实践。由此可见,检察理念具有宏观指导性,是检察机关工作人员履行法律监督工作的行动指南。

二是检察理念具有时代性。理念是主观世界对客观世界关注后的投射或反映,属于上层建筑的范畴。社会存在决定社会意识,经济基础决定上层建筑。检察理念的形成,与一个国家、地区、民族特定的政治、经济、社会、文化、环境等诸多因素息息相关,也必将随着一个国家、地区、民族的政治、经济、社会、文化、环境等因素的变化而变化。职是之故,理念也就出现了传统理念与现代理念的界分、落后理念与先进理念的对峙、革新理念与固有理念的交锋,最终经过"试错""磋商",符合时代需求的新理念得以留存、发展,而那些落后、不合时宜的旧理念将被逐渐修正或淘汰。本书所研究的检察理念,是符合中国特色社会主义检察制度内在规律和发展要求,体现道路自信、理论自信、制度自信、文化自信的新时代检察理念。

三是检察理念具有专属性。理念是引领指导具体工作中的共性认识和准则,但实践中我们也很容易发现,根据理念所适用的范畴不同,其又可以划分为不同的层次。比如,社会主义核心价值观中的"自由""平等""公正"理念,在层级上就高于"罪刑法定""罪责刑相统一""无罪推定"等刑法理念。我们这里探讨的检察理念,是基于现实的检察工作实践,研究中国特色社会主义检察制度的本质价值、内在属性和根本规律，而不是其他系统（如审判）或其他层面的理念。因而，我们这里讨论和揭示的检察理念，是新时代中国特色社会主义检察制度所独有的，或者在内容上虽然与其他系统所共有，但却凸显着检察机关的独特精神内涵与特定的行为方式。

四是检察理念具有灵活性。检察理念的灵活性主要体现为内容的包容性，检察理念不是具体的行为规范，不直接作用于司法办案实践，而是对作为司法实践的法律监督工作进行引导、指导、约束的高度概括思想。因此，就其内容而言，检察理念是极其丰富和高度凝练的，是用于指导整个检察工作实践的，而非限于某一局部或者阶段性的检察工作。因此，司法实践中的检察理念更多地体现为，在坚持原则性的前提下，表达一定的变化性，既要坚持依法监督，又要保持灵活适用，不拘泥于特定的形式和机械地执行法律。此外，在法律相关条文没有对现实情境作出明确规范的情况下，检察理念的灵活性则更进一步地表现为，根据基本的立法精神和现实政策的导向要求，依法审慎稳妥地直接作出处理，具有强大的补充性和适应力。

五是检察理念具有相对稳定性。检察理念是在检察制度的长期实践中形成，并被广泛认可的指导思想准则。因此，一方面，对于作为贯彻落实者的检察人员而言，检察理念已内化固化深入人心，并成为司法办案的依凭和判准；另一方面，对于作为守法者的一般普通人员而言，持续的宣传和普法活动，也使得检察机关的这些检察理念深入他们内心，并转化为日常行为和问题处理的精神原则。从这种意义上讲，检察理念会逐步成为一种社会共识，并在相当长的时间内指导检察活动、影响人们的行为与思想。因此，就其发展状态而言，在特定的经济社会等因素没有发生根本性变化的情况下，检察理念也不会发生根本性变化，而至多是局部的微调和执行方式的改变。

第二节　中国检察理念的历史沿革

一、近代检察理念的产生

中国古代没有近现代意义上的检察制度。但就检察监督的职能而言，中国检察制度最早可以追溯到秦朝的御史制度。公元前221年，秦始皇统一六国，建立起强大的中央集权国家，大一统的政制体制由此开始。在制度设计上，秦始皇设立"三公九卿"制度，"三公"即丞相、御史大夫和太尉。其中，丞相负责掌管行政权，协助皇帝处理政务；御史大夫掌管监督权，负责监察事务，下设辅助人员监御史，监理各地方的违法事宜；太尉负责掌管军事。秦始皇时期，国家的司法权由"九卿"之一的廷尉掌管。御史制度到了汉代开始发展并趋于完备，但有"大夫制"和"中丞制"的差别："大夫制"是由位列三公的御史大夫兼负监察全责；"中丞制"便是由御史大夫的副手御史中丞主持府务，大夫的设与不设，反不成问题。[①] 从时间段来看，西汉时期"大夫制"盛行，而东汉便开始逐渐改为"中丞制"。从职能来看，东汉时期御史台完全脱离政府机构，成为可以与行政权相抗衡的监督权。此一政制制度的设置影响深远，以后中国历朝历代基本都保持设立独立于行政、司法，并对这些权力进行监督制约且直接隶属于皇权的监督制度，只是名称有所不同而已，其职责也逐渐具化为"纠察百官"和"监督地方"，提醒、劝谏皇帝，以及参与部分重大审判活动。在唐代，御史台设置御史大夫和御史中丞，掌用"刑法典章纠正百官之罪恶"。在机构上又分设台院、殿院和察院。具言之，台院掌管中央官员的

[①] 徐式圭：《中国监察史略》，中国书籍出版社2016年版，第10页。

纠劾，参与大理寺的审判，办理皇帝交办的案件；殿院负责对宫殿中的违法失礼行为进行纠劾，巡视京城及朝会；察院负责对地方百官进行纠劾。宋代御史也分三院，但名虽由御史大夫主持，而其实权则在中丞手上，御史大夫也不是常设正员，只是一个加官的空衔。明代时将御史台改称"都察院"，负责全国官员的违法犯罪行为的纠劾。清朝雍正年间，六科给事中并入都察院后，上察中央各科，下察地方百官，合称"科道"，形成了直属皇帝领导、集中统一的法律监督制度。这种直属最高权力者，负责刑事侦查、参与审判、纠劾百官的御史制度，与我国现行的以法律监督为主要特征的检察制度十分相似，从某种意义上可以说是中国检察制度的雏形。当然，这种封建帝国政制的御史制度与当前建立在法律监督理论基础上的中国特色社会主义检察制度，在本质上是不同的，只是其历史渊源而已。①

中国的检察制度始于清末变法修律。1906年光绪皇帝仿行宪政、设立检察厅，中国近代检察制度正式产生。百日维新后，晚清政府在内外压力下，于光绪三十一年十一月（1905年12月）派载泽等五大臣出国，对欧、美、日等西方国家进行考察，总结吸收各国的先进制度规范。1906年至1910年间，晚清政府颁布了一系列法规，在各级设立与审判机构相对应的检察厅，作为向审判机关提起公诉的专门机关，实现审检分离，也启动了清末的司法改革进程。如1906年颁布的《大理院审判编制法》，规定在新的审判厅内附设检察局，各局设立检察长一名，负责对刑事案件进行公诉，并监督审判和判决的执行。1907年颁布的《高等以下各级审判厅试办章程》，规定除法定亲告案件外，所有案件都必须由检察官提起公

---

① 甄贞等：《21世纪的中国检察制度研究》，法律出版社2008年版，第14—15页。

诉，此外检察官还负有侦查、指挥警察逮捕犯罪、保护民事公益及监督审判、判决执行的权力。1909年颁布的《法院编制法》，专设了"检察厅"一章，规定四级审判衙门分设检察厅，检察官可以进行搜查处分、提起公诉、监督审判的执行，可作为诉讼当事人或公益代表人。清末的检察制度改革，在形式上承认了资本主义司法独立、审检分离等制度理念，虽然还未来得及全面实施，晚清政府就被推翻了，但清末引入的检察理念对后来民国检察制度有很大影响。[1]

北洋政府时期基本沿用了清末的检察制度，在最高法院内部设立检察署，其他各级法院内部均设立检察官，主要职责集中于刑事案件办理方面，具体包括案件侦查、批准逮捕、指挥逮捕、提起公诉、对审判以及判决执行的监督。南京国民政府时期，形式上实行孙中山创立的"五权宪法"——根据我国古代固有的御史制度（五权中的监察）、科举制度（五权中的考试），以及西方的"三权分立"思想融合而建立的权力体系，设立立法院、行政院、司法院、考试院和监察院。1927年10月，南京国民政府颁布《最高法院组织暂行条例》，撤销各级检察厅，在各级法院内部配置由司法部选派的检察官，这一制度施行两年后被撤销。1929年南京国民政府又在最高法院内部设立检察署，1932年10月颁布《中华民国法院组织法》，将检察权分为三级：最高法院设立检察署，其他法院和分院设立检察官。在理念上，主要体现为西方"三权分立"思想指引下的打击犯罪、保护政权、强化审判监督、维护国民政府旧秩序传统等；在职责上，检察权主要包括侦查及指挥侦查权、公诉权、刑罚执行监督权、军警调度权、紧急情况跨区域执行职务权等。这一时期检察官权限较大，地位较高，与法官同为国家司法人

---

[1] 刘涛：《借鉴与嬗变——中国检察制度发展之路》，载王立主编：《基层检察官的实践与思考》，清华大学出版社2008年版，第19—24页。

员,在任职条件、职业待遇、职务保障等方面均基本类似。

二、新民主主义革命时期的检察理念

新民主主义革命时期,在中国共产党的领导下,检察机关从建立之初,就形成了坚持党的绝对领导的优良传统,并始终坚持以人民为中心镇压反革命、保卫政权稳定;在实践中形成的审检并立的检察体制,初步明确了公检法工作遵循的基本原则,创造性建设的检察委员会,更是为新中国检察制度贯彻民主集中制原则,形成中国特色的检察决策机制提供了制度性探索和经验。

(一) 土地革命战争时期的检察理念 (1927 年至 1937 年)

1927 年 10 月,毛泽东率领秋收起义部队到达井冈山,开始创建农村革命根据地,为中国革命开辟了一条"农村包围城市,武装夺取政权"的道路,此后,共产党先后建立起十几个革命根据地并成立苏维埃政权。1931 年,中华苏维埃第一次全国代表大会宣布中华苏维埃共和国临时中央政府成立,建立了中华苏维埃共和国政权机构,确立了包括人民检察制度在内的人民司法制度。需要注意的是,这一时期,"苏区并未建立自成体系、独立承担全部检察职能的检察机关,检察职能分别由法院(裁判部)检察长、检察员,工农检察部,国家政治保卫局,军事检查所等机构承担"①。1932 年 2 月,中华苏维埃共和国临时最高法庭成立,1934 年 2 月,最高法院成立。根据《中央苏维埃组织法》《地方苏维埃暂行组织法(草案)》及《裁判部的暂行组织及裁判条例》等法律法规,最高法院

---

① 在中华苏维埃共和国成立之前,全国已有近 10 个革命根据地和苏维埃政权。其中 1931 年 7 月鄂豫皖苏区革命法庭中设立的国家公诉员和国家公诉处,是人民检察历史上最早出现的专职检察人员和专门检察机构。参见最高人民检察院编:《人民检察史——纪念检察机关恢复重建 40 周年》,中国检察出版社 2018 年版,第 22 页。

内部设检察长1人,副检察长1人,检察员若干;省裁判部设正、副检察员各一人;县裁判部设检察员1人;区裁判部不设检察员。检察长和检察员主要负责各级的审查起诉和出庭公诉工作。工农检察部主要承担对苏维埃机关、企业及其工作人员贯彻执行苏维埃的政纲、法律、法令、方针政策以及履行职责情况进行检查、监督的任务,是苏区的法纪监督机关,兼有监察和检察的职能。国家政治保卫局是苏维埃政权镇压反革命活动的专门机关,对管辖的案件有侦查、逮捕和预审的权力。军事检查所是苏区的军事检察机关,与军事审判机关并立,是代表国家的原告机关,可以检查军队中及与军事有关系的一切违法案件,并可以向法庭提起公诉。土地革命战争时期的人民检察是人民检察制度的早期探索和尝试,为新中国检察制度提供重要经验。

打击犯罪、惩治反革命、巩固工农民主政权、维护革命法制,这是土地革命战争时期苏区检察工作的四大理念。细言之,第一,在打击犯罪理念方面,主要表现为检察员负责预审和出庭告发犯罪。《裁判部的暂行组织及裁判条例》规定"检察员是管理案件的预审事宜,凡送到裁判部的案件,除简单明了,无须经过预审的案件之外,一切案件,必须经过检查员去预审过,并且凡是一切犯法行为,检察员有检查之权。检察员是代表国家的原告人,开庭审案时,可以代表国家出庭告发"[①]。第二,在惩治反革命理念方面,主要表现为颁布了诸如《处理反革命案件和建立司法机关的暂行程序》《中华苏维埃共和国惩治反革命条例》等一系列"惩反除恶"的法律、法令,同时也查处了一批反革命案件。第三,在巩固工农民主政权理念方面,主要表现为在苏区革命政权建立之初,检察工作人员坚决同腐败现象作斗争,着力打造廉洁勤政的苏维埃干部队

---

① 由于历史原因,原文件中的"检察员""检查员"用法不分。

伍，当时查处了一大批贪污案件。如刘少奇同志在中华苏维埃共和国时期任中共中央政治局候补委员、总工会委员长，兼任中央工农检察人民委员部委员期间，主持查办了中央印刷厂财会科科长杨其兹、中央造币厂财会科科长凌全香贪污案。第四，在维护革命法制理念方面，主要表现为监督法律法令的实施。根据《工农检察部的组织条例》，各级工农检察部对各级苏维埃机关正确地执行政纲和策略、执行经济政策，对国家机关、企业执行一切革命法令实行监督。工农检察部监督范围非常广泛，从执法监督到工作检查，涉及方方面面。①

(二) 抗日战争与解放战争时期的检察理念（1937年至1949年）

1937年7月7日，"卢沟桥事变"爆发，日本帝国主义发动全面侵华战争。1937年9月，以国共合作为基础的抗日民族统一战线正式形成，中华苏维埃共和国临时中央政府西北办事处正式更名为陕甘宁边区政府。随着抗日根据地的蓬勃发展，检察制度也有了新发展，陕甘宁、晋察冀、晋冀鲁豫等抗日根据地均建立了检察机构。这一时期，包括检察机构在内的司法机关设置，均以抗日根据地的实际情况和需要为依据，以便民减政为原则，其中人民检察制度的最大特点是审检合署，在法院内部设立检察处，配备检察人员。例如，陕甘宁边区成立高等法院，内设检察处，设检察长及检察员，独立行使检察职能。1946年，陕甘宁边区高等法院检察处召开首届检察业务研究会，制定新中国成立前首部关于检察办案程序方面的单行法规——《陕甘宁边区暂行检察条例》，陕甘宁边区高等法院检察处也随之改为陕甘宁边区高等检察处，在司法体制上开始施行审检分离。这里需要特别提及的是，山东抗日根据地关于检

---

① 最高人民检察院编：《人民检察史——纪念检察机关恢复重建40周年》，中国检察出版社2018年版，第47—55页。

察工作机制的创新：1941年4月，山东省抗日民主政府决定建立各级检察委员会，这是民主集中制原则在检察制度中的贯彻和体现，也是我国检察委员会制度的开端，是人民检察制度的一项创举。

其后，在解放战争时期，随着革命战争的节节胜利，解放区迅速扩大，各解放区基本都沿袭了原来根据地行之有效的检察制度，多数实行审检合署，专职检察人员并不多，有的地方检察职能还是由地方公安机关代行。其中特别值得关注的是关东解放区对人民检察制度的新发展，1947年6月，关东解放区出台《关东各级司法机关暂行组织条例草案》，规定关东高等法院首席检察官由关东人民代表大会选举产生，"关东所有各机关各社团，无论公务人员或者一般公民，对于法律是否遵守的最高检察权，均由检察官实行之"。

镇压反革命、保卫抗日民主政权、保护人民利益，这是抗日战争时期各根据地的检察工作理念。在这三大理念指导下，查办了一大批典型案件，如李清远特务案、肖玉璧贪污案、黄克功杀人案。特别是黄克功杀人案，虽说只是一起普通的刑事案件，但当时在该案处理过程中所体现的法制严肃性、民主性和平等性，对新中国成立后的法制建设和司法实践产生深远影响。诚如民主战士李公朴所言："它为将来的新中国建立了一个好的法律榜样。"这一时期，陕甘宁边区还探索开展了人民司法的群众路线——将审判与调解相结合的"马锡五审判方式"，这一群众路线在检察工作中也得到了贯彻和体现。

守护解放区生产秩序、巩固新生人民政权、依法严厉打击犯罪，这是夺取全国政权的解放战争时期的检察工作理念。在东北解放区，1946年10月颁布的《东北各级司法机关暂行组织条例》，规定各级法院设检察员1—5人，检察员的职责是实施侦查、处分，提起公诉，实行上诉，协助自诉，指挥刑事裁判的执行等。这一时期，办理了一批破坏新生人民政权、扰乱解放区生产秩序的犯罪案件，如张本政反革命案，戴炳南、仵德厚反革命案，白志沂、杨贞吉、续如辑反革命案等，有力维护了解放区的秩序和人民民主政权的安定。

三、社会主义建设道路探索中的检察理念

1949年9月，在新中国成立前夕，中国人民政治协商会议选举了中华人民共和国中央人民政府委员会，并制定了《中国人民政治协商会议共同纲领》和《中华人民共和国中央人民政府组织法》（以下简称《中央人民政府组织法》）两个具有历史意义的开国文献，为创建新中国国家制度奠定了政治和法律基础。依据《中国人民政治协商会议共同纲领》和《中央人民政府组织法》，中央人民政府组建最高人民检察署，作为国家的最高检察机关，最高人民检察署检察长、副检察长和委员均由中央人民政府委员会任免。最高人民检察署对政府机关、公务人员和全国国民之严格遵守法律负有最高的检察职责。1949年10月1日，中央人民政府任命罗荣桓为最高人民检察署检察长，11月1日，最高人民检察署启用印信，正式办公。1949年12月20日，毛泽东主席批准新中国关于检察制度的第一个单行法规——《中央人民政府最高人民检察署试行组织条例》。1950年2月21日，《最高人民检察署一九五〇年工作计划纲要》明确，1950年检察机关的主要任务就是建立各级检察机构。到1950年底，全国50个省、直辖市和省一级行政区有47个建立了检察机构，并在一些重点专区和市、县建立了人民检察署。1954年9月，中华人民共和国第一部《中华人民共和国宪法》（以下简称1954年《宪法》）颁布，通过了《中华人民共和国全国人民代表大会组织法》《中华人民共和国地方各级人民代表大会和地方各级人民委员会组织法》和《中华人民共和国人民检察院组织法》（以下简称1954年《人民检察院组织法》），人民检察制度翻开了新篇章。

1954年《宪法》改"人民检察署"为"人民检察院",明确了检察机关的宪法地位;确立了各级人民检察院检察长候选提名制、列席人大会议制及任免制,系统地规定了人民检察院的职权、行使职权程序,组织活动原则等,健全和完善了新中国人民检察制度。

总体而言,在新中国成立后的前17年里,检察工作运转平稳健康,确立了宪法地位,我国"一府两院"的国家机构体制得以基本定型;检察机构和检察队伍建设都有了很大的进展,在国家政治和社会生活中逐步发挥着维护法律统一正确实施的重要作用。当然,在这17年的发展中,由于受到当时的政治、经济、文化和社会结构环境的影响,检察机关积极投入当时的社会改革、镇压反革命、"三反""五反"等运动中,基本的检察理念就是开展对敌专政,强调打击反革命犯罪和其他刑事犯罪,比较重视实质正义。这一时期有3个比较具有时代性的检察理念:

(一)阶级专政理念

新中国成立初期,由于当时的政治、经济、社会环境形势影响,镇压反革命、巩固人民民主政权的专政理念在检察机关得到继续贯彻执行。[①] 1950年7月26日至8月11日,第一届全国司法工作会议在北京召开,这也是第一届全国检察工作会议,会议确定了人民司法机关和人民检察机关的任务,时任中央人民政府政务院政治法律委员会副主任兼中央人民政府法制委员会主任陈绍禹就指出:"作为人民民主专政国家机构的组成部分之一的司法机关,首先在坚决地肃清那些受帝国主义策动的、由国民党反动派组织的、一切危害人民的土匪、特务、恶霸及其他反革命分子这一工作方

---

① 李六如:《人民检察任务及工作报告大纲》(1950年8月6日最高人民检察署李六如副检察长在第一届全国司法会议上的报告),载冯钊:《中国检察史资料选编》,中国检察出版社2008年版,第505页。

面,发挥其应有的专政武器的作用。"① 1950年10月10日,中共中央发布《关于镇压反革命活动的指示》,在全国范围内逐步开展了镇压反革命运动。1950年11月3日,时任中央人民政府政务院总理周恩来在《关于加强人民司法工作的指示》中也再一次强调:"人民司法工作的当前主要任务,是镇压反动派,保护人民。"② 作为国家的最高检察机关,人民检察署是人民民主专政的重要武器,其主要工作就是镇压反革命,积极投入当时的社会改革、"三反""五反"等实际斗争中去,以有限的人力和物力,抓重点,办大案,检举要犯,平反冤假错案,扩大检察机关的影响力。因此,"这一时期的检察机关主要是积极投身于一系列旨在巩固人民民主专政的政治斗争和社会改革运动中,而对一般的刑事案件和重大民事案件的起诉以及侦查监督和审判监督工作尚未展开"③。1957年,在全国省、市、自治区检察长会议上,时任最高人民检察院检察长张鼎丞指出:"检察机关的方针任务是对于敌人实行专政,同一切反抗社会主义革命和破坏社会主义建设的反动势力进行坚决的斗争;坚持'有反必肃'的方针,彻底肃清一切残余的反革命分子;坚决镇压特务间谍和一切反革命分子的现行破坏活动。"④ 在1962年第六次全国检察工作会议上,时任最高人民检察院检察长张鼎丞要求:

---

① 陈绍禹:《关于目前司法工作的几个问题》(1950年7月27日中央人民政府政务院政治法律委员会副主任兼中央人民政府法制委员会主任陈绍禹在第一届全国司法会议上的报告),载闵钐:《中国检察史资料选编》,中国检察出版社2008年版,第497页。

② 《中央人民政府政务院关于加强人民司法工作的指示》,载《中央政法公报》1950年第18期,转引自闵钐:《中国检察史资料选编》,中国检察出版社2008年版,第504页。

③ 孙谦:《中国检察制度论纲》,人民出版社2004年版,第40页。

④ 张鼎丞:《在全国省、市、自治区检察长会议上的报告》,载闵钐:《中国检察史资料选编》,中国检察出版社2008年版,第559页。

"继续鼓足干劲，紧紧跟上当前阶级斗争和敌我斗争形势，正确运用检察制度这一武器。"① 1966年，在检察机关将被实质性取消前夕，最高人民检察院的工作思路依然是："高举毛泽东思想红旗，从备战、备荒、为人民出发，以阶级斗争为纲，以两条道路斗争为纲，继续贯彻依靠群众专政。"②

(二) 监督虚无理念

1954年《宪法》和《人民检察院组织法》都规定了检察机关的法律监督职责，但其主要作用在于保障人民民主专政，维护国家统一和法制统一，防止国家工作人员的腐败和权力滥用。③ 这是当时检察机关以打击犯罪为主、以监督其他国家权力行使为辅的主要依据。但在当时的司法实践中，检察机关却没有能够坚持法律监督的理念，更没有确实履行起法律监督的职责，而只是将自己定位于刑事诉讼中的一个分工部门，一味强调相互配合。1950年8月，在第一届全国司法工作会议上，时任最高人民检察署副检察长李六如认为："因为人民检察是初创，对检察与公安、法院、监察等机关关系，往往分别不清。……我们的答复是这样：……检察与公安、法院、监察各机关的工作，虽然是科学分工，却又是有机联系，必须彼此亲密合作，互相辅助，因为大家同是一个重大的总任务——

---

① 张鼎丞：《适应形势，统一认识，加强团结扎扎实实地做好检察工作——在第六次全国检察工作会议上的报告》，载闵钐：《中国检察史资料选编》，中国检察出版社2008年版，第674页。

② 《关于一九六六年工作的几点设想》，载闵钐：《中国检察史资料选编》，中国检察出版社2008年版，第717页。

③ 王桂五：《中华人民共和国检察制度研究》，法律出版社1991年版，第240—241页。

巩固人民民主专政。"① 1954年3月，时任最高人民检察署副检察长高克林在第二届全国检察工作会议上也强调："要严肃地和一切违法犯罪现象作斗争，又要防止以'监督者'自居的特权思想，而坚持与有关部门采取团结合作、谦虚谨慎的工作态度。"② 这种观念一直持续到1957年12月，时任最高人民检察院检察长张鼎丞在全国省、市、自治区检察长会议上才指出："在正确贯彻分工负责、互相制约的制度方面取得了经验。"③ 但这也只是刑事诉讼过程中的互相制约，并非是真正的法律监督理念。其后，随着"左"倾思想的盛行，法律监督理念越来越受到错误的质疑，有些人甚至认为，作为人民民主专政机关的检察机关，是镇压敌人的机关，如果开展法律监督工作，就是"专门在人民内部'找岔子'，束缚对敌斗争的手足。实行对敌专政，就不能搞法律监督，谁要去监督侦查、审判中的违法行为，就被指责为'篡改检察机关的专政性质'，是倒转专政矛头指向人民内部"④。当时持这种理念的人不在少数，不仅检察机关外部有，检察机关内部也不少，由此造成不敢监督和不能监督的情况，而实际上是变相取消了检察机关的法律监督职能。

---

① 李六如：《人民检察任务及工作报告大纲》（1950年8月6日最高人民检察署李六如副检察长在第一届全国司法会议上的报告），载冈钐：《中国检察史资料选编》，中国检察出版社2008年版，第507—508页。

② 高克林：《关于过去检察工作的总结和今后检察工作方针任务的报告》（1954年3月17日最高人民检察署副检察长高克林在第二届全国检察工作会议上的报告），载冈钐：《中国检察史资料选编》，中国检察出版社2008年版，第513—514页。

③ 张鼎丞：《张鼎丞检察长在全国省、市、自治区检察长会议上的报告》（1957年12月9日），载冈钐：《中国检察史资料选编》，中国检察出版社2008年版，第564页。

④ 王桂五：《中华人民共和国检察制度研究》，法律出版社1991年版，第205页。

(三) 实体正义理念

所谓实体正义，即依实体法规范执行而实现的正义，而不论这种正义是否因此而发生程序法上的错误。新中国成立之初，在人民民主专政理论指导下的检察机关，其实质是人民民主专政的武器，即通过对敌人实施专政以维护人民民主政权，维护社会秩序，保障社会主义革命和社会主义建设的顺利进行。"以惩罚和控制犯罪为目标的价值取向，导致和纵容了司法权力的膨胀和扩张，而使控权机制相对弱化。"[1] 而这一切必然将检察机关导向追求实质正义。首先，新中国成立后并没有制定过一部详细的"检察程序法"，唯一一部具有程序性事项的规范性文件就是1954年12月20日第一届全国人民代表大会常务委员第三次会议通过的《中华人民共和国逮捕拘留条例》，但是，该条例也只是对拘留逮捕的条件作了一些规定，而并没有具体涉及逮捕的执行程序及不捕的释放程序等，以至于实践中各地方在执行中的自由裁量性或者说随意性非常大。其次，过于宽泛地使用拘留和逮捕等限制人身自由的羁押性强制措施。司法实践中，侦查人员、检察人员在思想意识层面往往认为，拘留和逮捕对于查明事实真相是必要和必需的，而在司法实践层面，往往从最有利于办案的角度出发，尽可能地适用拘留和逮捕等羁押性强制措施。最后，由于部分检察官在思想层面认为检察机关和检察权是惩罚犯罪的国家暴力专政工具，当然在追求打击犯罪和巩固民主政权的终极价值过程中，一切减缓和妨碍揭发犯罪的事物都会显得微不足道，"在高度政治化和以权力为本位的社会里，程序的科学性和技术性必然遭到排斥"[2]。然而，司法程序的缺失，不仅不能保证

---

[1] 左卫民：《刑事程序问题研究》，中国政法大学出版社1999年版，第26页。
[2] 左卫民：《刑事程序问题研究》，中国政法大学出版社1999年版，第25—26页。

实体正义，而且越来越模糊了检察机关和公安机关的区别，导致检察机关在国家权力结构中必然愈来愈走向边缘化。

自1957年始，反右斗争扩大化，党的指导思想出现"左"的偏向，从中央到地方刮起了一股对检察机关的"取消风"，给检察工作带来严重影响。1960年11月，公检法三机关合署办公。1966年5月"文化大革命"开始，全国各级政法机关均遭到严重破坏，检察机关成为重灾区。1968年2月，中央批准《关于撤销高检院、内务部、内务办三个单位，公安部、高法院留下少数人的请示报告》，最高人民检察院不复存在，新中国成立以来20年的检察事业被迫因此中断。[1] 1975年1月17日，第四届全国人民代表大会第一次会议通过的我国的第二部《中华人民共和国宪法》（即1975年《宪法》）第25条规定："检察机关的职权由各级公安机关行使。"检察机关被撤销的事实，在国家根本大法层面得到了肯定。

但总体来说，由于"文化大革命"期间对检察工作的错误认识、负面评价和不当批判，导致很多人都对检察机关存有偏见和误解，这给以后检察工作的正常开展带来了相当大的困难问题和负面影响。"虽然检察机关被宪法确定为'法律监督机关'，但检察权的行使在一定程度上被限制在诉讼的框架内，而再未恢复到'对国家机关及其工作人员和公民是否遵守法律进行监督'这一广义法律监督的地位。"[2]

---

[1] 曹东：《共和国的检察足迹》，载《检察日报》2016年10月21日。
[2] 王梓、张承思、郑莉：《改革中的检察制度研究》，四川大学出版社2019年版，第12页。

四、改革开放和社会主义现代化建设时期的检察理念

"重大的法律变化是随着社会变化而发生的,并取决于社会变化。"① 党的十一届三中全会以来,经济、政治、文化和社会结构发生深刻变革,党重新确立了马克思主义的思想路线、政治路线和组织路线,开启了改革开放、实现社会主义现代化建设的伟大征程,发展社会主义民主、健全社会主义法制成为党和国家坚定不移的基本方针,人民检察也走上了恢复重建、全面发展之路。

1978年3月1日,叶剑英同志在第五届全国人民代表大会第一次会议上所作的《关于修改宪法的报告》中指出:"鉴于同各种违法乱纪行为作斗争的极大重要性,宪法修正草案规定设置人民检察院。国家的各级检察机关按照宪法和法律规定的范围,对国家机关、国家机关工作人员和公民是否遵守宪法和法律,行使检察权。"② 检察工作在中断整整10年后终于得以恢复。1979年7月,第五届全国人民代表大会第二次会议通过并颁布的新中国第二部《中华人民共和国人民检察院组织法》(即1979年《人民检察院组织法》),其第1条就明确规定:"中华人民共和国人民检察院是国家的法律监督机关。"同时,1979年《人民检察院组织法》还将检察机关上下级关系由1978年《宪法》的"双重监督"改为"一重监督、一重领导"。1982年12月4日,第五届全国人民代表大会第五次会议通过《中华人民共和国宪法》(即1982年《宪法》),进

---

① [美]劳伦斯·M.弗里德曼:《法律制度——从社会科学角度观察》,李琼英、林欣译,中国政法大学出版社2004年版,第314页。
② 叶剑英:《关于修改宪法的报告——一九七八年三月一日在中华人民共和国第五届全国人民代表大会第一次会议上的报告》,载最高人民检察院编:《人民检察史——纪念检察机关恢复重建40周年》,中国检察出版社2018年版,第180页。

一步从国家根本大法的层面明确了检察机关的国家法律监督机关的定位。

从时段上来讲,改革开放和社会主义现代化建设新时期的人民检察工作(1978年至2018年)跨越了40年历程,经历了从第五届全国人大到第十二届全国人大八个阶段的发展,从最高人民检察院2018年编的《人民检察史——纪念检察机关恢复重建40周年》一书关于各个不同时期检察工作情况的总结来看,8个不同发展阶段的检察工作主题主线、重点工作内容如下表所示。[①]

改革开放以来不同阶段检察工作的主题主线、重点工作内容

阶 段	最高人民检察院检察长	检察工作方针	重点工作内容
第五届全国人民代表大会(1978—1983)	黄火青	党委领导,群众路线,执法必严,违法必究,保障民主,加强专政,实现大治,促进四化。	重新设立人民检察院;平反和纠正冤假错案,保障公民民主权利;打击刑事犯罪活动,创造良好的生活治安秩序;打击严重经济犯罪,保卫"四化"建设;公诉林彪、江青反革命集团。
第六届全国人民代表大会(1983—1988)	杨易辰	坚持严格执法,做到敢于碰硬,善于碰硬,打破关系网、保护层。	"念一本经,唱一台戏",全力以赴投入"严打"斗争;把打击经济犯罪作为检察机关的主要任务;完善法纪检察和控告申诉检察工作;加强检察队伍和机构建设。

[①] 最高人民检察院编:《人民检察史——纪念检察机关恢复重建40周年》,中国检察出版社2018年版,第190—305页。

续表

阶　段	最高人民检察院检察长	检察工作方针	重点工作内容
第七届全国人民代表大会（1988—1993）	刘复之	把惩治贪污贿赂犯罪作为打击经济犯罪的第一位工作。一要坚决，二要慎重，务必搞准。	把惩治贪污贿赂犯罪作为打击经济犯罪的第一位工作；严肃查办渎职侵权犯罪；服务经济建设大局；严厉打击严重刑事犯罪活动，开展社会治安综合治理；积极开展民事行政检察工作；依法建院，从严治检。
第八届全国人民代表大会（1993—1998）	张思卿	严格执法，狠抓办案。集中精力查办大案要案。	集中精力查办大案要案；严厉打击严重刑事犯罪，努力维护社会稳定；加强执法监督，维护司法公正和法制统一；认真贯彻实施修改后的刑法、刑事诉讼法；严格执行检察官法，加强队伍建设。
第九届全国人民代表大会（1998—2003）	韩杼滨	公正执法，加强监督，依法办案，从严治检，服务大局。	开展集中教育整顿，狠抓队伍建设和基层院建设；积极投入"严打"政治斗争，维护社会稳定；积极查办和预防职务犯罪；强化诉讼监督，维护司法公正和法制尊严；深化检察改革，为检察工作注入生机与活力。
第十届全国人民代表大会（2003—2008）	贾春旺	强化法律监督，维护公平正义。加大工作力度，提高执法水平和办案质量。	依法打击刑事犯罪，维护社会和谐稳定；查办和预防职务犯罪，促进反腐败斗争；强化诉讼监督，维护司法公正；深化检察改革，狠抓队伍建设。

续表

阶　　段	最高人民检察院检察长	检察工作方针	重点工作内容
第十一届全国人民代表大会（2008—2013）	曹建明	强化法律监督，强化自身监督，强化队伍建设。	以人为本，执法为民；惩治犯罪，维护稳定；查办职务犯罪，促进反腐倡廉；强化自身监督，加强队伍建设。
第十二届全国人民代表大会（2013—2018）	曹建明	强化法律监督，强化自身监督，强化队伍建设。	完善制度机制建设，深化改革创新；开展公益诉讼检察工作；依法查办职务犯罪，保持反腐高压态势；加强诉讼监督，维护司法公正；坚持从严治检，建设过硬队伍；配合国家监察体制改革，顺利完成转隶工作。

改革开放和社会主义现代化建设新时期的四十年间，检察工作在各方面均取得长足发展。就检察工作理念而言，这一时期相较于社会主义建设道路探索阶段，有着一些根本性转变：从专政工具转向法治主体，从义务本位转向权利本位，从实体正义转向实体与程序并进，从打击犯罪转向打击犯罪与保护人权并重，从单向度的惩罚打击转向多维度的惩罚打击和法律监督共进。人民检察工作理念及其事业发展越来越吻合于宪法的国家法律监督机关定位，越来越吻合于社会发展大局和人民群众的法治建设需求。当然，这些理念及其实践举措的转变不是一蹴而就的，而是在党的领导下经历了一个渐进发展过程。总体而言，这一时期检察理念主要有4个方面内容：

（一）党的领导理念

党的领导是中国特色社会主义检察理念中的首要理念。从理论上来看，中国特色社会主义最本质的特征是中国共产党的领导，中国特色社会主义制度的最大优势是中国共产党领导。"党政军民学，东西南北中，党是领导一切的，是最高的政治领导力量。"中国共产党是中国特色社会主义事业的领导核心，党的领导是做好党和国家各项工作的根本保证，是战胜一切困难和风险的"定海神针"，坚持党对一切工作的领导，是党和国家的根本所在、命脉所在，是全国各族人民的利益所在、幸福所在。中国特色社会主义检察事业，作为中国特色社会主义事业的重要组成部分，当然离不开党的领导。

从内涵上看，党的领导统筹以人民为中心、服务中心大局等"子理念"，也是实现这些"子理念"的前提基础、核心要义。这是由我们党的性质决定的——中国共产党是中国工人阶级先锋队，同时也是中国人民和中华民族的先锋队，是中国特色社会主义事业的坚强领导核心。正是有了这样一个先进成熟的政党领导，才形成了中国特色社会主义道路、理论、制度、文化。因此，在检察事业中，坚持党的领导理念，就是以人民为中心、服务中心大局，要从根本上保证中国特色社会主义检察制度的实现，就必须毫不动摇地坚持党的领导。

从历史上来看，中国特色社会主义检察事业源于党的领导。自新民主主义检察事业产生之日，就一直在秉持党的领导的理念，而且，无论是土地革命战争时期的打击犯罪、惩治反革命、巩固工农民主政权理念，还是抗日战争与解放战争时期的镇压反革命、巩固新生人民政权、守护解放区生产秩序理念；无论是社会主义建设道路探索中的阶级专政、实体正义理念，还是改革开放和社会主义现代化建设时期的权利本位、服务大局、公平正义、强化监督理念，党的领导理念无一不是贯穿始终，党的领导无一不是取得这一时期成就的前提和基础。

党的十八大以来,党中央更是高度重视检察制度的发展完善,习近平总书记强调,中国检察机关是国家的法律监督机关,承担惩治和预防犯罪、对诉讼活动进行监督等职责,是保护国家利益和社会公共利益的一支重要力量。① 可以毫不夸张地说,没有党的领导,就没有中国特色社会主义检察事业,检察机关务必始终高举中国特色社会主义伟大旗帜,始终将检察工作置于党的绝对领导之下。

(二) 服务大局理念

"大局观是中国传统法律文化的一个重要组成部分,即把法律看作是社会治理的多种手段中的一种,法律为一定的政治目的服务。"② "而从根本上来说,我国法的本质与党和国家的大局是水乳交融的。为大局服务,……创造良好的法治环境,正是我国社会主义法的本质体现,是法的核心功能所在,是法的伟大历史使命。"③ 就此而言,服务大局是任何一个政法机关的根本使命,检察机关作为国家治理工作中的重要一环,是实现国家治理体系和治理能力现代化的重要组成部分,无论何时,都应坚持服务大局的工作理念。

从历史上来看,服务大局理念一直贯穿检察机关工作始终:在新民主主义革命时期,打击犯罪、惩治反革命、巩固人民政权,一直是其最高准则;在社会主义道路探索建设时期,阶级专政理念也一直是检察机关的首要理念;改革开放以后,党的工作重心从"以阶级斗争为纲"转到"以经济建设为中心"上来,检察机关又确立了为经济建设服务的理念,坚持一手抓建设和改革、一手抓法治的方针,以保卫和促进经济建设和改革开放为中心,更好地为改革

---

① 秦宁:《人民网评:赵宇案,以司法"勇为"挺立"见义勇为"》,载人民网,http://opinion.people.com.cn/n1/2019/0318/c1003-30982058.html,最后访问日期:2020年7月1日。

② 朱景文:《服务大局与"法学家的幻想"》,载《法学家》2006年第5期。

③ 张文显:《社会主义法治理念导言》,载《法学家》2006年第5期。

开放服务。2010年3月,全国两会后,最高人民检察院要求,"全国各级检察机关要高度重视、认真落实人大代表、政协委员的意见和建议,回应人民群众对检察工作的新要求新期待,当前尤为迫切的是,要更加注重服务党和国家工作大局,切实保障经济平稳较快发展。要准确把握我国经济社会发展全局,进一步增强大局意识、责任意识、服务意识。要始终坚持把检察工作放在党和国家工作大局中谋划和推进"①。针对2016年全国两会期间习近平总书记在民建、工商联界别委员联组会上发表的关于非公有制经济三个"没有变"的重要讲话,2017年1月,最高人民检察院发布《关于充分履行检察职能加强产权司法保护的意见》,进一步提高全国检察机关对加强产权司法保护重大意义的认识,并就加强产权司法保护提出要求,明确规定要准确把握法律政策界限,严格把握产权案件罪与非罪的界限标准,依法妥善处理历史形成的产权案件。

(三) 权利本位理念

新时期的中国,社会主要矛盾已经由阶级斗争转变为人们日益增长的物质文化需要同落后的社会生产之间的矛盾,② 这个主要矛盾贯穿我国社会主义初级阶段的整个过程和社会生活的各个方面。对此,邓小平提出了发展生产力的要求,他指出:"社会主义初级阶段的最根本任务就是发展生产力,社会主义的优越性归根到底要

---

① 本报评论员:《更加注重服务党和国家工作大局》,载《检察日报》2010年3月26日。

② 邓小平指出:"我们必须坚持无产阶级专政。……社会主义愈发展,民主也愈发展。这是确定无疑的。但是发展社会主义民主,决不是可以不要对敌视社会主义的势力实行无产阶级专政。"但是,这种阶级斗争,"不同于过去历史上的阶级对阶级斗争",而是"一种特殊形式的阶级斗争,或者说是历史上的阶级斗争在社会主义条件下的特殊形式的遗留"。见《邓小平文选》(第二卷),人民出版社1994年版,第168—169页。

体现在它的生产力比资本主义发展得更快一些、更高一些,并且在发展生产力的基础上不断改善人民的物质文化生活。如果说我们建国以后有缺点,那就是对发展生产力有某种忽略。社会主义要消灭贫穷。贫穷不是社会主义,更不是共产主义。"①邓小平还进一步强调了发展社会主义民主和法制的重要意义,"没有民主就没有社会主义,就没有社会主义现代化"②。因此,时代迫切呼唤重构一个与社会主义法制和现代化建设相匹配的法学理论体系,权利本位理念研究在此背景下探索并展开。在学术界,1988年全国首次法学基本范畴研讨会形成了一个共识:权利和义务是法的核心和实质,是法学的基本范畴。③ 其后,以张文显教授为主的一大批法学专家学者系统地从哲学、伦理学、经济学等角度进一步论证了"权利是法学的基石范畴"这一观点,即权利为本位。④ 而在实务界,"把政法机关简单地视为阶级斗争的工具和无产阶级专政的'刀把子',重视法律的强制和惩罚功能,忽视其保护人权的功能"⑤ 的状况也逐渐开始转变。事实上,"从1978年5月开始重建检察机关,即开展了反对违法乱纪的斗争和参与复查平反冤假错案的工作。1978年,全国检察机关共查处2000多件严重违法乱纪案件,处理人民来信27万多件,参与复查了近7万起案件"⑥。就此而言,1978年检察

---

① 《邓小平文选》(第三卷),人民出版社1993年版,第63—64页。
② 《邓小平文选》(第二卷),人民出版社1994年版,第168页。
③ 张文显:《法哲学范畴研究》(修订版),中国政法大学出版社2001年版,第378页。
④ 张文显:《法哲学范畴研究》(修订版),中国政法大学出版社2001年版,第356—366页。
⑤ 张文显:《论中国特色社会主义法治道路》,载《中国法学》2009年第6期。
⑥ 石京学:《1978,掀开当代检察新的一页》,载《检察日报》2008年1月4日。

工作的重要意义,并不只是在于检察机关得以恢复重建,更重要的还在于思想理念之厘清和转变:维护法律尊严,保护人民权利。其后六届全国人大五年间,全国检察机关批捕各类刑事案件221万余人,起诉126万余人,有力打击了各类刑事犯罪,保障了公民合法权利。① 1997年党的十五大报告、2002年党的十六大报告,都明确要求"尊重和保障人权",2004年的《宪法修正案》更是将"尊重与保障人权"写入宪法,这标志着人权由政治概念提升为法律权利,将价值法则转化为政治法则和法律规范。更为重要的是,在检察实践中,保障人权的理念通过各个时期依法打击严重刑事犯罪、查办和预防职务犯罪、强化诉讼监督、促进检察制度和实践改革、加强民事行政公益检察及控告申诉检察等具体业务工作,将"法定权利"转化为"现实权利"。

(四)公平正义理念

"公平是道德领域内的一个基本术语,表示道德上合适的对待。正义可以被看作是对人类的互动行为一系列的道德和政治约束。"② 早在古希腊时期,亚里士多德就提出,正义存在于"某种平等"的观念之中③,并将正义界分为"分配正义"和"矫正正义"。古罗马法学家乌尔比安认为:"正义乃是使每个人获得其应得的东西的永恒不变的意志。"④ 圣·托马斯·阿奎那更是将正义描述成为

---

① 最高人民检察院编:《人民检察史——纪念检察机关恢复重建40周年》,中国检察出版社2018年版,第182页。

② [美]布赖恩·比克斯:《牛津法律理论词典》,邱昭继等译,法律出版社2007年版,第71、115页。

③ [古希腊]亚里士多德:《政治学》,陈虹秀译,台海出版社2016年版,第194页。

④ [美]E.博登海默:《法理学、法律哲学与法律方法》,邓正来译,中国政法大学出版2004年版,第277页。

"一种习惯,依据这种习惯,一个人以一种永恒不变的意志使每个人获得其应得的东西"①。由此可见,在关于正义的描述中,公平是其必然的核心。当代哲学家罗尔斯就明确指出,正义应当是一种"公平的正义"②,在此之下,他列举了两项正义原则:"第一个原则要求平等地分配基本的权利和义务;第二个原则认为社会和经济的不平等(例如财富和权力的不平等)只有在其结果能给每一个人,尤其是那些最少受惠的社会成员带来补偿利益时,它们才是正义的。"③ 关于公平正义的概念,虽然众说纷纭,但有一点是肯定的:公平正义是人类社会共同的追求,是社会主义法治的重要目标,是评判社会善恶的首要标准。④ 就我国而言,按照社会主义法治理念中关于公平正义的内涵理解,其内容具体包括合法合理、平等对待、及时高效、程序公正;具体要求则是坚持秉公执法,坚持以事实为根据,以法律为准绳,坚持实体公正与程序公正并重,坚持公正与效率并重,坚持以公开促公正。改革开放以来,检察机关从阶级专政理念到公平正义理念的根本转换,深刻反映了检察机关对自身定位的转变和主体性意识的觉醒。从历史上看,检察机关在20世纪90年代即提出了"加强执法监督,维护司法公正""公正执法,加强监督"的工作要求,党的十六大报告中提出"社会主义司法制度必须保障在全社会实现公平和正义"的要求后,2003年3月,时任最高人民检察院检察长贾春旺即表

---

① [美]E.博登海默:《法理学、法律哲学与法律方法》,邓正来译,中国政法大学出版2004年版,第278页。

② [美]约翰·罗尔斯:《正义论》(珍藏版),何怀宏等译,中国社会科学出版社2009年版,第9页。

③ [美]约翰·罗尔斯:《正义论》(珍藏版),何怀宏等译,中国社会科学出版社2009年版,第12页。

④ 徐显明:《公平正义:当代中国社会主义法治理念的价值追求》,载《法学家》2006年第5期。

示:"在强化法律监督、促进实现公平和正义方面,检察机关责任重大。……从监督违法诉讼程序入手,以惩治司法腐败为重点,以保障实现公平和正义为目标。"① 其后"强化法律监督,维护公平正义"被确定为检察工作主题。2008 年 11 月,时任最高人民检察院检察长曹建明继续要求:"不断提高检察工作水平,努力在维护公平正义方面取得新突破。"② 2011 年 7 月,在第十三次全国检察工作会议上,时任最高人民检察院检察长曹建明又明确提出,检察机关必须牢固树立"六观"③、自觉践行"六个有机统一"④ 的总体要求。这既是检察工作的基本理念,也是检察工作的根本任务,

---

① 肖玮:《加强法律监督维护社会公平正义——访最高人民检察院检察长贾春旺》,载《检察日报》2003 年 3 月 17 日。

② 时任最高人民检察院检察长曹建明在首都检察机关恢复重建三十周年座谈会上强调:在强化法律监督维护公平正义方面实现新突破。参见《检察日报》2008 年 11 月 9 日。

③ "六观"即牢固树立推动科学发展、促进社会和谐的大局观,牢固树立忠诚、公正、清廉、为民的核心价值观,牢固树立理性、平和、文明、规范的执法观,牢固树立办案数量、质量、效率、效果、安全相统一的业绩观,牢固树立监督者更要自觉接受监督的权力观,牢固树立统筹兼顾、全面协调可持续的发展观。参见《曹建明:"十二五"时期检察工作牢固树立"六观"》,载 http://www.jcrb.com/zhuanti/jczt/13qgjchy/zwsew/201107/t20110719_575970.html,最后访问日期:2019 年 12 月 31 日。

④ "六个有机统一",即一要高举中国特色社会主义伟大旗帜,努力实现检察工作政治性、人民性和法律性的有机统一;二要坚持以科学发展观为统领,努力实现检察工作服务科学发展与自身科学发展的有机统一;三要坚持围绕"四个维护、两个促进"的根本目标,努力实现打击、预防、监督、教育、保护职能的有机统一;四要坚持贯彻检察工作总要求,努力实现强化法律监督、强化自身监督、强化队伍建设的有机统一;五要坚持以执法办案为中心,努力实现法律效果、政治效果和社会效果有机统一;六要坚持解放思想、实事求是、与时俱进,努力实现继承、创新、发展的有机统一。参见《曹建明:"十二五"时期努力实现"六个有机统一"》,载 http://www.jcrb.com/zhuanti/jczt/13qgjchy/zwsew/201107/t20110719_575971.html,最后访问日期:2019 年 12 月 31 日。

更是新时期对公平正义的细化解读,体现了检察机关的性质与价值、实体与程序、效率与效果、路径与目标的统一。

(五) 法律监督理念

我国的人民检察制度是以列宁法律监督理论为指导,结合我国具体国情建立起来的。① 在《论"双重"领导和法制》中,列宁强调:"应当记住,检察机关和任何行政机关不同,它丝毫没有行政权,对任何行政问题都没有表决权。检察长有权利和有义务做的只有一件事:注意使整个共和国对法制有真正一致的理解,不管任何地方差别,不受任何地方的影响。"② 1976 年 6 月,彭真在第五届全国人民代表大会第二次会议上指出:"列宁在十月革命后,曾坚持检察机关的职权是维护国家法制的统一,我们的检察院组织法就是运用列宁的这一指导思想结合我国实际情况制定的。"③ 然而,检察机关作为法律监督机关的地位确立和检察权范围的固定,却是一波三折——1949 年《中央人民政府组织法》、1954 年《宪法》和《人民检察院组织法》都规定了人民检察署/院行使一般监督权;但人民检察院在恢复重建后,1979 年《人民检察院组织法》和 1982 年《宪法》所确认的却是:人民检察院是国家法律监督机关,而且检察机关的法律监督内涵发生了重大变化,检察机关不再行使一般

---

① "中国的检察制度虽然是以列宁的法律监督思想为指导,以苏联的检察制度为借鉴模式,但是并非完全地移植和照搬,而是结合了我国人民民主专政理论、人民代表大会制度理论、权力制约理论、法制理论,并与中国国情相结合,经过了本土化过程并创造性地发展了这一制度。一方面,列宁的法律监督思想固然是中国检察制度的直接理论基础,但从理论的根本来说,在整个国家政权体系中是否设置检察权,还是由人民民主专政理论、人民代表大会制度理论和民主集中制理论决定的。"参见孙谦:《中国检察制度论纲》,人民出版社 2004 年版,第 32—33 页。

② 《列宁全集》(第 43 卷),人民出版社 1987 年版,第 195 页。

③ 中共中央文献编辑委员会编:《彭真文选(一九四一——一九九〇年)》,人民出版社 1991 年版,第 39 页。

监督权，而是主要限定于诉讼中的监督。随着我国经济、政治、社会、文化的全面转型和权利本位、法律至上等理念的深入人心，检察理念也逐步从排斥、弱化监督到勇于、强化监督方向转变。在强化法律监督上，1993年3月22日，时任最高人民检察院检察长刘复之在第八届全国人民代表大会第一次会议上明确指出："各级人民检察院在工作中强化了法律监督职能，对于维护国家稳定和社会安定，促进社会主义民主和法制建设，推动廉政建设，保障改革开放和经济建设的顺利进行起了积极作用。"2003年5月，时任最高人民检察院检察长贾春旺提出"强化法律监督，维护公平正义"的工作主题。2005年3月，时任最高人民检察院检察长贾春旺指出："一年来，全国检察机关深入实践'强化法律监督，维护公平正义'的工作主题，针对人民群众反映强烈和影响司法公正的突出问题，开展专项法律监督，不断加大工作力度，努力为改革发展稳定大局服务。"自此，强化法律监督成为检察机关的核心工作理念之一。

从宪法法律的规定来看，法律监督主要是指运用国家权力，依照法定的程序，检查、督查和纠正法律实施过程中严重违法的情况，以维护国家法制统一和法律正确实施的一项专门工作。[①] 与其他形式的监督相比，检察机关的法律监督主要具有3个特征：一是专门性。法律监督是国家专门设立的由检察机关代表国家对法律的实施和遵守进行监督，法律监督是检察机关的专门职责，监督的对象主要是各执法和司法机关，监督的内容是法律明确规定的执法或司法活动，而不包括对一般公民遵守法律的监督。也就是说，检察机关的法律监督主要是对国家执法、司法机关实施适用法律过程中违法行为的监督。二是诉讼性。诉讼是检察机关实施法律监督活动的平台或后盾，检察机关的一切法律监督活动都是在诉讼框架内进

---

① 孙谦主编：《中国检察制度论纲》，人民出版社2004年版，第56页。

行,或者是以最终的诉讼活动为依托,这也就划清了法律监督与其他主体监督之间的区别。三是程序性。检察机关的法律监督是通过启动一定的诉讼程序或以启动一定诉讼程序为威慑达到矫正曲直和防止权力滥用的目的,一般没有直接撤销或改变被监督对象处理决定的权力。由此可见,检察机关的法律监督权是以国家分权和权力制约思想为基础的,宪法赋予检察机关的法律监督地位,绝不仅是出于推动诉讼的目的。

(六)主动接受监督理念

检察职权的基本内容是监督他人,因此实践中更容易引起被监督者的质疑:谁来监督你们?"监督者更应接受监督",在面对"检察机关监督别人,谁来监督检察机关"的质疑时,检察机关作出了"打铁还需自身硬"的回应。为防止权力的滥用和腐败,必须设置检察职权的监督机制。一是自觉主动接受外部监督。自1988年开始,最高人民检察院就提出,自觉接受国家权力机关的监督,主动向各级人大及其常委会汇报工作。1993年,最高人民检察院又提出接受群众监督的思想。1998年,最高人民检察院作出检务公开的决定,增强了司法工作的透明度和公信力,保障了人民群众的知情权、参与权、表达权和监督权。二是不断加强内部监督。第六届全国人大至第九届全国人大期间,最高人民检察院先后提出了"加强队伍建设""依法建院,从严治检""严格执行检察官法,加强队伍建设"的目标;2005年8月,最高人民检察院制定《关于进一步深化检察改革的三年实施意见》,明确提出改革和完善检察机关接受监督的机制。在具体举措上,如从1989年起,检察机关办理职务犯罪案件实行内部双轨制;自2009年起,省级以下人民检察院立案侦查的案件由上一级检察院审查决定逮捕;2003年9月,全国检察机关试点人民监督员工作;此外,最高人民检察院还先后通过完善对各级领导班子特别是一把手的监督、加大对办案工作的考核、狠抓队伍纪律作风建设等举措，切实加强内部自身监督。从历史的视角来看，改革开放以来，检察机关主动、自觉接受监督的意识越来越明确，也越来越全面和形式多样。如2017年3月12日，时任最高人民检察院检察长曹建明在十二届全国人大五次会议作工作报告时就指出："我们牢记监督者更要自觉接受监督，坚持将检察权置于人民监督之下。依法接受人大监督。全面梳理全国两会代表委员意见建议，逐条研究整改。……自觉接受民主监督。主动向民主党派中央、全国工商联和无党派人士通报检察工作，认真听取意见建议。……自觉接受社会监督。全面开展检察开放日活动，邀请人民群众走进检察、监督检察。"[①]

第三节 新时代检察理念的基本内容及其实现保障

一、新时代检察理念的基本内容

立足世情、国情和检情的深刻变化，检察机关要结合实际树立符合新时代发展要求的检察工作新理念。当然，树立检察工作新理念，既不意味着对过去的全盘否定，也不意味着对传统的一成不变，而是根据新发展阶段新发展理念新发展格局作出继承和适当调整：一些优良传统理念必须毫不动摇的坚持；一些已经严重束缚司法办案、容易导致效率不高甚至司法不公的旧理念必须摒弃；一些在大方向上依然管用，但具体内涵上要有新发展才能适应新形势的理念则要更新；一些因新职能加入而面临全新情况和全新形势的理

[①] 《曹建明：自觉接受人民监督，确保检察权依法公正行使》，载http://www.xinhuanet.com/politics/2017lh/2017-03/12/c_129507806.htm，最后访问日期：2019年12月31日。

念则必须及时更新。基于此，在习近平法治思想指导下，在坚持党的领导、服务大局、保障人权等理念的基础上，新时代检察工作还应当秉持以下六大理念：

（一）政治性与业务性相统一理念

检察工作是政治性极强的业务工作，也是业务性极强的政治工作。作为人民民主专政的国家政权机关，检察机关首先是政治机关，必须旗帜鲜明讲政治。树立新时代检察理念，必须把讲政治摆在首位，坚持政治性与业务性相统一。新时代讲政治，既要坚持党对检察工作的绝对领导原则不动摇，又要坚持以人民为中心原则不动摇，还要坚持双赢多赢共赢原则不动摇，这三者"三位一体"，共同构成了新时代检察理念的政治性。新时代"政治性与业务性相统一"检察理念要求：一要坚持政治原则和政治方向。始终坚持党对检察工作的绝对领导、坚持人民立场、坚持服务中心大局的原则不动摇，始终坚持走中国特色社会主义法治道路、检察道路不动摇，始终把党的绝对领导作为检察工作的最高原则、最大优势，切实增强"四个意识"、坚定"四个自信"、践行"两个维护"，确保检察工作始终沿着正确方向胜利前进。二要把讲政治落实到检察业务工作中。"讲政治、坚持党的绝对领导，决不能只是喊口号、说套话，必须落到实处，落到具体岗位、具体职责、具体工作中，落到司法办案各环节。"[①] 这既要求我们必须把政治原则融合到业务工作中，也要求我们必须把业务工作统筹到政治原则统领下。换句话说，讲政治需要与抓业务有机结合，而且事实上，讲政治也必须与抓业务有机结合，否则就成了"空中楼阁""空头政治"；同样，抓业务必须由讲政治来统领，在讲政治的语境中抓业务，才能保证

[①] 本报评论员：《坚定不移坚持党的绝对领导——庆祝检察机关恢复重建40周年系列评论之一》，载《检察日报》2018年11月29日。

检察工作最大限度地发挥积极效应。①

（二）"全面协调充分发展"理念

随着国家监察体制改革的实施和公益诉讼制度的确立，检察机关在职能、机构、重点工作等方面作出了相应的改革和调整，形成了"四大检察""十大业务"法律监督工作新格局。"四大检察"是检察机关法律监督职能的重要组成部分，必须统筹规划，整体部署，协调推进，相互配合，不可厚此薄彼，壁垒分割，确保各项检察职能充分发展，发挥检察机关法律监督的整体效能。推动"四大检察"全面协调充分发展，是新时代所需，是检察机关未来发展所向，具有重大而深远的战略意义。应当着重做好以下4个方面：一是要做优刑事检察。以内设机构改革为契机，突出刑事检察专业化，通过不断完善捕诉一体、认罪认罚从宽等办案机制，让刑事检察的办案质量和效率方面的优势充分发挥出来。二是做强民事检察。从人民最迫切、最根本的需求出发，提高民事再审检察建议的采纳率，加大惩治虚假诉讼力度，强化对法院执行活动监督、支持力度，促进民事检察监督的水平提升。三是做实行政检察。要围绕行政诉讼监督展开，抓好典型性、引领性案件的监督，做一件成一件，成一件影响一片；要结合办案，认真分析行政工作存在的问题，有针对性提出意见建议，促进依法行政；要深入研究行政检察的内涵与外延、职权配置与运行规律；并多与审判机关、行政机关沟通，争取双赢多赢共赢效果。四是要做好公益诉讼。持续加大公益诉讼办案力度，不断拓展公益诉讼领域，切实解决公益诉讼中案

---

① 每周社评：《做好检察工作当务之急是树立正确理念》，载《检察日报》2018年5月7日。

量与案质、广度与深度、效果与效益、监督与共赢等方面的关系。①

（三）客观公正理念

2019 年修订的《检察官法》第 5 条第 1 款规定："检察官履行职责，应当以事实为根据，以法律为准绳，秉持客观公正的立场。"这是我国立法首次明确规定检察官应秉持客观公正的立场，体现了检察官的职业特色。我国检察机关作为国家的法律监督机关，检察官不仅需要依职权担当追诉人的角色，还要承担更为重要的法律监督者角色，也就是在一定意义上超脱案件办理本身，而对案件结果裁判的是非曲直、公平正义做事后的评判与监督。② 我国检察官坚持客观公正立场，具有更坚实的理论基础和制度支撑。检察官坚守客观公正立场，"'要'在转变观念，检察官履职立场必须与时俱进，切实做到不偏不倚、不枉不纵、既无过度也无不及；'重'在提升能力，全体检察官必须践行公平正义要求，不断提高客观公正办案能力，追求最佳办案质量、效率、效果；'旨'在维护权益，真正当好公共利益的代表、公平正义的守护者"③。

（四）监督与办案相统一理念

"在办案中监督，在监督中办案"这一检察典句，全面阐释了办案与监督的辩证统一关系，明确了新时代中国特色社会主义检察制度中司法办案与检察监督的两大工作主线，对于检察机关准确定

---

① 本报评论员：《推动"四大检察"全面协调充分发展——学习贯彻习近平总书记中央政法工作会议重要讲话系列评论之二》，载《检察日报》2019 年 1 月 23 日。

② 每周社评：《检察官要始终坚守客观公正立场》，载《检察日报》2019 年 7 月 29 日。

③ 《最高检检察长张军阐释检察官如何坚守客观公正立场》，载 http：//www.xinhuanet.com/legal/2019 - 07/20/c_1124778190.htm，最后访问日期：2019 年 12 月 31 日。

位、全面履职,创新发展新时代检察工作具有重要意义。检察权的核心是法律监督,而法律监督的核心是办案。办案与监督都是检察机关的主责主业,都是检察权的核心组成部分,两者之间是辩证统一、有机联系的关系,两者理应相互配合、相互支撑、相互促进。没有办案,法律监督就失去了着力点;没有办案力度,法律监督就失去了深化点。反之,没有监督,司法办案就失去了目标遵循;没有监督实效,司法办案就没有了价值追求。因此,既要在每一件案件的办理过程中体现法律监督效果,也要把法律监督落实到每一个办案环节,真正实现政治效果、社会效果和法律效果的有机统一。最高人民检察院张军检察长指出:"给人民群众提供更优质的法治产品、检察产品,核心就是办案,就是以办案为中心。"事实上,无论是服务经济社会发展,还是检察机关自身谋发展,最终都要落实到办案上来。离开办案,法律监督就是无源之水、无本之木;离开办案,法律监督就是空中楼阁、镜花水月。可以说,一切法律监督,最终都得靠办案来落实,都必须以办案为载体。只有把案件办好了,才能让人民群众切切实实地在每一起案件中都感受到公平正义,享受新时代的美好生活,真正体现出法律监督的价值与意义。

(五)公益守护理念

检察机关提起公益诉讼制度是党中央的一项重大决策,是法律赋予检察机关的一项新的职责。习近平总书记指出:"检察官作为公共利益的代表,肩负着重要责任……中国检察机关是国家的法律监督机关,承担惩治和预防犯罪、对诉讼活动进行监督等职责,是保护国家利益和社会公共利益的一支重要力量。"[①] 检察机关作为公益的代表,其活动范围并不局限于刑事诉讼领域,而是广泛地参与

[①] 参见2017年9月11日习近平致第二十二届国际检察官联合会年会暨会员代表大会的贺信。

涉及公益的诉讼，其职能由刑事公诉向依法全面维护公益方面扩展。回溯历史，从国王代理人到公共利益的代表，从大陆法系到英美法系，检察官自诞生之日起，就具备了公益性，并在发展中使公益的内涵不断深化，使公益的保护形式不断丰富。可以说，各种不同性质的检察官职，抑或是各种不同社会背景下的检察职权设置，检察制度都始终围绕着"公益守护"理念在发展，而"公益守护"理念作为检察制度的核心要义，也一直为检察制度的完善和发展指明了方向。

（六）智慧借助理念

检察机关在提供法治产品和检察产品时不能只"唱独角戏"，还要"众人搭台"，充分发挥社会力量特别是专家学者、专职律师和有法律背景的人大代表、政协委员等社会第三方群体的作用，借助"外脑"优化强化四大检察工作。[①] 正如张军检察长强调，"要树立智慧借助理念，积极'借力、借智'咨询委员、特约监督员等力量，提升监督能力、破解发展难题，共同推进新时代检察工作创新发展"[②]。智慧借助的关键，是要借好借足"外脑"突破办案难题、提高办案质效。一是通过借助"外脑"，提升法律监督的精准度和影响力。通过外部专家学者帮助我们筛选出具有典型意义、在司法理念方面有纠偏、创新、引领性的案件，达到办理一件、解决一片的效果。二是通过借助"外脑"，防止机械司法和就案办案。三是通过借助"外脑"，更好地以案释法，传播检察好声音，增进与社会各界共识。四是通过借助"外脑"，提升专业能力。各个领

---

① 本报评论员：《不断深化智慧借助理念——四论深入学习贯彻民事检察专项报告审议意见》，载《检察日报》2018年11月18日。

② 姜洪：《借助"智慧"强化法律监督 共同推进新时代检察工作》，载《检察日报》2018年11月29日。

域的专家参与新型、疑难、复杂案件的研讨，进一步加强与检察官的业务交流互动，鞭策检察官不断提升专业素养和业务能力，提升检察监督能力，实现四大检察工作的创新发展。

二、新时代检察理念的实现保障

新时代检察理念的贯彻落实，涉及司法办案、队伍建设、检察管理和制度改革等方方面面，需要对照新时代检察理念要求，对检察管理、队伍建设和制度改革等进行相应的重塑和创新。

（一）新时代检察理念与检察智能管理

检察智能管理，是指依托云计算、大数据、人工智能等新兴科学技术，将检察司法办案、检察办公、队伍管理、检务保障、检务公开和服务等进行全面、深刻的数字化改造，在实现"办案信息网上录入、办案活动网上管理、办案行为网上监督、办案绩效网上评价"的基础上，形成"全业务智能办案、全要素智能管理、全方位智能服务、全领域智能支撑"的新型管理模式。检察智能管理，有利于强化对检察权运行的监督制约，有利于管理决策的科学化，有利于提升办案质效和对外服务水平。检察机关要积极适应大数据时代的思维模式，树立大数据驱动思维理念，坚持问题导向、需求导向、实践导向，加强大数据的顶层设计和统筹规划，完善数据开放共享机制，夯实大数据运用基础保障，加快推进检察管理模式的创新升级，打造检察智能管理新模式，切实做到让数据说话、让数据管理、让数据决策、让数据创新，使大数据所蕴含的巨大能量转化为检察机关发展的强劲动力。

（二）新时代检察理念与检察官角色定位

新时代检察理念的实现，归根结底要落实到检察权行使的主体检察官身上，检察官只有学懂弄通悟透新时代检察理念的内涵，并根据新时代检察理念的要求，找准角色定位，注重提升能力，才能把新时代检察理念内化于心、外化于行，贯彻落实至检察工作全过程和司法办案的每一个环节。新时代的检察官，既是犯罪的追诉者，也是无辜的保护者；既是国家法制统一、尊严和权威的维护者，也是公共利益的代表者，还是中国特色社会主义法律意识和法治进步的引领者。检察官不仅要做办好案的"工匠"，还要努力成为司法检察政策把握运用的"大家"。为此，新时代的检察官要全面提升案件研判能力、法律适用能力、释法说理能力、服务群众能力、学习创新能力、沟通协调能力以及课题调研、文稿撰写能力和调查核实能力。

（三）新时代检察理念与检察制度改革

检察理念与检察制度是内涵与载体的关系，二者相互依存，密不可分。一方面，检察理念是对检察制度背后精神原则和指导思想的高度凝炼总结，是检察制度的思想灵魂；另一方面，检察制度是检察理念的具体展开，是检察理念投射于现实的客观存在。因此，检察制度离不开检察理念，检察制度的字里行间无时无刻不散发着检察理念的思想光辉和精神原则，检察理念也须臾离不开检察制度，检察理念必须借助于检察制度才能够体现和指导现实的检察实践。检察机关在多年的实践中运用工作机制的全面探索、业务工作的探索试验、组织机构的摸索等各种方式，不断改革和发展具有中国特色的社会主义检察制度。新形势下检察机关以内设机构改革为突破口，对工作格局、职权范围、运行机制等进行了系列调整，检察制度改革取得的成就全面而显著。从法律监督体系完善的角度看，突出的亮点主要有"四大检察"并进格局初步形成、捕诉一体改革稳步推进、认罪认罚从宽制度深入推行以及公益诉讼检察制度全面推开等四个方面。从战略布局和长远发展看，检察机关应以习近平法治思想为根本指引，坚持宪法定位，以代表公共利益为职责使命，健全四大检察全面充分协调发展法律监督体系，推动和促进国家治理体系和治理能力现代化。

第四节 新时代检察理念的研究价值

一、检察理念的研究综述

自20世纪90年代以来，中国法学界就围绕如何进行司法改革和创新等问题进行了热烈的讨论，与此相关的司法制度、检察制度、理念及实践研究一度成为法学研究的热点话题。学术界和实务界纷纷著书立说，表达自己对当代司法改革的理念思想发展、制度机制创新、组织架构设计、职权模式配置等的观点看法，加入对当代司法体制改革、创新、发展的研讨中。

在研究论文方面，以"检察理念"为关键词，笔者在中国知网共搜到文献71篇，包括期刊53篇，会议材料3篇。[①] 在这71篇以"检察理念"为主题的研究性文字中，篇名中含有"检察理念"字样的共计28篇，其中发表于2018年之前的18篇，发表于2018年之后的10篇，包括5篇期刊和5篇报纸。5篇期刊类文字分别为：李云的《未成年人检察制度探讨——以更新检察理念提升未成年人检察的司法温度为视角》（2019年6月15日发表于《北京政法职业学院学报》）、张垚的《新时代检察理念的内涵思考》（2019年4月1日发表于《辽宁公安司法管理干部学院学报》）、刘仁文的《"四大检察"理念的哲学意蕴》（2019年10月13日发表于《人民检察》）、刘沛泉的《试论刑事执行检察理念体系的构建》（2019年12月25日发表于《法制与社会》）、刘洋的《检察理念革新视阈下

---

① 最后访问日期：2020年12月31日。

知识产权犯罪中被害人的权益保护》(2020年10月20日发表于《犯罪研究》);5篇报纸类文字分别为:沈明志、赵春的《以新时代检察理念引领　打造更多更优检察产品》(发表于2019年6月20日《江苏法制报》)、《检察日报》评论员文章《把新时代检察理念落实在办案中》(发表于2019年5月13日《检察日报》)、徐盈雁、范跃红的《以理念变革引领新时代检察工作创新发展》(发表于2018年8月16日《检察日报》)、彭玉的《论公开透明的检察理念》(发表于2020年6月9日《检察日报》)、兰楠的《民法典的互联网元素与民事检察理念跟进》(发表于2020年10月19日《检察日报》)。

在研究著作方面,据不完全统计,2000年以来以"检察理念"作为研究对象或者涉及检察理念、制度与实践问题的成果主要有:孙谦、樊崇义、扬金华主编:《司法改革报告——检察改革·检察理论与实践专家对话录》,法律出版社2002年版;孙谦:《检察:理念、制度与改革》,法律出版社2004年版;张智辉主编:《中国检察——检察理念与法律监督》,北京大学出版社2004年版;吴永明编:《理念、制度与实践——中国司法现代化变革研究(1912—1928)》,法律出版社2005年版;冯军、卢彦芬等:《刑事司法的改革:理念与路径》,中国检察出版社2007年版;孙谦主编:《中国特色社会主义检察制度》,中国检察出版社2008年版;甄贞等:《21世纪的中国检察制度研究》,法律出版社2008年版;孙谦:《平和:司法理念与境界》,中国检察出版社2010年版;向泽选:《法律监督:理念、机制与改革》,中国检察出版社2011年版;徐汉明:《转型社会的法律监督理念、制度与方法》,知识产权出版社2012年版;张雪樵主编:《检察监督理念与机制创新研究》,中国检察出版社2012年版;最高人民检察院政治部编:《检察工作发展理念和执法理念讲义提纲》,中国检察出版社2012年版;张铁英主编:《检察理念与实务研究集萃》,中国检察出版社2013年版;向泽选、骆磊:《检察:理念更新与制度变迁》,中国法制出版社2013年版;陈光中:《论检察》,中国检察出版社2013年版。

就上述研究成果而言:首先,从研究对象类别来看,涉及检察理念论题的研究成果很丰富,但研究对象定位于纯粹检察理念的却是屈指可数,绝大多数研究都是以检察理念为引领,重点阐述检察制度或者制度背后的具体业务,缺乏或者很少有专门性地对支撑和滋养各种具体制度机制背后的理念形态及其转型发展进行深度研究。其次,从研究时间阶段来看,尽管国内学者涉及检察理念的各类著作蔚为大观,但主要还是集中于党的十八大以前,十八大以后特别是党的十九大提出中国特色社会主义进入新时代这个重大政治论断后,关于新时代中国特色社会主义检察理念的研究成果寥寥无几(3年仅有5篇期刊类成果和5篇报刊类成果),这与新时代中国特色社会主义法治发展程度及理论研究水平完全不相匹配。再次,从研究方式方法来看,绝大部分研究成果都是从部门法的视角出发,使用部门法的理论资源和方法资源,得出的结论也明显具有部门法的痕迹,而关于检察理念的阐述或研究仅仅是"蜻蜓点水",著者的重视程度、研究深度及内容所占文章/著作篇幅比例与检察理念的重要性相比都严重失衡。最后,从研究知识构造来看,部分研究成果虽然在政治方向上强调中国特色社会主义检察制度的特殊性及优越性,但在研究范式上仍未完全摆脱西方"现代化范式"的束缚,中国特色社会主义检察制度的主体性、独立性和影响力还没有完全展现。尽管如此,以上成果仍然为本书的研究和写作提供了重要的启示和分析素材。

二、新时代检察理念的研究价值和意义

作为一本全面系统阐释新时代中国特色社会主义检察理念的著

作，本书的创新之处主要表现在两个方面：一方面，有效填补了新时代检察理念研究的空白。思想是行动的先导，理论是实践的指南。没有正确的检察理念引领，就不可能有正确的检察实践。当前，中国特色社会主义进入新时代，社会矛盾发生重要变化，人民群众在民主、法治、公平、正义、安全、环境等方面提出了水平更高、内涵更丰富的需求，人民检察事业也进入新的历史发展阶段，"面临恢复重建以来影响至为深远的转折、重构和提升"①。检察理念的更新发展必须与时俱进，跟上时代步伐，如果不能够在理念上取得一些根本性、关键性的突破，检察工作的发展将会受到影响，甚至还会影响到中国特色社会主义检察制度的理论自信。在此情势下，本书顺应新时代发展需求，在习近平法治思想引领下和实践总结的基础上进行了理念的拓展性发掘，为新时代检察理念研究提供了一个产品和范本。另一方面，传承更新了检察理念的内涵要义。在研究内容上，以习近平法治思想为纲领和基础，结合当下人民群众对检察工作的新需求、新期待，以及近年来检察系统的理论和实践研究成果，发掘、总结、提炼新时代检察理念，进一步引领指导检察工作实践。在研究方法上，本书一改近年检察理念著作的研究模式，将纯粹的检察理念作为研究对象和全书的研究核心，开检察理念研究模式之先河。

在中国当下的语境下，研究新时代检察理念具有以下3个方面的价值和意义：

（一）深入研究新时代检察理念，是完善中国特色社会主义检察理论体系的需要

近年来，随着依法治国进程的不断加深，司法改革步入深水

---

① 《最高人民检察院关于加强和改进新时代检察理论研究工作的意见》，载《检察日报》2019年9月4日。

区，在错综复杂的国际国内政治经济文化背景下，检察职能的优化改革成为一个难点。这是因为，我国的检察制度是以人民代表大会下"一府一委两院"的体制为基础，在借鉴苏联检察制度的同时，结合中国国情不断发展形成的检察制度。因此，检察职能的内容关系到国家基本法律制度，关系到国体、政体的具体实现形式等重大事项。而且，与审判和警察职能相比，世界各国的检察职能差异性较大并在不断发展之中。[①] 一些学者及一些检察干警（人员）受西方政治及法学理论的影响，对我国检察制度产生了一些模糊、不全面甚至是不正确的认识，进而对我国检察机关的法律监督性质等方面提出了诸多质疑，在一定程度上影响了我国检察工作的健康发展。出现这些质疑，一定程度上是由于我国检察理论体系的不健全，但归根结底还是由于不能正确运用马克思主义的方法来分析和认识我国检察理念。研究新时代检察理念，对于澄清、纠正关于检察制度的各种模糊、错误认识，保障检察改革正确发展方向，完善中国特色社会主义检察理论体系具有十分重要的意义。[②]

（二）深入研究新时代检察理念，是全面贯彻社会主义法治理念的必然要求

习近平法治思想是中国共产党作为执政党，从社会主义现代化建设事业的现实和全局高度出发，借鉴古今中外法治文明成果，对近现代特别是改革开放以来中国经济、政治、社会、文化和法治发展的历史经验的总结；它既是当代中国社会主义建设规划的一部

[①] 甄贞等：《21世纪的中国检察制度研究》，法律出版社2008年版，第131页。

[②] 慕平：《中国特色社会主义检察理念研究》，载《法学杂志》2009年第4期。

分，也是执政党对中国法治建设经验的理论追求和升华，具有鲜明的政治性、彻底的人民性、系统的科学性和充分的开放性，其精髓和核心要义就是坚持党的领导、人民当家作主和依法治国有机统一，为各项法治工作提供了基本原则和指导思想。检察机关作为法治的重要推动者和践行者，全面贯彻习近平法治思想就必须进一步明确检察工作在国家法治工作中的独特定位，并依据检察工作规律充分发挥检察机关的职能作用，从而保障检察工作的正确方向。为此，我们就必须对检察制度的本质属性及其内在规律进行更加深入的认识，构建出科学、系统的检察理念指导实践。

（三）深入研究新时代检察理念，是推进国家治理体系和治理能力现代化的重要组成部分

党的十九届四中全会通过的《关于坚持和完善中国特色社会主义制度　推进国家治理体系和治理能力现代化若干重大问题的决定》指出："我国国家治理一切工作和活动都依照中国特色社会主义制度展开，我国国家治理体系和治理能力是中国特色社会主义制度及其执行能力的集中体现。"[①] 这个重大论断深刻阐释了我国国家制度与国家治理体系和治理能力的关系。一方面，国家治理体系和治理能力是国家制度及其执行能力的体现，是把国家制度优势转化为国家治理效能的依托。国家治理体系是国家制度落实到国家治理中的具体化、实体化，作为一个巨大的系统，是党的统一领导下，人大、政府、政协、监察、审判、检察等各方面协调的结果。另一方面，推进国家治理体系和治理能力现代化是一个系统工程。这个系统工程，党的十九届四中全会把它概括为 13 个方面的优势，其中，"坚持和完善中国特色社会主义法治体系，提高党依法治国、

---

① 本书编写组编著：《党的十九届四中全会〈决定〉学习辅导百问》，党建读物出版社、学习出版社 2019 年版，第 4—5 页。

依法执政能力"是其重要组成部分。国家治理体系和治理能力现代化是我国继工业现代化、农业现代化、国防现代化、科学技术现代化"四个现代化"基础上的"第五个现代化",没有国家治理体系和治理能力现代化,就没有真正意义上的中国特色社会主义现代化。检察机关所具有的制约行政权滥用、控制裁判权慎用的矫正曲直的职能,必然使检察机关成为推进国家治理体系和治理能力现代化过程中不可或缺的重要一环,也使检察职能区别于其他国家职能,成为社会主体寻找法律保护的另一种动力。因此,最高人民检察院张军检察长强调:"检察机关要以高度的政治自觉、法治自觉、检察自觉把党的十九届五中全会精神和习近平法治思想落实落细,应对各类风险挑战,通过检察履职为经济社会高质量发展提供有力法治保障。"深入研究新时代检察理念研究,参与到新时代检察理念的知识构建中来,不断将适应时代发展、社会需求、人民利益的理念挖掘出来,并透过这一理念的指导不断完善中国特色社会主义检察制度,推动中国特色社会主义检察事业,有利于更加坚定不移地走中国特色社会主义法治道路,为推进国家治理体系和治理能力现代化提供有力法治保障。

第二章 政治性与业务性相统一理念

> 中国共产党的领导是中国特色社会主义最本质的特征,是社会主义法治最根本的保证,是社会主义法治之魂。
>
> ——习近平

最高人民检察院张军检察长指出:"对检察机关而言,讲政治不是讲空话、喊口号,离不开具体的业务,业务性极强;抓业务,所有检察业务都紧密关联维护党的执政地位、维护国家安全和社会稳定、维护人民利益,政治性极强。从某种意义上说,检察工作是政治性极强的业务工作,也是业务性极强的政治工作。"这深刻揭示了我国检察工作政治性与业务性相统一的内在属性,政治性是对检察工作从目的任务角度所作的表述,业务性是对检察工作从履职方式角度所作的表述,政治性和业务性共同地构成了检察工作的内在属性。党的领导是中国特色社会主义最本质的特征,也是中国特色社会主义制度的最大优势。讲政治是我们党的优良传统,也是政法工作的优良传统。检察机关作为党领导下的政法机关,必须认真贯彻习近平法治思想,旗帜鲜明讲政治,坚持党对检察工作的绝对领导;检察机关作为国家法律监督机关和司法机关,必须始终如一坚守司法的专业属性,一以贯之重视业务建设,做到讲政治与抓业务相互融合、相互促进,这是新时代检察工作必须秉持和坚守的理念。把讲政治和抓业务辩证统一于各项业务工作中,统一于司法办案中,才能找到业务建设的不足点和加强业务建设的方向。只有坚持政治性与业务性的统一,才能在具体案件处理上,既有法治思维、法治方式,也有政治思维、政治智慧,通过办案最大限度实现政治效果、社会效果、法律效果的有机统一,促进检察业务工作的全面协调充分发展。

第一节 检察工作政治性的内涵及其要求

政治具有多重含义，人们往往从不同角度对其作不同的阐述。从学理上讲，政治是上层建筑领域中各种权力主体维护自身利益的特定行为以及由此结成的特定关系。从历史维度讲，政治是人类发展到一定时期产生的重要社会现象，随着时代的发展，政治的目的、宗旨、任务也在变化。从实践效能看，政治是社会治理最高端的内容，对社会生活各个方面具有重大影响和作用，人们无时无刻不生活在政治的影响之中。最高人民检察院张军检察长强调：''讲政治，就要始终坚持党的绝对领导，紧紧围绕大局履职尽责，以人民为中心落细落实，真正做到敢于担当。''可以看出，张军检察长从党的领导、服务大局、为民司法三个层面揭示了检察工作的政治性内涵。

一、坚持党对检察工作的绝对领导

在我国，中国共产党是执政党，是中国特色社会主义事业的领导核心。''东南西北中，党是领导一切的。''中国共产党的领导是中国特色社会主义最本质的特征，也是中国特色社会主义制度的最大优势。党的领导是我国宪法确定的一项基本原则，渊源于我国的革命、建设和改革发展历程，植根于我国的基本国情和历史传统。党的领导是全面推进依法治国的根本保证。[①] 检察机关是国家法律监督机关、政法机关、司法机关，检察工作是国家法治建设、政法工作和司法工作的有机组成部分。旗帜鲜明地坚持党的领导，不仅是检察机关的基本政治态度，更是检察机关的政治责任。坚持党对检

---

① 习近平总书记在 2020 年 11 月 16 日至 17 日中央全面依法治国工作会议上的讲话。

察工作的绝对领导，必须做到以下几个方面：

一是必须坚持正确的政治方向。方向对于检察工作具有引领性作用，政治方向决定了检察工作的前途命运，决定了检察工作的具体路径。要紧紧围绕坚持和发展中国特色社会主义这个主题，坚定不移走中国特色社会主义政治发展和法治建设道路，这是政法工作和检察工作的正确政治方向。作为党领导下的司法机关，检察机关既是司法机关也是政治机关，是巩固党的执政地位、捍卫社会主义制度的重要力量。坚持正确的政治立场，要善于从政治上看问题，在大是大非问题上始终保持高度的政治清醒和政治自觉；把握好政治因素，谋划推动工作时要落实好政治要求，处理解决问题时要防范政治风险；强化政治思维，注重从政治上看大局想问题，遇事多想政治要求，办事多想政治规矩，成事多想政治效果。把坚决维护习近平总书记党中央的核心、全党的核心地位作为最大的政治、最根本的政治纪律、最重要的政治规矩，牢固树立"四个意识"，坚定"四个自信"，做到"两个维护"，始终以党的旗帜为旗帜、以党的方向为方向、以党的意志为意志，切实把坚决维护以习近平同志为核心的党中央权威落实到思想追求、党性锻炼、忠诚信仰和行动自觉上。

二是必须坚持习近平新时代中国特色社会主义思想指导地位。马克思主义是关于全世界无产阶级和全人类彻底解放的学说，是马克思、恩格斯在批判地继承和吸收人类关于自然科学、思维科学、社会科学优秀成果的基础上创立，并在实践中不断地丰富、发展和完善的无产阶级思想的科学体系。它是我们党的指导思想和理论基础。这是鸦片战争以来，中国人民面对各种各样的挑战过程中，在种种学术、思潮中作出的自觉选择。坚持马克思主义的认识论，勇于实践，积极探索，善于进行理论概括和理性思考，就会不断地形成新的认识、新的理论，用于指导新的实践，进而推动各项事业乃至整个社会的新发展。中国共产党成立以来，坚持不懈地为马克思主义中国化而奋斗,产生了毛泽东思想、邓小平理论、"三个代表"重要思想、科学发展观等重要成果。改革开放以来特别是党的十八大以来,我们党发展马克思主义的最集中体现、最新理论成果,就是形成了习近平新时代中国特色社会主义思想,实现了马克思主义中国化的新飞跃,为推进新时代中国特色社会主义事业提供了根本遵循。这对于当前检察工作的创新发展有着重要而深刻的启示和指导作用。要深入学习和深刻领会习近平新时代中国特色社会主义思想的丰富内涵和精神实质,坚持不懈用习近平中国特色社会主义思想指导检察工作,以党的最新理论成果武装头脑、指导实践,自觉坚持和运用马克思主义的基本立场、基本观点、基本方法,分析新时代检察机关面临的形势,理解检察机关肩负的任务,解决检察机关遇到的实际问题,统筹推进各项检察工作创新发展。

三是坚持党的领导必须落实到具体检察工作中。坚持党对检察工作的绝对领导既是一个理念,也是一项具体要求,应当把它落实到具体岗位中,体现到检察人员履职全过程、司法办案各环节。要正确处理执行法律和执行党的政策的关系,自觉把党中央大政方针政策和重大决策部署全面贯彻到检察工作中,围绕党和国家大局履职尽责,以实际行动体现对党的忠诚。要建立检察办案重大问题、重大事项向党委请示报告制度,对于涉及社会稳定、重大民生、可能引起舆情关注的案件,及时向党委报告。要加强检察机关党的建设,把党的领导体现在检察事业发展的各个领域。人民检察院党组建设,直接关系到党对检察工作的集中统一领导,直接关系到检察工作方向、道路和全局把握。要进一步加强各级检察机关党组建设,充分发挥地方党组在推动检察工作科学发展中的领导核心作用,切实保证党对检察工作的集中统一领导和检察工作的正确方向。要严肃党内政治生活,把解决检察办案中存在的讲政治不够的问题作为突破口,通过解剖具体案例的办法,组织检察人员开展批评与自我批评，把提高政治站位与加强检察办案结合起来，找准"政治性与业务性相统一"的具体方式与路径，使之在检察办案中得到具体生动鲜活的体现。要抓好党中央关于意识形态工作一系列决策部署在检察领域的落实落地，时刻抓紧落实意识形态责任制，加强对网络意识形态阵地管理，积极开展网络舆论宣传引导，牢牢把握主动权，积极营造保证正确政治方向的舆论环境和社会氛围。

二、坚持服务大局

围绕中心、服务大局是讲政治的具体化。检察机关应当增强大局意识，更加自觉地将检察工作放到大局中谋划部署，不断提高检察机关服务保障中心工作的针对性、有效性和精准性。要把检察工作放在"五位一体"总体布局和"四个全面"战略布局中来认识，结合检察职能，找准检察机关服务经济社会发展的切入点，以良好的司法服务经济社会发展，在职能履行中服务大局，通过服务大局体现法律监督职能的价值意义，用法律监督的实际行动承担起服务大局的政治责任。

首先，要服务保障党和国家大政方针的落实。检察机关是党领导下的国家法律监督机关和司法机关，检察工作担负着在法律监督领域贯彻落实党和国家工作部署的要求。要自觉把党中央大政方针政策和重大决策部署全面贯彻到检察工作中去，围绕党和国家工作大局履职尽责，确保检察工作沿着党和国家政策方针路线确定的轨道发展。

其次，要服务于国家安全、国家建设和经济社会的发展。牢牢把握党中央对维护国家安全和社会稳定的新部署，始终把维护国家政治安全放在第一位，依法履行批捕、起诉等职能，坚决打击各种渗透颠覆破坏活动、暴力恐怖活动、民族分裂活动、宗教极端活动，坚决捍卫党的领导和社会主义制度，坚决维护新时代国家安全。坚定不移走中国特色社会主义社会治理之路，认真研究检察环节参与加强和创新社会治理的具体措施，既积极参与社会治安防控体系建设，依法打击黄赌毒黑拐骗等违法犯罪活动，又能更加有效化解社会矛盾，切实保护人民群众人身权、财产权、人格权，努力建设更高水平的平安中国。全面贯彻深化依法治国实践新举措，加强检察监督，深化司法体制改革，坚持公正司法，推动法治中国迈上新台阶。深刻领会党中央坚持全面依法治国的新部署，主动把各项检察工作融入深化依法治国实践，推动建设中国特色社会主义法治体系、建设社会主义法治国家。进一步聚焦法律监督主责主业，认真研究强化对刑事诉讼、民事诉讼、行政诉讼的法律监督的措施，推动解决执法司法领域人民群众反映强烈的突出问题，努力让人民群众在每一个司法案件中感受到公平正义。

最后，要围绕大局确定监督工作重点。增强大局意识，更加自觉地将检察工作放到大局中谋划部署，不断提高检察机关服务保障中心工作的针对性、有效性和精准性。当前，要切实服务于"三大攻坚战""一带一路"建设、自贸区建设、长三角一体化以及海洋战略实施，积极投身"扫黑除恶"专项斗争，发展和弘扬新时代"枫桥经验"。要围绕当地党委中心工作，明确服务重点，找准服务载体，充分运用检察职能调节社会关系，导引社会观念，维护社会稳定，提高服务效果。刑事检察工作要切实履行审查逮捕权、审查公诉权、刑事诉讼监督权，依法严厉打击危害社会治安安定与和谐稳定的刑事犯罪行为；要围绕防范和化解金融风险的要求，加强对P2P相关刑事案件的办理，依法妥善处置不稳定因素；要按照平安中国建设要求，深入开展扫黑除恶专项斗争。民事检察工作要服务民营经济发展，加强对民商事案件的诉讼监督，依法调节社会关系；要加强对社会弱势群体的帮助，依法积极开展涉农民工工资纠纷、劳资纠纷、社会保障纠纷以及涉及妇女儿童老人案件的办理，匡扶社会正义。行政检察要加强对行政诉讼和行政执行案件包括非诉执行案件的监督,推进对行政管理相对人合法权益的保护。公益诉讼要加强环境保护领域、食品药品安全领域公共利益保护,维护社会民生;加强英雄烈士权益保护,弘扬社会主义核心价值观。各级检察机关要根据各地情况不同,因地制宜、因时制宜确定依法行使检察权,服务保障地方经济社会发展的工作重点,体现检察工作的政治性特点。

三、坚持以人民为中心

以人民为中心,既是习近平法治思想的重要内容,在我们党的历史上也渊源有自。1944年9月8日,毛泽东主席在张思德同志追悼会上,提出了"为人民服务"这样一句振聋发聩、石破天惊的口号,改变了有史以来中国社会的发展观。人民群众是我们党的力量源泉,人民立场是中国共产党的根本政治立场。以人民为中心的发展思想,"是马克思主义价值观的生动表达,是中国特色社会主义本质的内在要求,是中国共产党的最高价值遵循"①,是我们党一直以来的基本坚持和习近平新时代中国特色社会主义思想的精髓。党的十九大报告对"以人民为中心"这一重要命题的丰富内涵作了深入的阐述,体现了我们党对"为人民服务"基本思想一以贯之的根本遵循。人民是历史的创造者,是决定党和国家前途命运的根本力量。作为最广大人民群众根本利益的忠实代表,中国共产党除了人民的利益,没有自己的任何独特利益。党的事业是坚持人民主体地位,坚持立党为公、执政为民,践行全心全意为人民服务的根本宗旨,在治国理政中贯彻"一切为了群众、一切依靠群众,从群众中

---

① 韩庆祥:《习近平新时代中国特色社会主义思想的理论精髓》,载《光明日报》2018年5月25日。

来、到群众中去"的群众路线,把人民对美好生活的向往作为奋斗目标,依靠人民创造历史,奋斗的成果由人民共享。作为党领导下的人民民主专政工具,检察机关自身性质和宗旨必须符合党的性质和宗旨,始终与之保持一致。要坚持把服务人民贯穿于检察工作始终,以良法促发展保善治、以监督促进民生福祉、以代表工作呼应群众期盼,把人民群众普遍关注的问题转化为检察工作的重点,做到民有所呼、我有所应,使检察工作真正体现出党性与人民性的统一。"必须理直气壮地坚持人民性,牢固树立一切为了人民、依靠人民、造福人民、保护人民的理念,真正做到以最广大人民利益为念,真正把人民作为检察工作的最高裁决者。"①

"新时代,检察机关应当坚持'以人民为中心'的发展理念,通过检察工作,增强人民群众获得感、幸福感、安全感,集中体现检察工作满足人民群众对美好生活的需要,从人民群众对民主、法治、公平、正义、安全、环境等方面的需求上谋划工作的发展,从供给侧为人民群众提供更为优质的'法治产品''检察产品'。"②坚持以人民为中心,需要坚持实践第一的观点、辩证分析的方法和矛盾对立统一的观念,为人民群众办实事、谋福祉;需要检察人员一身正气,不为名利,为人民群众办好一个个具体案件,解决好一件件检察实事,真正做到让人民群众在每一起案件办理、每一件事情处理中都能感受到公平正义;需要从人民群众的利益诉求、表达诉求的实际能力出发,实事求是地设计办事流程、办案规程,使人民群众在检察办案中得到积极有效的参与,而不只是被动的接受者,从而体现司法民主、司法为民。

---

① 邱伯友:《把"以人民为中心"的思想落到检察工作实处》,载《中国检察官》2018年第3期。
② 张垚:《新时代检察理念的内涵思考》,载《辽宁公安司法管理干部学院学报》2019年第2期。

第二节　检察工作业务性的内涵及其要求

业务是一个单位、一个组织、一个主体开展的本职工作、专业工作，并用以与其他单位、组织、社会主体交换劳动成果。尽管不同行业具有不同的业务、业务的具体内容不同，但具有业务属性是每个行业的共同特征。检察机关是业务机关，必须牢牢秉持和理解其业务性。

一、以办案为主要手段

办案是检察工作的基本业务表现形式。我国宪法和人民检察院组织法规定，人民检察院是国家的法律监督机关。如何履行法律监督职能？履行法律监督职能的载体是什么？归根结底，就是坚持以办案为中心，在监督中办案，在办案中监督，这是新时代检察机关做好法律监督工作的基本途径。办案既是检察机关履行法律监督职责的基本手段，也是彰显法律监督效用的重要途径。离开办案，法律监督就是无源之水、无本之木；离开办案，法律监督就是空中楼阁，无法落地。检察机关要把新时代人民群众对民主、法治、公平、正义、安全、环境等方面的新要求转化为法律监督工作的新动能，落实到司法办案实践中，加大办案力度、提升办案质量、注重办案效果，推动新时代检察工作创新发展。应当把法律监督的本质属性和要求贯彻落实到刑事、民事、行政及公益诉讼"四大检察"中去，使检察人员真正成为"法律守护者"。

二、对法律规则和底线的坚守

检察机关是国家司法机关，依法履行职责是检察机关的基本任务。检察机关履职的基本依据是宪法法律，依法办案是现代司法机关的基本特质。依法开展法律监督，是检察机关的重要职责，事关国家安全、社会稳定和公民权益的大局。检察人员要切实将防错理念贯穿办案始终，树立正确的政绩观，正确对待批捕率、起诉率，努力提高认罪认罚案件比例、精准量刑建议比例，始终坚持为民司法理念，切实履行法律监督职能，维护司法公正。认真对照查摆自身在办案理念、办案作风等方面存在的突出问题，坚决纠正机械司法、简单办案的陈旧观念，积极适应修改后刑事诉讼法的新要求，增强人权意识、程序意识、证据意识、时效意识、监督意识，真正筑牢严格公正司法的思想基础，筑牢杜绝冤假错案的思想防线。牢固树立案件质量生命线，认识到规范办案是坚守防止冤错案件底线的重要保证，切实履行法律监督职能，在侦查、批捕、起诉等各个检察环节，在受理、调查、审查等各个流程，在事实、证据、程序和适用法律等方面严格把关，确保办案工作经得起法律和历史的检验。要正确处理情、理、法之间的关系，既不能损害法律执行的统一性、稳定性、公平性，也不能脱离具体案件情况和当时当地具体情况办案，做到法律效果与政治效果、社会效果的有机统一。廉洁办案是依法办案的基本保证，要适应司法体制改革背景下的司法责任制落实的需要，加强党风廉政建设，一以贯之把全面从严治党、全面从严治检引向深入。全面加强纪律建设，夯实管党治党政治责任，加强规范司法长效机制建设。坚定不移贯彻落实中央八项规定精神和最高人民检察院各项规定，毫不松懈地打好作风建设持久战。完善内部监督体制机制，进一步强化党内监督和检察权运行监督，全面推进系统内巡视巡察工作，加强司法办案内部监督，筑牢防止司法腐败的堤坝。

三、围绕"四大检察""十大业务"新格局履职办案

随着国家监察体制改革和职务犯罪侦查职能的转隶，检察机关

业务工作格局发生了变化，刑事检察、民事检察、行政检察和公益诉讼检察（即"四大检察"）构成了新时代检察工作的基本格局。与此相应，普通犯罪检察、重大犯罪检察、经济犯罪检察、职务犯罪检察、刑事执行检察、民事检察、行政检察、公益诉讼检察、未成年人检察、控申检察"十大业务"构成检察机关履行业务职责的类型方式。按照最高人民检察院的部署要求，要做优刑事检察、做强民事检察、做实行政检察、做好公益诉讼检察，实现"四大检察"全面协调充分发展。

一是做优刑事检察工作。充分发挥好捕诉一体的优势，不断提升刑事办案质量，提升刑事司法的能力水平；全面落实认罪认罚从宽制度，切实发挥检察机关的主导作用；加强刑事执行监督，全面推开"派驻+巡回"机制，既发挥"巡"的优势，又发挥"驻"的便利；完善监检衔接机制，既重视配合，也落实制约。二是做强民事检察工作。在精准监督上下功夫，抗诉一件促进解决一个领域、一个地方、一个时期司法理念、政策、导向方面的问题，发挥对类案的案例指导作用；坚持不懈监督、支持民事执行工作，助推消除执行难、执行乱、选择性执行等不规范现象；加强依职权监督，提高民事检察调节社会关系的实效性、有效性；加强民事诉讼监督调查工作，增强监督的能动性。三是做实行政检察工作。加强行政检察办案力量，推动行政争议实质性化解工作，加强行政非诉执行监督，着力提升行政检察工作水平。四是做好公益诉讼检察工作。加强诉前磋商和诉前检察建议工作，强化提起诉讼工作，推进行政公益诉讼诉前检察建议跟进监督工作，维护国家利益和社会公共利益。开展"四大检察""十大业务"，要既在检察机关内部狠下功夫，也要加强政法各家的配合与制约，推动检察职能全面协调充分发展。

第三节 检察工作政治性与业务性相统一的内涵及其历史脉络

政治性是对检察工作从目的任务角度所作的表述,业务性是对检察工作从履职方式角度所作的表述。政治性和业务性共同、立体地构成了检察工作的内在属性。任何一种思想和理念都不是凭空而来的,必定有其历史的发展逻辑。"政治性与业务性相统一"理念,是我们党在各项工作中持之以恒讲政治、重实效的成果,考察其渊源,有利于科学合理地认识理解和贯彻实施该理念。

一、政治性与业务性相统一的内涵

检察工作的政治性与业务性是辩证统一的关系,一方面,要用政治来引领和指导业务工作;另一方面,业务工作要有效服务政治。

(一)以政治指导业务

如前所述,司法、检察与政治密切相关。检察机关在政治上不仅要增强思想自觉,还要增强行动自觉,切实把坚决维护以习近平同志为核心的党中央权威和集中统一领导作为根本政治任务,把坚定维护习近平总书记党中央的核心、全党的核心地位作为神圣使命,确保在政治立场、政治方向、政治原则、政治道路上同以习近平同志为核心的党中央保持高度一致。在面对重大原则问题时,要旗帜鲜明敢于亮剑;面对各种风险考验时,要态度坚决经受住考验;对中央的各项重大部署,特别是涉及本系统本单位本人的利益问题时,要坚决执行不讲条件,增强"四个意识",坚定"四个自信",做到"两个维护"。

要从政治大局出发、从人民关切出发,全面加强和改进各项检察工作，充分运用法律智慧和政治智慧提供高质量的检察产品，努力让人民群众在公平正义等方面有更多的获得感、幸福感、安全感，把人民拥护不拥护、赞成不赞成、高兴不高兴、答应不答应作为衡量一切工作得失的根本标准。改革发展中的民生问题和民生诉求，有许多关乎法治、关乎检察，同时也关系团结稳定的政治问题，需要从政治的角度多想、深想，看到这些问题背后的政治要求和政治属性。要把办理每一起案件、接待每一个上访人，都与以人民为中心的要求理念联系起来、结合起来，看看所言所为是不是体现了这个根本价值，是不是真正为人民群众着想。

"检察政策，是检察机关根据国家政策以及检察制度和检察工作发展的需要，制定并实施的规范和指导检察工作的准则。检察政策包括检察工作的目标、方针、原则、策略等。"① 要学会加强对检察政策的运用。检察官在办理业务处理个案中，在遵守法律规定的同时，还必须以检察政策来进行指导，发挥检察政策对检察实践的引导功能、管制功能、调控功能和分配功能。

（二）以业务服务政治

"司法作为政治的组成部分，亦可对政治产生巨大的影响和作用。例如，通过严格执行法律贯彻人民和执政党的政治意志；通过解释性司法活动扩大这种政治意志的覆盖范围；通过自由裁量权的行使执行公共政策；通过受理和审判政治性案件（将政治问题变成法律问题）解决政治争端。"② 毫无疑问，司法能够对政治体制、国家政权或特定的政治力量产生极大的反作用。检察机关在开展法律监督时要把握好政治因素，策划推动工作时要落实好政治要求，处理解决问题时要防范政治风险。"既要防止忽视政治的倾向，又

---

① 王守安：《论检察政策及其实施》，载《河南社会科学》2014年第2期。
② 江必新：《正确认识司法和政治的关系》，载《求是》2009年第24期。

要防止泛政治化的倾向。"[1] 要强化政治思维,注重从政治上看大局想问题,考虑政治要求,对照政治规矩,衡量政治影响,保证政治效果。要运用法律监督权,妥善解决社会矛盾纠纷、预防和打击刑事犯罪、维护社会秩序、监督司法行为,为国家治理体系和治理能力现代化起到推动作用。要运用政治智慧和法律智慧,把讲政治和抓业务辩证统一于各项业务工作中,统一于司法办案中。在具体案件处理上,既要有法治思维、法治方式,也要有政治思维、政治智慧,通过办案最大限度实现政治效果、社会效果、法律效果的有机统一。通过办案推动形成和完善社会治理政策,以推进社会建设发展的进程;通过填补法律漏洞或发挥"造法"功能,以调节社会关系。要通过开展业务工作,实现法律规定背后的政治考量;通过办案工作,维护良好的政治秩序。

二、政治性与业务性相统一的历史脉络

政治性与业务性相统一理念,是我们党在各项工作中一以贯之的优良传统。无论是在党和国家工作,还是政法工作和检察工作中,政治性与业务性相统一的理念与做法呈现出相因相生的历史脉络。

(一) 党和国家工作中的政治性与业务性相统一的传统

"讲政治就是我们党的优良传统之一,是我们党和很多政党之间的标志性区别。"[2] "讲政治贯穿党的整个历史。1921年,党的一大就明确表示我们党的根本政治目的就是进行社会革命。党的二大明确了党的奋斗纲领。可见,党自成立之日起就公开地表明自己的

---

[1] 江必新:《正确认识司法和政治的关系》,载《求是》2009年第24期。
[2] 沈传亮:《讲政治是我们党的优良传统》,载《学习时报》2019年3月15日。

政治立场，鲜明表明了自身的政治纲领。井冈山时期，工农红军就'经过政治教育，红军士兵都有了阶级觉悟，都有了分配土地、建立政权和武装工农等项常识，都知道是为了自己和工农阶级而作战'。1929年，毛泽东在古田会议上提出要'从教育上提高党内的政治水平'，'教育党员使党员的思想和党内的生活都政治化，科学化'。[①]同时，"支部建在连上"，就是把政治工作与业务工作（军事斗争）密切结合在一起，构成了我党我军思想政治工作的一条主线。"新中国成立后，毛泽东提醒广大干部要保持清醒的政治头脑，指出'政治工作是一切经济工作的生命线'。在改革开放的进程中，邓小平一再强调各级干部要讲政治，要善于从政治上观察问题和处理问题。"[②]"政治性与业务性相统一"是我们党一以贯之的理念，是贯穿于各项工作的重要线条。

在各个行业、各个领域，历任党和国家领导人都对政治性与业务性的统一提出过要求。例如，在新闻宣传领域，毛泽东同志曾经指出，要坚持政治家办报。邓小平同志也指出，新闻宣传必须坚持党性原则。江泽民同志要求，在坚持党性原则上，新闻媒体不允许有任何含糊和动摇。胡锦涛同志强调，舆论导向正确，利党利国利民；舆论导向错误，误党误国误民。这些重要论述，都鲜明地体现了马克思主义新闻观的原则，体现了对新闻工作者的根本要求。习近平总书记强调，我们党作为马克思主义政党，必须旗帜鲜明讲政治。[③]讲政治是共产党人的立身之本，也是马克思主义政党的突

[①] 沈传亮：《讲政治是我们党的优良传统》，载《学习时报》2019年3月15日。

[②] 沈传亮：《讲政治是我们党的优良传统》，载《学习时报》2019年3月15日。

[③] 姚桓：《必须旗帜鲜明讲政治》，载人民网，http://opinion.people.com.cn/n1/2017/0416/c1003-29213401.html，最后访问日期：2020年7月1日。

出特点和优势。党员干部必须时刻绷紧政治之弦、校准政治之弦,时刻把讲政治摆在首位。但同时,"党从不主张讲空头政治,时刻注意把讲政治和实际工作结合起来。"① 我们党主张德才兼备,"又红又专",就是对政治性与业务性的高度统一。在革命战争年代,要求党员干部要有能打仗、能做群众工作的本领;在和平建设年代,党员干部要通过掌握和精通专业知识、专门技术,努力掌握科学知识与技能,提高专业能力素养,进而促进把握方向、把握大势、把握全局。

(二) 政法工作中政治性与业务性相统一的历史脉络

在党的历史上,毛泽东同志最先提出"刀把子"论,"刀把子"论与"枪杆子"论一样,就是说明政法工作权力由谁来掌握这个问题。1926年5月,毛泽东在广州主持第六届农民运动讲习所时向学员指出:"搞革命就是刀对刀、枪对枪,要推翻地主武装团防局,必须建立农民自己的武装,刀把子不掌握在自己人手里,就会出乱子。"毛泽东同志还提出,"政治工作是一切经济工作的生命线""没有正确的政治观点,就等于没有灵魂"等一系列重要观点。邓小平同志也一再强调各级干部要讲政治。1990年4月2日,《中共中央关于维护社会稳定加强政法工作的通知》指出:"军队是党和人民手中的'枪杆子',政法部门是党和人民手中的'刀把子'。"1998年7月13日,江泽民同志会见全国打击走私工作会议代表时讲道:"人民民主专政一定要搞好,这里面出了问题,是要亡党亡国的!军队是人民民主专政的坚强柱石,政法机关是人民民主专政的专门机关。它们是党和人民手中掌握的枪杆子、刀把子。这个枪杆子、刀把子如果不起作用了,或者丢掉了,我们党和国家

---

① 沈传亮:《讲政治是我们党的优良传统》,载《学习时报》2019年3月15日。

还能安然无恙、长治久安吗?"① 1998 年 7 月 28 日,胡锦涛同志在《坚决贯彻落实中央关于军队武警部队政法机关不再从事经商活动的重大决策》中说:"我们的政法机关也是反腐败斗争的'刀把子',担负着依法惩治腐败的重要责任。政法机关自身的思想政治素质如何,能否做到公正廉洁,关系重大。"习近平总书记强调政法工作"要旗帜鲜明把政治建设放在首位,努力打造一支党中央放心、人民群众满意的高素质政法队伍"②。讲政治是政法工作的优良传统,应当持续成为广大从事政法工作人员的自觉行动。同时,我们党提出政法队伍的革命化、正规化、专业化、职业化建设,其中的"革命化"是对政治性的直接阐述,而"正规化""专业化""职业化"都是从不同角度对业务性进行了阐述。

(三)检察工作中政治性与业务性相统一的历史脉络

检察机关历来重视业务工作,同时也重视讲政治,重视政治性与业务性的有机结合。2017 年,时任最高人民检察院检察长曹建明强调,"检察机关是党领导下的司法机关,讲政治是坚持党对检察工作绝对领导的根本要求"。2018 年,最高人民检察院张军检察长强调:"讲政治,就要始终坚持党的绝对领导,紧紧围绕大局履职尽责,以人民为中心落细落实,真正做到敢于担当。"此后,张军检察长屡次强调,要坚持讲政治与抓业务有机结合,确保检察理论研究正确的政治方向。检察工作是政治性极强的业务工作,也是业务性极强的政治工作,检察理论研究工作也必须把讲政治与抓业务有机结合起来。"对检察机关而言,讲政治不是讲空话、喊口号,离不开具体的业务,业务性极强;抓业务,所有检察业务都紧密关联维护党的执政地位、维护国家安全和社会稳定、维护人民利益,

---

① 见《江泽民文选》(第二卷)之《坚决打击走私犯罪活动》一文。
② 2019 年 1 月 16 日,习近平出席中央政法工作会议并发表重要讲话。

政治性极强。从某种意义上说，检察工作是政治性极强的业务工作，也是业务性极强的政治工作。"[①] 近年来，各级检察机关和广大检察人员深刻领会和贯彻张军检察长的讲话精神，自觉地践行"政治性与业务性相统一"的理念，把讲政治与抓业务有机结合起来，促进了检察工作的转型发展和创新发展。

第四节　检察工作政治性与业务性相统一的实现

检察机关讲政治，最大的政治就是坚持党对检察工作的绝对领导；检察机关讲业务，最核心的就是坚持依法独立公正行使检察权。因此，在检察工作中贯彻实施"政治性与业务性相统一"理念，关键就是要正确处理好党的领导与依法独立公正行使检察权的关系，在坚持党的绝对领导下，依法独立公正行使检察权。真正做到讲政治与抓业务相互促进，既要把讲政治贯穿于检察业务始终，又要把抓业务穿透于讲政治之中，克服"重业务轻政治"和"空谈政治轻业务"的倾向，防止政治与业务"两张皮"现象。同时，要建立健全"政治性与业务性统一"的保障机制，实现检察人员政治素质与业务素质同步提升。

一、依法独立公正行使检察权的内涵、渊源及意义

（一）依法独立公正行使检察权的内涵

依法独立公正行使检察权，是指人民检察院以事实为根据，以法律为准绳，不受行政机关、社会团体和个人的干涉，公正地处理

[①] 《张军：坚定"四个自信"深化检察理论研究》，载正义网，http://news.jcrb.com/jxsw/201806/t20180605_1873559.html，最后访问日期：2020年7月1日。

案件，独立地行使检察权。所谓"依法"，首先，检察权依法行使的核心是"依宪行使"。检察权依法行使的最高价值要求是将宪法作为最高行为准则，依照宪法的授权行使职权，不得超越宪法的权威，不享有超越宪法和法律的特权。① 其次，依法还在于依照宪法之外的其他法律，主要是三大实体法、三大诉讼法以及检察职权行使中需要适用的法律或相关社会关系所适用的法律。最后，检察机关还必须遵守宪法法律规定的实体内容以及相关程序，遵循法定程序。所谓"独立"，即检察权的行使不受行政机关、社会团体和个人的干涉，检察权作为一项比较专项的国家权力只能由检察机关行使，其职权作用的发挥也是独立的，具有专属性和排他性。在我国，检察权独立行使的主体是检察机关。但是，检察权独立行使是相对独立的，独立行使检察权不意味着不受任何限制、不意味着是无限的独立。所谓"公正"，即检察权的行使符合社会公平正义，符合法律的精神与要义。同时，"依法、独立、公正行使检察权本身存在着内在的逻辑关系。依法是前提，独立是保障，是现代法治的基本要求，其目的在于实现司法公正，维护社会公平正义"②。

（二）依法独立公正行使检察权的渊源

从思想渊源看，我国依法独立公正行使检察权的原则源自苏联，这是列宁监督思想的体现。③ 1949年《中央人民政府最高人民检察署试行组织条例》第2条规定："全国各级检察署均独立行使职权，不受地方机关干涉，只服从最高人民检察署之指挥。"1975

---

① 王杰：《关于依法独立公正行使检察权的若干思考》，载《河南社会科学》2015年第3期。
② 王杰：《关于依法独立公正行使检察权的若干思考》，载《河南社会科学》2015年第3期。
③ 李如林等编著：《依法独立行使检察权保障机制研究》，中国检察出版社2017年版，第2页。

年宪法废除了检察制度，而作为过渡时期的 1978 年宪法虽然重建了检察制度，但其中依法独立公正行使检察权的原则荡然无存。直到 1979 年人民检察院组织法才重新确立了依法独立公正行使检察权制度。党的十五大提出依法治国、建设社会主义法治国家，其中指出，要保证司法权依法独立行使，这就包括了检察权。党的十八届三中全会要求"确保依法、独立、公正行使检察权"，十八届四中全会则要求"完善确保依法独立公正行使检察权的制度"。依法独立公正行使检察权的命题由来已久，我国 2018 年《宪法》第 131 条和 2018 年《人民检察院组织法》第 4 条均规定了"人民检察院依照法律规定独立行使检察权，不受行政机关、社会团体和个人的干涉"，分别为其提供了宪法支撑和组织法保障。此后，党的十九大报告、十九届四中全会决定均重申和强调了依法独立行使司法权的论断。依法独立行使司法权与西方国家奉行的"司法独立"是不同的原则，其区别就在于依法独立行使司法权要坚持中国共产党的领导，在于其是中国共产党领导的社会主义中国所采取的司法政策，无论是权力行使的目的，还是权力运行的准则都有着本质的不同。

（三）依法独立公正行使检察权的意义

依法独立公正行使检察权，是宪法确定的基本原则，凸显人民群众期盼的公平正义，构成依法治国的重要基础。检察权的依法独立公正行使与否，已经成为一国法治现代化水平和能力的重要标志[①]。党的十八届四中全会以公报的形式强调完善确保依法独立公正行使审判权和检察权的制度，再次表明了我们党建设社会主义法治国家的决心，必将对保证司法公正，提高司法公信力产生重要而深远的影响。不受行政机关、社会团体和个人的干涉，是依法独立

---

① 吴高庆、钱文杰：《论依法独立公正行使检察权》，载《中共浙江省委党校学报》2015 年第 6 期。

公正行使检察权的根本前提，也是实现公平正义的要义。① 现实中，影响独立公正行使检察权的因素依然很多，既存在于检察机关外部，也存在于检察机关内部；既有体制机制的原因，也有检察人员内在素质的原因。依法独立公正行使检察权，既有利于推进检察机关抵制来自行政部门的干预，也有利于检察机关按照检察权的性质及运行规律，破除过度的行政审批导致的弊端。随着司法改革的推进，如何从制度上确保检察机关依法独立公正行使检察权具有极其重要的意义，它是实现司法公正，提高司法公信力的前提条件和现实基础，是实现司法公正目标的有效手段，是健全和完善司法体制的必然要求，是实现依法治国、健全和完善市场经济体制、建设社会主义法治国家的基础和保障之一，是推进国家治理体系和治理能力现代化的重要途径②。

二、准确把握党的领导与依法独立公正行使检察权的关系

检察机关作为国家法律监督机关和党领导下的司法机关，肩负着维护国家法治统一和尊严的神圣使命，维护公平正义的重大职责，是实现党的政治主张、执行国家宪法和法律的重要力量。这种政治属性和法律地位决定了检察机关必须坚持党的绝对领导，必须以党的旗帜为旗帜、以党的方向为方向、以党的目标为目标。检察机关坚持党的领导，最根本的要求就是忠实履行宪法和法律赋予的职责，巩固共产党执政地位，维护国家长治久安，保障人民安居乐

---

① 龚举文：《完善确保依法独立公正行使检察权的制度》，载湖北省人民检察院官网，http://www.hbjc.gov.cn/jcyw/201411/t20141107_565097.shtml，最后访问日期：2020 年 7 月 1 日。

② 龚举文：《完善确保依法独立公正行使检察权的制度》，载湖北省人民检察院官网，http://www.hbjc.gov.cn/jcyw/201411/t20141107_565097.shtml，最后访问日期：2020 年 7 月 1 日。

业，服务经济社会又好又快发展。更主要的是，要全面理解检察权的定位，把依法独立公正行使检察权自觉置于党的领导之下，紧紧依靠党的领导确保检察权的依法独立公正行使，以生动的检察实践证明中国特色社会主义检察制度的鲜明特点和独有特色。通过检察权的依法独立公正行使，巩固党的执政地位，充分发挥中国特色社会主义检察制度的优越性。正确处理和把握好党的领导与依法独立公正行使检察权，重点要处理好以下几对关系：

（一）检察机关党性与人民性的统一

党性和人民性这一对概念于1945年首次在重庆《新华日报》的刊物《新华报人》第9期中使用。[①] 共产党的党性和人民性的统一，是马克思主义的一个基本观点。党性和人民性关系的本质，源自于党和人民的关系。党性来自人民性，是人民性最高最集中的体现，坚持党性原则，也就是坚持工人阶级和人民大众的根本利益的原则。中国共产党是在马克思列宁主义指导下创建起来的，中国共产党创造性地继承和发展了马克思列宁主义建党学说。我们党所说的党性，是中国工人阶级和中国人民阶级性、先进性、群众性最高和最集中的表现。一方面，要坚持把党的领导贯穿于检察工作始终，要坚定理想信念，提高政治站位；牢记初心使命，坚持为民服务。另一方面，要坚持把服务人民贯穿于检察工作始终，以良法促发展保善治、以监督促进民生福祉、以检察工作呼应群众期盼，把人民群众普遍关注的问题转化为检察工作的重点，做到民有所呼、我有所应，使检察工作真正体现出党性与人民性的统一。要防止把党性与人民性割裂和对立的倾向，在体现党性中体现人民性，把人民性通过党性体现出来。

---

① 刘建明主编：《宣传舆论学大辞典》，经济日报出版社1992年版，第169页。

(二) 检察监督与党的领导的关系

"在世界各国，由于其权力结构、历史文化传统等差异造成了政党制度与检察制度的不同，从而影响了各国政党与检察权依法独立公正行使之间的互动模式。即便是在一个国家，不同政党或同一政党对待检察权的态度也因不同时期的历史任务、目标不同而发生变化。因此，分析我国检察权依法独立公正行使与党的领导之间的关系更是不能一成不变，而是应当将二者的互动放置在中国的土壤上去理解，特别是将此放置于中国的体制改革、社会转型、党本身的转型、司法的转型及社会主义法治建设的法治历程中来深刻理解。在任何一个国家，都不存在一种检察权完全独立于政党之外的'理想模式'，而且检察工作和审判工作也需要有政党的领导。关键是如何将党对检察工作的领导纳入党依法执政的框架之下，使党对检察工作的领导更加体现法治化、程序化和规范化。但在党的意志转化为法律意志、检察意志的过程中，会因为缺少程序规则、范围界限的准确定位和政治法律责任机制的建立，从而产生集体意志个人化、政治决定司法化等不良倾向问题。"① 在我国，党的领导对检察制度具有决定性的作用，检察机关在国家政权组织形式中的地位和作用是由党的政策决定的，检察机关与其他国家机关的职能分工和相互关系是人民代表大会在党的领导下通过宪法和法律确定的，检察权在检察系统和人民检察院内部的配置体现了党的领导的需要。②

---

① 王杰：《关于依法独立公正行使检察权的若干思考》，载《河南社会科学》2015 年第 3 期。

② 参见李如林等编著：《依法独立行使检察权保障机制研究》，中国检察出版社 2017 年版，第 130 页。

(三) 检察改革与党的领导的关系

党的十九大提出要深化依法治国实践,深化司法体制改革,全面落实司法责任制,努力让人民群众在每一个司法案件中感受到公平正义。"司法改革是我国政治改革的重要组成部分,具有很强的政治性、政策性、法律性。只有坚持党对检察工作的绝对领导,坚持党的十九大精神对司法改革工作的指导,才能保证司法改革顺利推进,保证检察机关独立行使检察权,促进社会公平正义,全面推进依法治国。"[①] 检察改革必须在党的领导下进行,也只能在党的领导下进行,同时也只有在党的领导下进行才能取得成功。坚持党对检察改革的领导,必须要以党的方针政策为依据,必须要由党来组织协调,否则检察改革难以开展和深入进行。"坚持党对检察工作的绝对领导,必须坚持以提高司法公信力为根本尺度,必须坚持符合国情和遵循司法规律相结合,必须抓住领导干部这个'关键少数'。"[②] 在思想上,要深入学习贯彻党的十九大精神,以习近平新时代中国特色社会主义思想特别是习近平法治思想为指导,坚持和完善中国特色社会主义司法制度,以钉钉子精神抓好改革落实,加大改革督察力度,才能确保改革措施落地生根。

(四) 检察机关各层次领导与党的领导之间的关系

检察机关既有司法属性,又有行政属性,还有监督属性。检察职能的多种权力属性,决定了必须始终坚持和维护党中央的集中统一领导,自觉坚持上级检察院对下级检察院的领导,自觉坚持地方

[①] 盛吉洋:《坚持党对检察工作的绝对领导 切实做好司法改革工作》,载安徽省淮南市人民检察院官网,http://www.huainan.jcy.gov.cn/swyj/201806/t20180621_2239390.shtml,最后访问日期:2020年7月1日。

[②] 盛吉洋:《坚持党对检察工作的绝对领导 切实做好司法改革工作》,载安徽省淮南市人民检察院官网,http://www.huainan.jcy.gov.cn/swyj/201806/t20180621_2239390.shtml,最后访问日期:2020年7月1日。

党委的领导，充分发挥检察机关党组的领导核心作用。坚持党中央的集中统一领导是最根本的政治要求，坚持上级检察院对下级检察院的领导是最基本的工作要求，坚持地方党委的领导是检察机关履职尽责的重要保障，发挥党组的领导核心作用是实现党的领导的重要组织形式和制度保证。① 而党的领导又是具体的。因此，检察机关必须把党的领导与各种层次的领导有机结合起来，正确处理好党的领导各个层次的关系，才能从思想上、制度上和行动上把党对检察工作的领导落到实处。要在党中央的集中统一领导下，既自觉坚持上级检察院和地方党委领导，又注重发挥党组领导核心作用。同时，还要充分发挥机关党组织和党员作用，完成党的任务，体现党的领导和执行力。基层党建工作对于检察机关讲政治非常重要。要充分发挥机关党委、党支部、党小组等党建专门组织的积极作用，积极开展批评与自我批评，加强支部学习，把基层党建工作和检察业务工作有机结合起来，努力打造检察工作发展的桥头堡、先锋队。各级检察机关部门负责人要切实履行党支部书记责任，要切实履行"一岗双责"，既要落实好行政管理职责，又要履行基层党建责任，做好业务工作与党建工作两手抓、两手都要硬。要防止和解决基层党建工作"虚、软、散、空"等问题和现象，不断提高基层党建工作水平，使党对检察工作的领导在基层获得有力抓手。

三、全面推进检察专业化建设

专业化是指一个普通的职业群体在一定时期内，逐渐符合专业标准、成为专门职业并获得相应专业地位的过程。检察工作专业化，是指检察机关依照宪法和法律规定及其精神实质准确、充分行

---

① 何泽中：《自觉坚持党对检察工作的领导》，载中国共产党新闻网，http://theory.people.com.cn/n1/2015/1218/c83846-27946333.html，最后访问日期：2020年7月1日。

使职权，符合法律职业的要求和期待。检察工作专业化是检察权有效运行的必然要求。检察机关贯彻实施"政治性与业务性相统一"理念，必须全面推进检察专业化建设。检察专业化建设的实现路径包括内设机构的专业化和检察官的专业化两个方面：

（一）内设机构的专业化

实现检察工作专业化，首先要按照分类科学、运行高效的标准组建专业化的机构。当前社会分工越来越精细，分工不明、业务种类交错的机构内部之间会相互掣肘，运行效率低下，难以兼顾各方面的业务，很难达到专业化的要求。对于专业性极强的检察机关也是如此，只有对检察业务进行科学的分门别类，由专门的专业机构或者专门的办案组办理相应的业务，有精力深入思考、布局、筹划，以"工匠"精神长期深耕相应的业务，持之以恒，才有可能达到专业化的要求。党的十九届三中全会明确提出"推进法院、检察院内设机构改革"，2018年《人民检察院组织法》第18条明确规定："人民检察院根据检察工作需要，设必要的业务机构。检察官员额较少的设区的市级人民检察院和基层人民检察院，可以设综合业务机构。"这为新一轮检察机关内设机构改革指明了方向。

2018年检察机关新一轮内设机构改革前，内设机构的设置是按照权力属性进行划分，设置侦监、公诉、刑事执行、民事行政检察、控告申诉等部门，这种设计是根据诉讼流程展开的，是一种程序性的专业化标准，是"以不变应万变"的模式，不能针对社会出现的问题进行有效积极的回应。2018年起，最高人民检察院准确把握检察工作方位和历史坐标，根据当前经济社会发展需求，对全国检察机关专业机构的划分进行顶层设计，科学布局，打破以权力属性划分内设机构的传统做法，按照案件类型组建内设机构，以"四大检察"主要业务为基准，最高人民检察院和省级人民检察院层面组建了刑事检察、民事检察、行政检察和公益诉讼检察等十大业务机构，市级和县区人民检察院组建相应的业务机构或者办案组，形成更加科学的、完整的、高效的、有助于提升检察官素质能力、充分发挥检察职能的内设机构体系。

另外，最高人民检察院坚持"一类事项原则上由一个部门统筹、一件事情原则上由一个部门负责"的原则，实行捕诉一体办案机制，在刑事检察方面，按照案件类型、案件数量等，重新组建专业化刑事办案机构，由一个部门或办案组统一行使审查逮捕、审查起诉、补充侦查、出庭支持公诉、刑事诉讼监督等职能。这是"回应型司法"理念的产物。"随着现代社会矛盾日益复杂化，纠纷内容以及解决纠纷知识日益专业化，社会分工和法律体系日益精细化，传统粗放型检察工作模式和单纯依权力属性配置司法资源的方式难以为继，检察工作必须主动回应现实需求，才能获得公信力和正当性基础，而按照案件类别分工实现专业化正是对社会需求的现实回应，其不单纯以程序完整、统一和规范为目标，而是以办案针对性和质效为价值导向。"①

以权力属性进行划分的内设机构设置要求检察官掌握相应阶段的检察权运行规律，按照法律规定行使检察权，达到相应阶段的专业化要求。如侦查监督部门的检察官要熟悉逮捕权运行规律，公诉部门的检察官要熟悉公诉权运行规律。但是应当看到这种内设机构划分存在的弊端，这种设置对检察官的专业化要求相对较低，检察官只具备一般、传统的办案技能，缺乏分类型、全过程、专业化的更高办案水平能力，不足以应对社会发展的需求。以案件类型进行划分的专业内设机构对检察官的专业化要求更高，以刑事检察为例，负责刑事案件的检察官要掌握刑事诉讼权运行的规律，在此基

---

① 葛琳：《依案件类型划分办案机构与检察专业化》，载《人民检察》2019年第7期。

础上准确把握逮捕、起诉、审判和执行的具体标准,还要根据内设机构内部具体职能的划分,掌握自己负责的如金融、环保、医疗等领域的案件,这要求检察官是一种"通才"基础上的"专才"。以案件类型进行划分的专业内设机构符合当前检察机关"以人民群众为中心"的实践需求,建设高素质的专业化办案团队是检察机关现实而迫切的选择。

(二) 检察官的专业化

2019年中央政法工作会议上,习近平总书记明确要求,"加快推进政法队伍革命化、正规化、专业化、职业化建设",这为建设符合时代特色、胜任时代使命的检察队伍提供了根本遵循。政法队伍专业化的要求落实到检察机关中体现为检察官的专业化。"所谓检察官的专业化,指的是检察官在职业知识和职业技能方面的专业化,即检察官身为专业的法律工作者,应当具备处理法律(检察)事务的专业知识与技能,为此,检察官应当注重学习、精研法令、精通法律,成为检察业务方面的专家。据此,检察官的专业化,其实指的是检察官在法律知识和法律(检察)业务上的专业化。"[①]检察官在法律知识和检察业务上的专业化是基本要求,还要力求延伸到社会学、政治学等各个层面的专业化,通晓"天理国法人情",学好用好中国特色社会主义理论和政策,办理的案件不仅要符合法律规定,也要符合人民群众的期待,实现政治效果、社会效果和法律效果统一。

十八届四中全会以来开展的检察官员额制改革是推进检察官专业化的重要制度,通过司法体制和检察官员额制改革,先将检察办案人员与司法行政人员分离,挑选出具有法律素养和实践经验的检察办案人员,然后再从检察办案人员中择优选取作为员额检察官直

---

① 万毅:《检察改革"三忌"》,载《政法论坛》2015年第1期。

接办理案件，其他作为检察官助理继续从事辅助性的办案工作。将检察官和检察官助理从司法行政工作中解放出来专门办案，"让专业的人干专业的事"，走司法职业化道路，检察官和检察官助理将心无旁骛地投入检察业务上，长期如此形成良性循环，检察官专业化即可实现。检察官员额制改革仅是检察官专业化的基础条件，还需要对检察官加以培训引导，跳出就案办案的思维，除了掌握法律知识，还要掌握理论和政策，善于从个案中发现并解决好个案背后的社会问题。最高人民检察院张军检察长对检察官的专业化提出要求：做一名优秀的检察官，就不能满足于做一名办案"工匠"，而要努力学习提升，把自己提高到"大家"的层级，通过办案引领社会正义和价值取向，通过办案总结纠正存在的社会治理问题，通过办案推进司法解释的制定修改完善。不只有检察长、副检察长才能够担当"大家"，新时代，每一名检察官都应当努力成为社会发展需要、人民群众信任满意的司法"大家"。[①] 检察官的专业化并不意味着检察官必须通晓多门学科知识，检察业务会涉及其他学科的专业知识，如环境学、医学等，检察官可以通过智慧借助，邀请其他专业领域的专家辅助办案，实现检察工作的专业化。检察官的专业化还需要相应的配套措施，根据中共中央办公厅《关于加强法官检察官正规化专业化职业化建设　全面落实司法责任制的意见》的要求，需要建立健全员额检察官退出机制、绩效考核机制、惩戒机制、职业保障机制等。

---

① 张军：《关于检察工作的若干问题》，载《人民检察》2019 年第 13 期。

第三章 全面协调充分发展理念

全面深化司法体制改革,加强过硬队伍建设,更好发挥人民检察院刑事、民事、行政、公益诉讼各项检察职能,为决胜全面建成小康社会提供更高水平司法保障。

——2019年3月15日《第十三届全国人民代表大会第二次会议关于最高人民检察院工作报告的决议》

检察工作进入中国特色社会主义新时代，伴随时代发展，在深化国家监督体制和司法体制改革的进程中，检察工作进入了转型发展的新阶段。在业务形态上，由刑事检察一头独大向民事、行政、公益诉讼检察全面拓展，形成了刑事检察、民事检察、行政检察和公益诉讼检察"四大检察"新格局，"四大检察"全面协调充分发展的新理念也应运而生。

第一节　四大检察全面协调充分发展理念的确立及渊源

一、全面协调充分发展理念的确立

四大检察"全面协调充分发展"理念是全新的检察发展理念，客观上由新时代经济社会发展需求催生，主观上是检察机关在新时代背景下发挥主观能动性，积极回应人民群众司法需求的产物。重大的决策或者制度性改革往往需要特殊事件的催化，具有催化剂功能的是检察机关相关职务犯罪侦查管辖权的改变，这一改变使最高人民检察院新一届党组重新定位和调整检察工作重心，四大检察"全面协调充分发展"理念破茧而出。

（一）新时代人民群众的司法需求

新时代人民群众的司法需求是催生"全面协调充分发展"理念的内生因素。党的十九大报告针对我国经济社会发展的现实情况作出中国特色社会主义进入新时代的科学论断，社会主要矛盾转化为人民日益增长的美好生活需要和不平衡不充分的发展之间的矛盾。"仓廪实而知礼节，衣食足而知荣辱。"在物质需求得到基本满足之后，人民在民主、法治、公平、正义、安全、环境等方面有更高的要求。习近平总书记提出："坚持人民主体地位，必须坚持法治为了人民、依靠人民、造福人民、保护人民。要保证人民在党的领导下，依照法律规定，通过各种途径和形式管理国家事务，管理经济和文化事业，管理社会事务。要把体现人民利益、反映人民愿望、维护人民权益、增进人民福祉落实到依法治国全过程，使法律及其实施充分体现人民意志。"① 检察机关是党领导的、宪法规定的法律监督机关,有责任通过履行宪法和法律赋予的法律监督职责来增进人民福祉。民事检察、行政检察和公益诉讼检察的羸弱甚至短缺,无法有效满足人民群众对法治、公平、正义、环境等方面的期许。刑事检察由于受到理念、机制等因素的影响,也没有发挥到应有的监督效果,和人民群众日益增长的需求还有差距。检察机关只有充分发挥刑事、民事、行政和公益诉讼单项和综合性检察职能才能跟得上人民群众的司法需求。

(二)检察机关的职能调整

检察机关的职能调整是催生"全面协调充分发展"的客观因素。在2018年检察机关职务犯罪侦查职权调整之前,社会各界密切关注检察机关的职务犯罪侦查职权和刑事检察职权的行使和相应的监督效果,检察机关将有限的资源投入受到广泛关注的职务犯罪侦查和刑事检察职权中去,尤其是职务犯罪侦查业务,其占用了检察机关相当比重的资源。民事检察、行政检察和公益诉讼检察也有迫切满足人民群众需求的发展需要,但是由于这三大检察受到社会关注程度相对较低,仅从有限的资源中获得较少一部分。2018年全国四级检察机关反贪、反渎等检察干警转隶到监察机关,检察机关原有的相关职务犯罪侦查职能由监察委员会行使,并在2018年修改的刑事诉讼法中予以确认。受到异常关注的相关职务犯罪侦查权由监察委员会行使后,检察机关卸下这一重担,根据法律监督定位重新审视现有检察业务,有更多的精力聚焦在法律监督主责主业上,现存的检察资源也有条件在四大检察中平衡分配。

基于上述背景,最高人民检察院党组审时度势,及时调整检察工作重心,根据检察机关的法律监督性质提出了刑事检察、民事检

---

① 习近平:《加快建设社会主义法治国家》,载《求是》2015年第1期。

察、行政检察和公益诉讼检察四大检察"全面协调充分发展"的理念，明确"四大检察"的履职目标分别是"做优、做强、做实、做好"。2019年3月15日，《第十三届全国人民代表大会第二次会议关于最高人民检察院工作报告的决议》指出：全面深化司法体制改革，加强过硬队伍建设，更好发挥人民检察院刑事、民事、行政、公益诉讼各项检察职能，为决胜全面建成小康社会提供更高水平司法保障。这是刑事、民事、行政和公益诉讼四大检察首次明确写进全国人大决议，至此，四大检察"全面协调充分发展"理念正式确立。

二、全面协调充分发展理念的法律渊源

四大检察"全面协调充分发展"理念，具有深厚的法理基础，不仅具有宪法上的根据，而且具有法律和司法解释上的根据。

（一）宪法渊源

《宪法》第134条规定："中华人民共和国人民检察院是国家的法律监督机关。"宪法规定的检察机关的法律监督是全方位的，检察机关并不只是对刑事诉讼及相关领域进行监督，而是对诉讼领域以及与诉讼相关领域全面的法律监督。宪法渊源是检察业务"全面协调充分发展"的正式渊源，检察机关以宪法为依据全面、协调、充分履行各项监督职能。

（二）法律渊源

宪法作为基本法具有抽象性，需要由立法机关根据宪法制定相关法律或作出同法律具有同等效力的决定，作为检察机关开展法律监督的直接依据。作为四大检察"全面协调充分发展"的直接法律渊源有人民检察院组织法、刑事诉讼法、民事诉讼法、行政诉讼法、英雄烈士保护法等相关法律。2019年4月23日修订的检察官法第一次在法律上明确"四大检察"职能。《检察官法》第7条第

1款规定了检察官的职责:"(一)对法律规定由人民检察院直接受理的刑事案件进行侦查;(二)对刑事案件进行审查逮捕、审查起诉,代表国家进行公诉;(三)开展公益诉讼工作;(四)开展对刑事、民事、行政诉讼活动的监督工作;(五)法律规定的其他职责。"检察机关根据这些法律开展刑事、民事、行政和公益诉讼检察等工作。

(三)司法解释

法律规定在某些方面具有原则性,或者法律认识存在分歧,司法实践中难免会出现法律适用上的问题,为解决这些问题,作为最高司法机关的最高人民检察院及最高人民法院在不违反宪法、相关法律规定及实质精神的原则下单独或者联合对部分法律条款进行细化或者补充,消除分歧,指导下级司法机关规范办案,同时也可以限缩下级司法机关的自由裁量权。最高人民检察院、最高人民法院单独或联合作出司法解释是正式渊源,是检察机关和审判机关的行使职权的依据。如最高人民法院、最高人民检察院作出的《关于检察公益诉讼案件适用法律若干问题的解释》,就是根据现行民事诉讼法和行政诉讼法作出的司法解释,是检察机关行使公益诉讼检察职责的依据。

三、全面协调充分发展理念的政策依据

中国特色社会主义理论和制度是检察机关行使职权的根本遵循,检察机关以中国特色社会主义理论和制度为指导开展各项工作,坚持和完善中国特色社会主义检察制度。中国检察机关在党的领导下开展工作,党中央发布的相关决策文件是检察机关行使法律监督职权的首要理论依据。

党的十八届四中全会提出:"完善检察机关行使监督权的法律制度,加强对刑事诉讼、民事诉讼、行政诉讼活动的法律监督。"

这是检察机关开展刑事、民事、行政检察的理论依据。该次会议同时提出，"强化对行政权力的制约和监督。加强党内监督、人大监督、民主监督、行政监督、司法监督、审计监督、社会监督、舆论监督制度建设，努力形成科学有效的权力运行制约和监督体系，增强监督合力和实效"；"完善对涉及公民人身、财产权益的行政强制措施实行司法监督制度"；"检察机关在履行职责中发现行政机关违法行使职权或者不行使职权的行为，应该督促其纠正"。这些是检察机关开展行政检察的理论依据。党的十八届四中全会提出，"探索建立检察机关提起公益诉讼制度"；十九届四中全会提出，"拓展公益诉讼案件范围"，"完善生态环境公益诉讼制度"；2017年，习近平总书记在致第二十二届国际检察官联合会年会暨会员代表大会的贺信中指出，"检察官作为公共利益的代表，肩负着重要责任……中国检察机关是国家的法律监督机关，承担惩治和预防犯罪、对诉讼活动进行监督等职责，是保护国家利益和社会公共利益的一支重要力量"。这些是检察机关开展公益诉讼检察的政策和理论依据。2020年民法典通过后，习近平总书记在中央政治局第二十次集体学习时强调："要加强民事检察工作，加强对司法活动的监督，畅通司法救济渠道，保护公民、法人和其他组织合法权益，坚决防止以刑事案件名义插手民事纠纷、经济纠纷。"这是检察机关开展民事检察的理论依据。这些关于检察机关开展四大检察的重要论断和理论依据，是做好新时代检察工作的思想纲领和行动指南，同时也对检察机关履行法律监督职责提出更高的要求。

第二节　全面协调充分发展理念的内涵

四大检察是检察机关法律监督工作的新格局，必须统筹规划，整体部署，协调推进，相互配合，不可厚此薄彼，壁垒分割，确保各项检察职能充分发展，发挥检察机关法律监督的整体效能。

一、全面发展

全面发展要求刑事、民事、行政和公益诉讼检察等四大检察业务并驾齐驱，不可偏废。全面发展，是指在四大检察横向比较基础上的均衡发展，检察机关根据四大检察业务各自发展需求提供足够的保障。全面发展并不意味着在四大检察之间平均分配资源，也并不意味着四大检察之间案件数量上的平衡。四大检察业务性质并不完全相同。例如，刑事检察的审查逮捕、审查起诉是被动受理型的业务，这部分案件数量主要由侦查机关掌控；民事、行政和公益诉讼检察很大一部分业务是主动型的，案件数量取决于检察机关自身的主动性和其他客观因素。四大检察案件性质和数量会有较大的差别，完成相应业务所需的人力物力也会有所不同。根据各自业务发展需求提供足够保障即为全面发展提供了基础。在"全面协调充分发展"理念提出及2018年内设机构改革前，检察机关高度重视刑事检察业务，在人力、物力、财力等方面都向刑事检察倾斜。从当时的全国四级检察机关内设机构配置情况看，一般只有一个部门负责民事、行政和公益诉讼检察工作，而负责刑事检察的部门和人数是其数倍，刑事检察和民事、行政、公益诉讼三大检察之间发展严重不平衡。这是在特定的时代背景条件下形成的，不能有效满足新时代检察发展的需求。"全面协调充分发展"理念提出后，2018年起全国四级检察机关在最高人民检察院的统一部署下开启新一轮内设机构改革，民事检察、行政检察和公益诉讼检察的部门和人数都大幅扩充，为四大检察业务全面发展提供了基础。改革前，最高人民检察院刑事检察部门共有130多个编制，而民事检察、行政检察、公益诉讼检察都挤压在民事行政检察厅一个部门，仅有30多个编制，不到刑事检察部门的1/4。改革后，民事检察、行政检察、公益诉讼检察部门总计将近 80 个编制，比改革前翻了一番还多。省级检察院都设置了独立的民事、行政、公益诉讼检察部门，市县两级院根据实际情况有的设置了独立的民事、行政、公益诉讼检察部门，不具备设置独立部门的情况下都组建了相应的办案组，确保有专门的办案组负责办理民事、行政和公益诉讼检察业务。各级检察机关在人数、资源上也向民事、行政和公益诉讼部门合理分配，民事、行政和公益诉讼检察得到了空前发展。2019 年 3 月的最高人民检察院工作报告，在第二部分"强化诉讼活动法律监督，维护司法公正公信"中，分别用 3 个段落报告了刑事诉讼监督、民事诉讼监督和行政诉讼监督情况，并在第三部分"依法开拓公益诉讼，履行公益保护崇高使命"报告了公益诉讼开展情况。相较于以前的工作报告，2019 年度的工作报告中民事、行政和公益诉讼检察篇幅和内容占比大幅提升，这是四大检察全面发展的里程碑标志。2020 年 5 月的最高人民检察院工作报告，采用大量案例数据，整体展现刑事、民事、行政、公益诉讼检察工作。

二、协调发展

协调发展，要求刑事、民事、行政和公益诉讼检察四大检察之间和谐一致，彼此配合，相互补充，检察机关法律监督的整体效能得以充分实现。协调发展是对处理四大检察业务之间关系的要求，四大检察不是相互独立、没有联系的个体，不可各自为政，而是要求打破信息壁垒，相互沟通，相互配合，形成合力，取得"1 + 1 > 2"的整体效果。协调发展并不是简单的四大检察之间的加法，不是量的叠加，而是要做乘法，是要做质的交融。四大检察是法律监督职能的四个重要组成部分，各项检察业务性质不同，发挥的监督效能不同。如刑事检察侧重于打击犯罪，维护社会稳定，监督制约侦查机关和法院，保障犯罪嫌疑人的合法权益；民事检察侧重于促进司法公正；行政检察侧重维护司法公正和促进依法行政；公益诉讼检察侧重维护社会公共利益。明确的分工可以充分发挥立法预设的法律效果，如果各种检察业务交错纠缠在一起，部分检察业务被忽略或不受重视，可能会减损预设的法律效果。四大检察之间的分工并不影响各业务之间的协作。四大检察内部之间有紧密的业务联系，刑事公诉可以附带民事公益诉讼，民事检察中有可能发现刑事检察中的监督犯罪线索，民事检察和刑事检察中可能发现行政机关怠于履行职责的行为。环保违法犯罪案件可能涉及刑事、民事、行政和公益诉讼检察各个方面，负责各检察业务条线的部门或者检察官如果不能有效沟通协调，会降低运行效率，部分监督职能得不到有效发挥，减损法律规定的整体惩治效果。四大检察之间既需要独立充分的发展也需要协同互助，条线分割损害的是检察机关的整体监督效能。

三、充分发展

充分发展，要求检察机关充分履行宪法和法律赋予的监督职责，使四大检察的各项法律监督效果最大化。充分发展是对各检察业务自身达到何种发展程度的要求，从理论上讲，充分发展是使检察机关的各项监督效果达到理想化的应然状态。从当前的司法实践看，由于受到制度、机制等多方面因素的制约，四大检察业务都没有完全实现充分发展，监督效果还有很大的提升空间。以刑事检察为例，这项是检察机关长期深耕的业务，在司法实践中重办案轻监督的现象比较明显，检察机关将主要精力放在批捕和起诉业务上，对审前侦查机关刑事侦查活动的监督和引导还不够重视，监督和引导的效果不够好。相对不起诉权不敢用、不会用、不愿用的现象还客观存在。部分地区"构罪即捕"的现象还存在，批捕权沦为侦查机关的"橡皮图章"，这些刑事诉讼法明确赋予的职权在司法实践中都没有用好，没有发挥应有的效果。民事、行政和公益诉讼检察近年来取得了不错的成效,但是仅处于起步阶段,更谈不上充分发展。四大检察的充分发展还任重道远,需要继续完善制度、机制,激发潜能,以求极致的方式履行好各项职责,释放法律监督的最大效能。

四、全面、协调、充分发展之间的内在关系

全面发展、协调发展、充分发展三者之间既独立又统一,是不可分割的统一体,其中全面发展是基础,协调发展是纽带,充分发展是关键。

一是全面发展具有基础性作用。全面发展解决各项检察业务"存在"的问题,有"存在"基础才会有各项检察业务的协调发展和充分发展。如果某一个或者数个检察业务萎缩或者缺失,该萎缩或者缺失的检察业务就不存在充分发展的可能性,和其他正常的检察业务之间也难以做到通力合作,影响到协调发展。由此可以看出,全面发展在四大检察发展中起到基础性作用。全面发展是四大检察发展的外在基础条件,正常情况下,通过内设机构改革和资源的再分配基本可以实现。

二是充分发展具有关键性作用。充分发展解决各项检察业务"价值"的问题,有"价值"的发展才会使得全面发展具有实质意义。四大检察的发展成果最终体现在监督效果上,充分发展表明检察机关依照法律规定及其精神实质履行各项法律监督职责,取得法律预设的监督效果,体现检察机关的监督价值。没有充分发展,四大检察失去了发展的预期价值,达不到预期价值的全面发展和协调发展最终是徒劳无功。因此,直接体现了监督成果的充分发展在四大检察发展中起到关键作用。全面发展是四大检察发展的外在基础条件,有基础并不代表各项检察业务就能充分发展。充分发展更需要发挥各业务条线的检察官的主观能动性,正确理解政策和法律规定的内容和精神实质,依法履行法律监督职责。检察机关对于当前

遇到的问题，如刑事检察中的审前检察引导侦查问题、刑事庭审中的检察官主导作用问题，行政检察中对行政机关的未进入诉讼程序的执法监督问题，公益诉讼中积极稳妥拓宽公益诉讼范围问题，需要检察机关站在新时代的任务和价值等高度进行思考，谋划如何积极发挥监督智慧，充分履行检察监督职责，推动工作向前发展。充分发展会促进全面发展。如果做不到充分发展，监督价值没有得到体现，投入和收益不成比例时，决策者将会反思相应投入是否有必要，进而会影响全面发展的决策。有为才会有位，充分发展会坚定决策者继续支持全面发展的意志和信心。

三是协调发展具有纽带作用。协调发展解决各项检察业务"连接"问题，各项检察业务有效的"连接"会使各项检察业务形成监督合力，提升整体监督效果。整体监督效果这个"魂"将四大检察紧紧连接在一起。壁垒分割的各自发展将使检察监督整体效果减损。因此，"连接"各项检察业务的协调发展在四大检察发展中具有纽带作用。协调发展还会促进充分发展。协调发展通过相互提供信息，相互提供技术及人力支撑，使得彼此的职能发挥最大化法律监督价值功效，价值功效最大化才能称得上是充分发展；反之，没有协调发展，各项检察业务没有取得最大化的应然监督效果，称不上是充分发展。

第三节　检察工作中坚持全面协调充分发展理念的意义

检察权具有推进法治建设的功能，具有维护公平正义的功能，具有政治功能。政治功能包括政治统治功能和政治管理职能。[①] 身

---

① 温军：《中国检察权在国家权力结构中的政治功能研究》，吉林大学2018年博士学位论文。

处政治与法律之间,检察权致力于在实然领域寻求政治与法律之间的平衡,弥和效益与公平之间的对立,最大限度地实现整个社会的和谐与进步。①检察权的运行并非局限于个案的处理,而是通过个案的办理来履行法律监督职能,监督和制约公权力,防范公权力滥用,协助政府构建良好的政治秩序和社会管理秩序,保障人民群众的合法权益。检察权功能的实现建立在检察职权"全面协调充分发展"的基础上。

一、促进依法治国

我国高度重视依法治国。党的十五大确立了依法治国的基本方略,党的十八大阐述了全面推进依法治国的重要思想,党的十八届三中全会提出推进法治中国建设目标任务,党的十八届四中全会研究了全面推进依法治国的重大问题。依法治国的基本要求是法律得到准确、有效的实施,检察机关作为司法机关和法律监督机关,一方面有责任依照法律规定行使司法权,另一方面有义务依照法律规定监督法律是否得到准确、有效实施。

(一)促进依法行政

"深入推进依法行政,加快建设法治政府"是全面推进依法治国的重要组成部分。行政权具有主动性,有宽泛的自由裁量权,不对其进行有效的监督和制约,极有可能被滥用。党的十八届四中全会指出了当前行政执法中存在的问题,主要表现为:"有法不依、执法不严、违法不究现象比较严重,执法体制权责脱节、多头执法、选择性执法现象仍然存在,执法司法不规范、不严格、不透明、不文明现象较为突出。"行政检察有保障行政权规范运用,维

---

① 徐静磊:《论检察权——政治与法律的博弈》,中国政法大学2007年博士学位论文。

护法律统一实施，维护社会公共利益，促进全面深化改革，推动全面依法治国等重要意义。① 十八届四中全会提出，"检察机关在履行职责中发现行政机关违法行使职权或者不行使职权的行为，应该督促其纠正"。检察机关作为专门的法律监督机关，加强对行政执法监督，有助于解决上述行政执法中存在的问题，促进依法行政。近年来，检察机关按照党中央的部署和要求，根据相关法律对行政机关在生态环境和资源保护、食品药品安全、国有财产保护、国有土地使用权出让等领域中是否依法履行职责进行监督，加强与行政机关沟通协调，增强诉前检察建议等法律文书说理，综合运用多种监督手段，促进行政机关履职纠错、依法行政，促进地方政府依法治理。通过行使行政检察职责，加强行政诉讼监督，进而间接监督行政行为，促进依法行政。

（二）促进司法公正

"保证公正司法，提高司法公信力"是全面推进依法治国的重要组成部分。公正是法治的生命线。司法是公正的最后防线，审判机关作为重要的司法机关对司法公正具有至关重要的作用。检察机关对审判机关的法律监督可以督促审判机关公正司法，纠正审判不当行为，维护社会主义法制统一，维护国家利益、社会利益和当事人合法权益。检察机关以"全面协调充分发展"理念为指导，调整监督重心，由原来重视刑事诉讼监督转向刑事诉讼、民事诉讼、行政诉讼监督并重，加强在三大诉讼领域的监督力度，促进各领域的司法公正。

（三）增强法治观念

法治国家的形成需要全社会树立法治意识，需要人民内心对法律真诚拥护和真诚信仰。弘扬社会主义法治精神，建设社会主义法

---

① 肖中扬：《论新时代行政检察》，载《法学评论》2019 年第 1 期。

治文化,检察官有义不容辞的责任。"谁执法谁普法","建立以案释法制度",执法的过程就是普法的过程。检察机关履行法律监督职责的过程是普法的过程,检察机关充分开展四大检察业务,普法的范围由原来的刑事法律延伸到民事和行政、公益法律,检察机关发布的指导案例和典型案例也涵盖了刑事、民事和行政、公益法律,这都有利于增强群众的法治观念。

二、更好服务经济社会发展大局

最高人民检察院张军检察长多次强调,要顾大局,更好满足人民日益增长的美好生活需要。各级检察机关要把服务保障经济高质量发展的要求落到实处,紧紧围绕国家重大战略实施,创新服务保障的方式方法,以法律监督工作的高质量保障经济发展的高质量。在司法办案中准确把握法律政策界限、罪与非罪界限,优化企业营商环境,加强产权司法保护,保障科技创新。充分履行检察职能,服务保障打好三大攻坚战。经济社会发展大局涉及刑事诉讼、民事诉讼、行政诉讼和公益诉讼等各个领域,很多案件是刑事、民事和行政、公益事由综合交错,只有全面发展、协调发展、充分发展才能妥善有效处理和应对,才能更好服务经济社会发展。近年来,检察机关以办案为切入点,充分发挥四大检察职能服务经济社会发展大局。以环境保护治理为例,检察机关积极参与环境治理,开展保护长江、黄河、湖泊、河流等专项活动,打好刑事、行政和公益诉讼检察组合拳,对符合法定条件的人提起刑事公诉和公益诉讼,对行政机关发出检察建议,严惩破坏环境的相关人员,协助、督促有关行政机关依法履职。2019年3月,沿海11省(区市)检察机关开展"守护海洋"专项行动,以办案为中心,围绕全国人大常委会海洋环境保护法执法检查发现的问题,助力海洋保护行动。2020年1月,最高人民检察院发布《服务保障长江经济带发展检察白皮书（2019）》，努力推动解决危害长江生态环境"老大难"问题。

三、更好服务人民群众

2018年8月，习近平总书记在中央全面依法治国委员会第一次会议上的讲话提出："法治建设要为了人民、依靠人民、造福人民、保护人民。必须牢牢把握社会公平正义这一法治价值追求，努力让人民群众在每一项法律制度、每一个执法决定、每一宗司法案件中都感受到公平正义。要把体现人民利益、反映人民愿望、维护人民权益、增进人民福祉落实到依法治国全过程，保证人民在党的领导下通过各种途径和形式管理国家事务，管理经济和文化事业，管理社会事务。"2019年全国两会中最高人民检察院的工作报告的主题词就是"以人民为中心"。检察机关要向社会、为人民提供更优质的法治产品、检察产品，让人民群众在每一个检察案件的办理中感受到公平正义。四大检察全面协调充分发展，才有可能为人民提供更加优质的检察产品，人民群众的利益才能得到保障。在中央的统一部署下，检察机关充分发挥刑事检察打击犯罪的功能，严惩"套路贷""校园贷"、电信诈骗犯罪，以高度的责任感投入扫黑除恶专项斗争，保障人民群众安居乐业，受到人民群众的一致认可。在民事检察中，检察机关重点打击虚假诉讼，针对民间借贷、以物抵债、企业破产等领域为获取非法利益而虚构事实打"假官司"的问题，部署开展民事虚假诉讼专项监督活动，向法院提出抗诉或检察建议，着力维护诉讼秩序和人民群众的利益。在公益诉讼检察方面，围绕人民群众关心的公共利益（如食品药品、环境保护、个人信息等方面）履行公益诉讼检察职责，增强人民群众的安全感。

第四节　全面协调充分发展理念在检察工作中的实现

四大检察"全面协调充分发展"是在中国特色社会主义新时代背景下提出的发展理念，旨在全面提升检察机关履行法律监督职责的能力和水平，更好地服务经济社会发展大局，更好地贯彻落实"以人民为中心"的宗旨，促进国家治理能力和治理体系现代化。检察机关要主动适应形势发展变化，深入贯彻落实"全面协调充分发展"理念，按照"做优、做强、做实、做好"的目标要求，实现刑事、民事、行政、公益诉讼检察全面协调充分发展，从供给侧方面为人民群众、为社会发展提供更好、更优、更实的法治产品、检察产品，积极回应和对接新时代人民群众的新要求新期待。

一、做优刑事检察

刑事检察是检察机关固有的核心业务，无论是在大陆法系还是英美法系，检察机关的主要职能之一是刑事检察。传统理念认为，检察机关履行刑事检察的职责主要是打击犯罪，维护国家和政治安全，维护社会秩序。进入新时代，人民群众对刑事检察的期待和要求更高，检察机关需及时调整刑事检察的工作思路和工作方向，为人民群众提供更加优质的检察产品。

（一）加强检察机关在审前的主导作用

理论界主流观点认为，我国检察机关在刑事诉讼审前处于主导地位。主要根据是，其一，检察机关是提起刑事公诉、开启审判程序的主体。侦查犯罪是为了将犯罪嫌疑人定罪处罚，只有通过检察机关向法院提起刑事公诉才能实现。是否提起刑事公诉，检察机关按照法律规定审查相关证据并考量相关因素。在域外，如大陆法系的德国、我国台湾地区的检察官是刑事犯罪的侦查主体，同时也是提起刑事公诉的主体；英美法系的美国检察官不负责侦查一般情形的犯罪，但是其是刑事公诉的主体；兼具大陆法系和英美法系特征的日本检察官和警察机关都享有犯罪侦查权，但检察官是启动刑事公诉的唯一主体。在我国，检察机关是提起刑事公诉的唯一主体。其二，检察机关是审前羁押强制措施的决定主体。在我国逮捕权由具有司法属性的检察机关行使，保障审前犯罪嫌疑人的人身自由。其三，检察机关是审前诉讼程序的分流主体。检察机关在审查起诉中对案件进行过滤分流，仅将符合起诉标准且需要起诉的犯罪嫌疑人提起公诉，对其他犯罪嫌疑人进行分流处置。审查起诉中，经法定的补充侦查程序后证据仍达不到起诉证据标准的，作出不起诉决定。对于证据符合起诉标准，检察机关经政策考量，认为不起诉犯罪嫌疑人更妥当的，作出相对不起诉决定。犯罪嫌疑人认罪认罚，有重大立功或者案件涉及国家重大利益的，经最高人民检察院批准，对于符合起诉条件的犯罪嫌疑人可以对其不起诉或者撤销案件。其四，检察机关是司法公正的维护者。《刑事诉讼法》第57条规定，人民检察院接到报案、控告、举报或者发现侦查人员以非法方法收集证据的，应当进行调查核实。对于确有以非法方法收集证据情形的，应当提出纠正意见；构成犯罪的，依法追究刑事责任。据此，检察机关有权力也有义务监督侦查活动是否合法，保障犯罪嫌疑人的合法权益，维护司法公正。做优刑事检察，必须从以下几个方面强化检察机关审前的主导作用。

1. 加大对侦查活动的监督力度。检察机关在刑事审前程序中的主责主业是对侦查活动进行法律监督。在司法实践中重办案轻监督的情况还比较普遍。例如，在审查逮捕程序中，将工作重点放在审查犯罪嫌疑人是否符合逮捕证据标准上、监督侦查活动是否合法的力度上还不够；监督重点应放在侦查取证程序和侦查机关适用刑事强制措施的合法性上。采取非法方法取证，一方面，侵犯了犯罪嫌疑人的合法权益；另一方面，以非法方法取得的证据不能作为证据使用，给后续办案造成困扰和阻碍，严重的情况下还可能造成冤假错案。刑事强制措施特别是刑事拘留严重限制人身自由，且程序不具有逆转性，一旦非法采取强制措施，将对犯罪嫌疑人造成无法弥补的损失。司法实践中部分侦查人员对犯罪嫌疑人采取取保候审措施后怠于侦查，直到取保候审的最后期限才撤销案件，犯罪嫌疑人在此过程中处于不确定状态，影响犯罪嫌疑人的正常工作和生活。这些都是检察机关监督的薄弱环节，需要加大监督力度。侦查机关的刑事立案侦查也是检察监督的重点，特别是侦查机关对企业犯罪的侦查，稍有不慎将影响整个企业的发展。检察机关实施的捕诉一体办案机制改革有利于加强对侦查活动的监督，捕诉一体实施后由一个检察官对其负责的案件从立案源头到审判结束进行全过程的监督，检察官可以对案件进行全方位的实时监督。检察机关在公安机关内部设置"检察官办公室"便于检察官对侦查活动进行实地实时监督，该项机制还处于起步阶段，需要继续完善。

2. 加大对侦查取证的引导力度。侦查引导对检察机关实现审前主导作用具有重要意义。侦查犯罪仅仅是第一步，如要将犯罪嫌疑人定罪，检察机关需要在庭审中举证证明犯罪事实并说服法官。检察机关若想完成庭审中的举证任务并且说服法官，需要在起诉前将证据准备充分，检察机关对侦查取证的引导是必要的步骤。现阶段部分检察机关通过提前介入的方式引导侦查机关的侦查取证。但是由于多种因素的影响，检察机关提前介入引导侦查取证的效果并不好。这里既有检察官能力水平问题，也有侦查机关的不合作问题，检侦关系并没有完全理顺。当前检察机关需要提升证据取证和引导能力，赢得公信力和权威性，获得侦查机关的信赖。检察机关的退回补充侦查文书写明补充侦查的理由，详细罗列需要补充的具体事项和证据，表述准确、清楚，加强补充侦查的针对性、说理性和指导性，提高补充侦查的质量和效果。

3. 依法适用不批准逮捕权。犯罪嫌疑人羁押率过高是理论界多年来一直批评的问题。检察机关近年来逐步更新理念，通过完善机制来减少羁押率。但是司法实践中检察官注重审查犯罪证据，不重视审查犯罪嫌疑人社会危险性，"构罪即捕"的现象还存在。逮捕是限制人身自由最严厉的强制措施，严重影响被羁押人的家庭、工作和生活。检察机关是公平正义的维护者，负责保障犯罪嫌疑人的合法权益，依法打击和追诉犯罪，如果不能依法适用逮捕强制措施，将背离检察机关的职责和宗旨，很难收到较好的法律效果和社会效果。近年来，很多省级检察机关采取对"捕后判轻缓刑"进行考核的措施，对下级检察机关适用逮捕措施进行限制，要求对可能判处轻刑、缓刑的犯罪嫌疑人尽量不适用羁押措施，效果比较明显。捕诉一体改革后，有观点建议通过逮捕诉讼化的方式完善逮捕程序，进一步降低审前逮捕率。检察机关需要进一步完善批准逮捕的审查、评估和考核机制，转变理念。犯罪嫌疑人取保候审在外难免会发生逃跑或者其他意外事件，只要是在适当的比例范围之内都是可以接受的。通过提高逮捕率来进一步降低逃跑比例、提高犯罪嫌疑人的庭审到案比例，会使更多不必要羁押的人被批准逮捕，这不符合比例原则、经济原则，也不符合刑事诉讼法的精神。

4. 用好相对不起诉权。相对不起诉权是刑事诉讼法赋予检察机关的一项权力。检察机关根据犯罪情节和社会政策，结合犯罪嫌疑人个人情况作出具体处理。该项权力的行使有利于挽救轻微犯罪的嫌疑人，给轻微犯罪嫌疑人一个改过自新的机会，免受"罪犯"标签的不利影响，有利于整个社会的和谐发展。但检察机关没有充分行使该项权力，对符合相对不起诉条件的轻微犯罪也移送法院审判。司法实践中适用相对不起诉比例低的原因有很多。一是不敢用，检察官担心因行使相对不起诉权遭受非议，害怕他人背后指责滥用权力、徇私情，部分检察官基于"多一事不如少一事"的心理不愿用、不敢用相对不起诉权。二是怕麻烦，对于轻微犯罪，检察机关直接提起公诉，事实清楚，程序简单，易于操作。如果要作相对不起诉处理，内部要层层审批，要经过检委会讨论，对外还要公开听证，公布不起诉理由说明书等程序，程序要比提起公诉烦琐的多。在基层检察机关案多人少的情况下，基层检察官更倾向于对犯罪嫌疑人提起公诉，而不是作出相对不起诉。省级检察机关应完善相应的考核机制，督促基层检察机关积极依法行使相对不起诉权力。基层检察官要转变理念，有担当精神，提高能力水平，敢用会用相对不起诉权。

5. 贯彻落实认罪认罚从宽制度。认罪认罚从宽制度是2018年修改的刑事诉讼法新设的制度。实施认罪认罚从宽制度有助于节约司法资源，提升诉讼效率，有利于化解社会矛盾，促进社会和谐，推进国家治理体系和治理能力现代化。在认罪认罚从宽制度下，检察机关在刑事诉讼程序中的主导作用体现在以下几个方面：其一，检察机关的主导作用体现在认罪认罚协商过程中。认罪认罚协商过程是在检察机关的主导下进行，对是否与犯罪嫌疑人进行认罪认罚协商，决定权在检察机关，侦查机关无权作出决定。其二，检察机关对部分案件具有不起诉决定权。《刑事诉讼法》第182条第1款规定："犯罪嫌疑人自愿如实供述涉嫌犯罪的事实，有重大立功或者案件涉及国家重大利益的，经最高人民检察院核准，公安机关可以撤销案件，人民检察院可以作出不起诉决定，也可以对涉嫌数罪中的一项或者多项不起诉。"对于认罪认罚案件，符合法定条件的，经过最高人民检察院核准，公安机关可以撤案，检察机关可以作出不起诉决定。其三，检察机关的主导作用体现在量刑建议上。《刑事诉讼法》第201条第1款规定，"人民法院依法作出判决时，一般应当采纳人民检察院指控的罪名和量刑建议"。"一般应当"意味着以采纳为原则,不采纳为例外,这说明检察机关在一般情况下对量刑具有实质性的决定,具有较强的主导性。该制度适用过程中还存在一些问题。部分检察官对认罪认罚从宽制度重要性认识不足,理解不深刻,不敢用不会用的情况还存在。提出精准量刑建议的能力还不高。部分地区的律师人数较少,影响认罪认罚从宽制度的推进。最高人民检察院针对司法实践中出现的问题,采取了相应的措施,督促下级检察机关积极贯彻落实。最高人民检察院总结司法实践中的规律,科学设置了认罪认罚从宽制度适用的比例,要求各地检察机关适用认罪认罚占刑事总案件的比例达到70%。各级检察机关要对法院以往的类案作分析,从中掌握量刑规律,让量刑建议更加精准,符合案件实际和法律规定。最高人民检察院联合最高人民法院、公安部、国家安全部、司法部于2019年10月发布了《关于适用认罪认罚从宽制度的指导意见》,解决了认罪认罚从宽制度适用中的部分问题。检察官要树立新理念,积极推进,研究新情况,解决新问题,把立法规定落实到具体案件中,切实发挥检察机关在认罪认罚从宽制度中的主导作用。

(二)发挥检察官在庭审中的主导责任

庭审的关键点在于证据调查,查清案件事实。负有调查证据职责之主体在庭审中负有主导责任。庭审中调查证据程序的指挥权是为了保障有效、顺利调查证据而设置的权力,是为调查证据服务的,行使程序指挥权并不意味着在庭审中负有主导责任。庭审中的证据调查主体是检察官、辩护律师还是法官,本质上体现出是当事人主义还是职权主义的诉讼模式。职权主义一般为大陆法系国家所采用,在此模式之下,法官负担收集证据、调查证据的主要义务。法官负责主导审判,为审判程序中的灵魂,积极指挥诉讼程序。庭审中询问证人主要由法官负责,证人向法官当庭陈述其所知事实。

除了为帮助证人完整清楚地陈述事实外,法官原则上对证人的陈述不能打断。证人陈述事实后,法官才可以进一步询问证人其他问题或者判断证人的信用能力。法官结束全部询问后,当事人双方才被允许对证人发问。在此模式中,法官通过直接询问等调查手段来积极探求事实真相,并非通过双方当事人的陈述、举证来认定事实。与职权主义相对的是当事人主义模式。在此模式下,当事人双方对其所主张的事实,各自承担证据收集和调查义务,法官处于被动听审的角色。双方当事人各自传唤对自己有利的证人,对己方证人询问结束后,对方当事人对证人进行提问。通常情况下,对方会攻击他方证人的信用能力,或者设法从他方证人处获得有利的证词。在当事人双方对证人询问完毕后,审判人员即使对事实仍然有不清楚之处,原则上也不得对证人直接询问。裁判者在审判前对事实毫不知情,不能提前接触证据材料,双方当事人在庭审中交互提供证据的过程中,事实真相逐渐被披露、展现出来。此模式的调查过程是由询问者(检察官和辩护律师)与被询问人(证人)间一连串的问题与回答贯穿。

美国刑事程序中采用当事人主义模式。德国刑事程序中采用了职权主义的模式。不过职权主义和当事人主义也在相互融合。"未来修法时,最好采用混合式的诉讼程序,此在国际上已有许多不同形态被采行了,在英美法的刑事诉讼程序中也有部分已被通用。此就德国诉讼法之发展背景而言,意味着,一方面法官要保持绝对客观立场。但另一方面,首先就有关案件事实所为之讯问及审判程序中的证据调查必需交由检察官及辩护人之间的交叉讯问来负责;而法院只得提出额外的问题,在必要时并做补充性的讯问。"[①] "尽管

---

① [德]克劳斯·罗科信:《刑事诉讼法》(第24版),吴丽琪译,法律出版社2003年版,第411页。

英美法系乃至于日本法系的刑事程序有着程度不同的当事人主义倾向，但在与作为刑事诉讼目的的实体真实相抵触的范围内，当事人主义也难免受到一定程度的限制。"① "日本采取了与美国制度相似的当事人进行主义，但实际的运作却与美国不尽相同。例如，日本刑事审判中通常未传唤证人作证，而以侦查中证人笔录代替，律师对此多同意而无异议。有实证研究显示，3/4 的律师从未要求法官调查证据，对于检察官引用侦查中证人笔录，几乎 2/3 的律师从未表示异议。"②

党的十八届四中全会提出，"推进以审判为中心的诉讼制度改革"。最高人民法院、最高人民检察院等相关部门先后联合印发《关于推进以审判为中心的刑事诉讼制度改革的意见》《关于办理刑事案件严格排除非法证据若干问题的规定》等文件，提出改革完善刑事诉讼制度的总体方案。2018 年 7 月，中央政法委召开全面深化司法体制改革推进会强调，构建以审判为中心、审判以庭审为中心、庭审以证据为中心的刑事诉讼新格局。这些文件、司法解释及相关规定的精神实质是在庭审中解决证据的客观性、关联性和合法性问题，以审判为中心的改革并不代表着庭审中以"法官"为中心，并没有弱化和取消检察官在庭审中的主导责任。

1. 检察官在刑事庭审中的职责。第一，检察机关开启庭审并限制庭审审理范围。无起诉无审判。检察机关提起的犯罪事实具有约束法庭审理的范围的作用，法庭只能在检察机关提出的事实和证据基础上进行裁判，审理范围超出检察机关提请的事实范围属违法裁判。第二，检察官承担证明被告人有罪的举证责任。《刑事诉讼法》第 51 条规定，"公诉案件中被告人有罪的举证责任由人民检察院承

---

① 林钰雄：《刑事诉讼法》（上），元照出版有限公司 2015 年版，第 83 页。
② 王兆鹏：《美国刑事诉讼法》，北京大学出版社 2014 年版，第 595 页。

担"。《刑事诉讼法》第59条第1款规定:"在对证据收集的合法性进行法庭调查的过程中,人民检察院应当对证据收集的合法性加以证明。"这涉及证据充分性、客观性、关联性和合法性问题。检察机关有责任向法院提交客观的、合法的、与待证事实有关联性的证据来证明被告人有罪,证据的充分性需要达到排除合理怀疑的证明标准。检察官需在庭审过程中通过出示物证、书证、视频资料,讯问犯罪嫌疑人、发问证人、申请鉴定人出庭、提出补充侦查等方式向法庭证明被告人有罪。在辩方对证据合法性提出质疑时,检察机关需要提供其他额外的证据来证明其向法庭提交的证据是通过合法方式取得的。检察机关如果不能提交充分的证据证明被告人有罪,需要承担败诉的后果。

2. 法官在庭审中的职责。第一,法官指挥庭审。法官在庭审中指挥证据调查和法庭辩论,这是诉讼指挥权。"为了保证诉讼程序的顺利进行,由法院行使指挥诉讼的职权,这种指挥权称为职权进行主义。应当认识到,诉讼指挥权是为了当事人诉讼行为顺利进行而行使的职权,而并不直接涉及诉讼的实体问题,这种权力来源于司法权和法院固有的权限,因此诉讼指挥权并不是与当事人主义相对立的职权主义。"① 法官在庭审中的诉讼指挥权仅是一程序指挥权,并不涉及证据调查的实体问题,也不涉及庭审中的主导问题。第二,法官有补充调查职能。在刑事庭审中,犯罪事实的证明责任由检察官承担,辩方提出相反的证据或者驳斥检察官庭审展示的证据,合议庭对"证据有疑问的,可以宣布休庭,对证据进行调查核实"。简而言之,法官如果对检察官提出的证据、证明程度没有疑问,也就没有必要对这些证据进行额外的调查。这说明法官为了查

---

① [日]田口守一:《刑事诉讼法》,张凌、于秀峰译,法律出版社2019年版,第39页。

清犯罪事实，有补充调查职责，但是这种补充调查的范围也仅限于检察官和辩方提出的证据。法官不能为了证明犯罪嫌疑人有罪依职权主动调查检察官未提交的证据。该补充调查职能可以保障法院查清案件事实，制约和防范检察官的滥权，符合刑事诉讼法中公检法三机关相互制约的制度设计。

3. 检察官在庭审中的主导责任。综合上述两点可以看出，如果在当事人主义模式和职权主义模式之间进行选择，我国的刑事庭审更加倾向于当事人主义模式。在这里主要是想通过两种模式的比较来论证我国检察官在庭审中的职责和角色。但是，我国刑事庭审并非实质意义上的当事人主义模式。首先，中国检察机关的定位是法律监督机关，职责和使命是通过履行法律监督职责来保障法律正确实施。我国检察官并非刑事庭审中的一方当事人，在发现侦查机关采取非法方法获取证据时，履行监督职责纠正违法行为，依法排除非法证据，即使是在庭审中也要履行该监督职责，这是为了保障国家法律的正确实施。其次，中国检察官负有客观公正义务（《检察官法》第5条）。检察官在履行职责过程中，以事实为依据，以法律为准绳，有利于或不利于被告人的事项都要注意。检察官在庭审过程中发现有利于被告人的证据需及时提出，认为现有证据不足以证明被告人构成犯罪的，依法撤回公诉。判决后，检察机关认为法院的判决不正确，对被告人不利的，应当依法为被告人的利益提出上诉。

检察官主导着证明何种犯罪事实，用何种方式来证明犯罪事实。举证和辩论由控辩双方进行，检察机关是举证方、指控方，辩护方只需要进行防御即可。法官具有相对的中立性、被动性，法官仅对检察机关和辩方提交的证据负有核实的责任，或者根据控辩双方的要求调取相关证据，不能为了证明犯罪成立主动要求检察官提交或者调取相关证据。这足以说明检察官在法庭中具有主导责任。

"对于检察官而言,一要积极承担指控和证明责任。相较于公诉权,辩护权是一种防御权,法官要兼听控辩双方的意见,居中审理,相对消极,且法律明文规定证明责任由检察机关来承担,因此检察机关在法庭上的指控和证明活动,要积极、主动、充分地进行。"[①]"那么,在法庭上检察官是不是主导呢?检察官不诉,法院哪来的案子?不诉不理!检察官是主动起诉,法官主要围绕起诉指控的犯罪事实在法庭上查明真相。检察官能摆脱起诉指控、证明犯罪的主导责任吗?法庭上检察官指控什么犯罪事实,适用哪一法律条款,就得拿出相应的证据、理据来,拿不出来,法院就可能宣告无罪、改变案件定性!检察官拿出证据、理据,才有下一步的控辩双方质证辩论,这些都紧紧围绕起诉中的指控、示证来展开,检察官的履职不是主动的吗?不是在主导吗?"[②] 樊崇义教授认为:"检察机关在审判中的主导责任就是指控犯罪、展示证据、证明犯罪、负证明责任,这是支持公诉、保障庭审顺利进行的必要活动。与法院之间的关系是提起诉讼的作用、指控犯罪的作用、证明的作用,保证法院正确裁判的关系。检察机关在刑事诉讼中的主导责任与'以审判为中心'并不矛盾,是在'以审判为中心'前提下明确检察机关的主导责任,检察机关主导责任的承担是深入推进以审判为中心诉讼制度改革的很重要的一个环节。把主导作用发挥好、证据审查好、起诉工作准备好、在法庭的证明义务履行好,法院的审判才能顺利进行。所以,'主导责任'与'以审判为中心'是不矛盾的,对主导责任的理解更多的是理解为一种职责、责任和担当,而不是

[①] 龚云飞:《检察机关刑事诉讼角色功能发挥——访中国人民大学教授李奋飞》,载《检察日报》2019年10月28日。

[②] 张军:《关于检察工作的若干问题》,载《国家检察官学院学报》2019年第13期。

一种权力的分割和分配。"① 主导责任并不是权力大小和高低，是一种责任和担当，对检察官的要求更高更严，检察官需要有负责任、更高一筹的指控犯罪的能力和水平，才能将以审判为中心的诉讼制度落到实处。

（三）强化检察机关在刑事执行中监督作用

检察机关一方面监督监管场所执法人员的执法活动，预防和纠正违法行为，保障在押人员和罪犯的合法权益；另一方面加强对刑罚执行的监督，预防和查处刑罚执行变更中的腐败行为，维护公平正义，确保刑事司法功能得以实现。近年来，经过检察机关、公安机关和司法机关等多方的努力和协作，监管场所中执法人员虐待在押人员的情况已经得到根本性的扭转，监管场所中的"躲猫猫"死亡等类似的事件很少出现。未来将针对人民群众重点关注的问题开展监督。

一是重点加强对有钱人、有权人的刑罚执行监督。2019年7月19日，中央政法委召开政法领域全面深化改革推进会，中央政法委书记郭声琨要求："全面推开监狱巡回检察，充分发挥'巡'的优势、'驻'的便利，主动发现违法减刑、假释、保外就医等突出问题，防止有钱人、有权人成为法外之人。"近年来，为进一步规范减刑、假释、暂予监外执行，最高人民法院、最高人民检察院、司法部等相关部门按照相关要求，联合或者单独出台了一系列规范性文件，严把实体条件，完善了程序规定。检察机关按照相关规定履行法律监督职能，依法加强对减刑、假释、暂予监外执行等各个环节的监督。下一步，将刑罚变更执行工作尤其是职务犯罪等重点罪犯的刑罚变更执行作为巡回检察工作的重点。二是严查职务犯罪。

---

① 龚云飞：《检察机关在刑事诉讼中的主导责任——访中国政法大学教授樊崇义》，载《检察日报》2019年10月28日。

2018年修改的《刑事诉讼法》第19条第2款规定，检察机关对诉讼活动实行法律监督中发现的司法工作人员利用职权实施的侵犯公民权利、损害司法公正的犯罪案件有机动侦查权。根据现有内设机构的设置，该项权力由刑事执行检察部门行使。该项权力的行使对检察机关履行法律监督职责具有重要意义，是检察机关监督刑罚执行机关、法院的部分违法行为的后盾措施，使得检察机关对刑罚执行变更等执法、司法的监督可以由"软"变"硬"。三是继续清理久押不决案件。检察机关自2013年起根据中央政法委的决策部署在全国范围内开展久押不决案件的专项清理工作，经过多方的协同合作，很多久押不决的案件被清理纠正。近年来，由于多种因素影响，久押不决的案件又呈现出反弹趋势，一些重大疑难复杂案件、"夹生"案件一时难以清理纠正。被羁押的犯罪嫌疑人都可能因司法机关清理久押不决案件的工作而改变命运。检察机关需始终将该项工作作为重要任务来抓，尽最大努力消除"边清边超"的现象。

二、做强民事检察

民事检察是中国特色社会主义检察制度的重要组成部分。民事检察从无到有、从弱到强，从抽象到具体，为维护司法公正作出了巨大贡献。民事诉讼法赋予检察机关对民事诉讼实行法律监督的职责，监督范围涵盖了整个民事审判活动和执行活动，还包括对调解书和审判人员的监督。民事检察监督方式由一元化向多元化方向转变，检察机关根据案件情况灵活选择适用检察建议、抗诉等监督方式。《民事诉讼法》第210条赋予检察机关调查核实等新职权。

做强民事检察，要准确把握民事检察的职能定位。一是民事检察权是对公权力的监督。厘清权力属性，才能更好谋划发展。检察机关是法律监督机关，职责是监督法律是否正确实施。民事检察作为四大检察中的一个重要组成部分，主要监督民事法律的适用是否正确，从本质上看是监督法院是否依法履行民事审判和执行职责。检察机关通过履行民事监督职责维护司法公正，维护法制统一。《民事诉讼法》第209条规定了当事人申请监督的情况，该条规定并不能理解为检察机关通过履行监督职责救济私权。当事人申请监督是检察机关履行监督职责的重要线索来源。检察机关依当事人的申请对法院民事裁判是否合法进行监督，监督法官是否依法履行审判职责，对当事人的私权救济是检察机关履行监督职责的附带结果。要将民事检察放在国家法治建设大局层面去布局，才能发挥应有的监督价值。二是立足检察监督职能，服务大局。民事检察的发展因时代发展需求而改变。民事检察应置于新时代经济社会发展大局中去谋划。进入新时代，人民群众对司法公正、公平正义有了更高的期许。民事检察监督应当积极反映新时代内涵，找准民事检察和新时代经济社会发展的结合点，投身于多元化纠纷机制构建和运作中，打通民事检察和社会介入间的制度性壁垒。民事检察需精准服务打好三大攻坚战，依法处理民事检察监督案件，服务打好防范化解社会重大风险攻坚战。将支持起诉与精准脱贫结合起来，对弱势群体请求赔付的劳动报酬、损害赔偿等案件依法支持起诉。民事检察要积极参与扫黑除恶专项斗争，建立民事检察部门与刑事检察部门无缝对接机制，对黑恶势力违法犯罪人员实施的民事违法行为进行精准监督。民事检察要依法保护民营企业家的合法权益，为营造良好的营商环境做检察贡献。准确区分经营活动中的合法融资行为与非法集资犯罪，避免以经营不善导致损失来认定融资的非法性。准确界定民营企业参与国有企业改制过程中的产权纠纷和恶意侵占国有资产，帮助民营企业防控和化解风险。加强产权司法保护，积极参与涉及企业的错案甄别工作。积极与工商联等相关部门合作，参与搭建非诉调解平台，协助做好矛盾化解工作。

(一) 优化民事生效裁判监督

民事生效裁判监督是民事检察的基本职能。民事生效裁判监督从以前的个案纠错监督提升到类案的引领性监督。检察机关选择在司法理念方面有创新、进步、引领价值的典型案件进行抗诉，通过抗诉解决一个领域、一个地方、一个时期司法理念、政策以及导向的问题。充分发挥再审检察建议同级监督的价值，对有纠正必要但是没有抗诉必要的生效裁判，优先适用再审检察建议进行监督。

(二) 加大虚假民事诉讼监督力度

党的十八届四中全会提出，"加大对虚假诉讼、恶意诉讼、无理缠诉行为的惩治力度"。2015年通过的《刑法修正案（九）》增设了虚假诉讼罪。最高人民检察院要求各级检察机关加大对虚假诉讼的监督力度，逐步构建虚假诉讼发现和查处的机制。虚假诉讼监督不是检察机关民事检察监督中的独立职权，虚假诉讼监督的法律依据是民事诉讼法中关于裁判结果监督等的相关条款，其最终结果会体现在裁判结果阶段、对审判人员违法行为的监督中。当前制约检察机关监督民事虚假诉讼的因素还很多，如检法两家认定虚假诉讼的依据和标准不一致，虚假诉讼案件的实体和程序处理标准不一致，协作机制不健全，案卷调取、信息共享方面还不畅通；检察机关主动监督的意识不够强，能力较弱等，多种因素致使虚假诉讼监督难、纠正难、追责难。检察机关要积极拓宽案件线索来源渠道，从民间借贷、房屋买卖合同纠纷、离婚财产纠纷、保险理赔纠纷、劳动争议、企业破产纠纷等虚假诉讼的"重灾区"入手，从中挖掘有价值的线索。注重深挖细查，由个案监督向类案监督拓展，在个案中坚持精细化办理，加强对相关证据和线索的审查，顺藤摸瓜，以点带面，深挖系列案件。建立完善内外协作、上下一体工作机制，对外要与法院、公安、司法行政机关进行沟通协调，联合会签文件、联合座谈，畅通虚假诉讼发现途径，建立线索移送、联合查办、结果反馈等制度，实现程序无缝对接，加大打击力度；对内各内设机构要信息共享，优势互补，凝聚同向合力；同时要充分发挥上下一体化办案机制作用，充分整合办案力量，开展线索摸排、甄别、方案制定和调查核实工作。对于调查核实的虚假诉讼，充分运用刑事、民事检察监督等多种手段，打好组合拳，突出办案综合效应。

（三）深入推进民事执行检察监督

执行难是法院工作面临的难题，也是社会关注度高、人民群众反映强烈的问题。检察机关加强民事执行监督，与法院形成合力，有助于破解该问题。当前民事执行监督中还存在一些问题，如监督力度不强，碍于情面不能够积极主动监督；法院基于某些因素考虑不愿接受检察机关的监督，监督的环境有待改善；监督效力还需强化，检察机关目前对民事执行的监督主要采用检察建议的方式，法院将检察建议理解为柔性监督手段，重视程度不够，导致整个监督效果不好。检察机关需要加强与法院的沟通协调，使其认识到检察机关对民事执行的监督是为了规范民事执行行为，为了共同解决执行难的问题。通过会签文件，与法院共享执行信息，促进法院主动接受检察机关的监督，合力解决执行难、执行不规范问题。检察机关将监督中遇到的问题、监督取得的成效，及时向当地党委政府和人大汇报，获得相应的支持。

（四）强化审判人员违法行为监督

2012年修改的民事诉讼法增加了人民检察院有权对审判人员违法行为进行监督的条款。对人的监督是最直接、最有效的监督。民事检察监督要进一步树立监督权威，就要在对事监督的基础上，加强对人的监督。当前检察机关对审判人员违法行为监督的问题有：案件来源少，无案可办，依职权发现的案件较少；监督的层次不高，案件主要集中在法院超审限、违法送达、法律文书文字性错误等一般程序性瑕疵或工作漏洞等事项，监督大多停留在表面问题和工作瑕疵上，提不出具有针对性的建议，监督缺乏力度和深度。基层检察机关需主动作为，注重从生效裁判监督、审判程序违法监督等案件中发现审判人员违法线索；需走出去主动出击，利用各种平台，借助外力收集线索，深挖监督源头。完善内外合作机制，对内加强与各内设机构配合，对外加强与监察委员会、侦查机关等合作，建立线索移送反馈机制等。

（五）依法开展矛盾化解工作

积极参与社会治理、化解社会矛盾是新时代民事检察的一项重要工作。转变监督理念，切实增强化解矛盾纠纷意识，树立抗诉改判是成绩，和解息诉也是成绩的理念，把化解矛盾意识贯穿到民事检察办案工作的始终。民事检察办案要从全局出发，不能满足于程序上的简单结案而忽视矛盾化解，坚持以结果为导向，综合运用检察建议等监督方式，积极推动问题解决。在促进和解过程中，要从有利于公平正义、有利于保障百姓生计、有利于维护和谐稳定出发，竭力寻找各方利益的平衡点，解决人民群众最关心、最直接、最现实的问题，切实增强人民群众的获得感。注重依靠群众的力量，发挥基层作用，积极打造"枫桥经验"的民事检察版本。同时，可以依托司法行政部门等机构，实现检察办案与人民调解、行政调解和司法调解的有效对接，最大程度促进各方当事人的相互理解。

三、做实行政检察

行政检察，顾名思义，即是检察机关对行政机关行政行为的合法性的监督。有学者将行政检察监督定义为：行政检察是我国检察院监督各方主体实施公共行政活动是否严格遵守宪法法律的特定检察活动。行政检察监督的核心价值追求是保障宪法和法律完整统一实施而对公共行政的控制，旨在促进国家法律在公共行政层面的正确统一实施；根本目标是在构建检察权威与保障公民权利之间寻求价值平衡；检察对象是享有国家公权的多方主体在国家公权领域内实施的具有受控性和执行性的各种外部活动；检察内容是监督上述活动是否严格遵守法律。[①] 据此可以看出，行政检察是通过监督行政行为的合法性来达到保障宪法和法律完整统一实施等目标。

行政检察目标之一，促进依法行政。检察机关通过监督行政行为的合法性，通过检察建议等方式，督促行政机关及时纠正不合法行为。行政检察是以法治思维和法治方式促进行政行为规范化、现代化的重要保障。行政行为的规范化、现代化，是依法治国最重要的组成部分之一，也是国家治理体系和治理能力现代化的极其重要组成部分。

行政检察目标之二，维护国家利益、社会公共利益和人民群众的合法权益。行政机关滥用行政权、违法执法带来的部分直接后果可能是公民的权利被限制或剥夺，人民群众的合法利益受损，检察监督可以促进依法行政进而保障人民群众的合法权益。行政行为不仅涉及个人利益，还有可能涉及国家和社会公共利益。检察官作为公共利益的代表，有义务通过行使监督职权来维护国家和社会公共利益。检察机关通过行使行政公益诉讼检察来维护公共利益，但是目前而言行政公益诉讼检察的涉及领域较窄，仍然需要行政检察作为有效补充来维护国家和社会公共利益。

行政检察目标之三，维护法律统一实施。行政执法涉及的范围极其广泛，包括国家利益、社会公共利益和个人利益等各个领域。有法不依、执法不严、执法不规范、"地方保护主义""部门保护

[①] 参见秦前红：《两种"法律监督"的概念分野与行政检察监督之归位》，载《东方法学》2018年第1期。

主义"等问题都破坏了国家政策和法律实施的统一性和严肃性。行政检察督促行政机关启动自我纠错程序，纠正不作为、乱作为等不合法行为，有利于促进国家法律在公共行政层面统一、正确、有效实施。国家法律在公共行政层面统一、正确、有效实施是国家治理体系和治理能力现代化的重要组成部分。

综上，行政检察的根本目标是通过监督行政行为的合法性来促进依法、规范行政，维护国家利益、社会公共利益和人民群众的合法权益，促进国家法律统一实施，进而推进国家治理体系和治理能力现代化。

行政检察的核心职能是对行政诉讼进行监督，既有结果监督，又有程序监督，同时也对行政机关行使相关职权进行监督。行政检察"一手托两家"，既维护司法公正，又监督和促进依法行政。法律赋予检察机关对行政诉讼实行法律监督的权限，监督范围涵盖了整个行政诉讼活动和执行活动，还涵盖对调解书和审判人员的监督。检察机关可以选择检察建议、抗诉等方式进行监督。行政检察工作起步晚，行政诉讼监督职能发挥不足，相较于其他三大检察，行政检察是"弱项中的弱项""短板中的短板"。这既有检察机关前期发展不平衡的因素，也有行政诉讼体量小的客观因素。做实行政检察，需要从以下几个方面予以推进。

（一）强化精准监督

相较于刑事诉讼和民事诉讼的案件数量，行政诉讼的数量要小的多。2013年至2017年间，法院审结一审行政案件91.3万件，同期的刑事案件445.1万件、民事案件3139.7万件。法院行政案件与刑事案件、民事案件的比例大约分别是1∶5.1∶34。2018年，全国检察机关受理各类行政诉讼监督案件1.77万余件，受理各类民事诉讼监督案件10万余件，二者的比例约为1.8∶10。从提出监督意见的数量看，2018年全国检察机关提出行政抗诉仅117件（提出民事抗诉4000件),法院同期改判19件。① 行政诉讼体量小是客观情况,不可能做到像刑事诉讼、民事诉讼监督的数量。在不追求监督数量的情况下,追求监督质量是必然要求,精准监督是行政检察的发展方向。健全和完善繁简分流机制,疑难复杂案件重点办理,简单案件从快处理,提高监督质量和效率,努力将案件办理成为引领性的和示范性的精品案件。行政诉讼具有类案效应,一个案件影响一个或一类行政机关,办理一案影响一片的效果在行政检察中体现得非常明显。要充分借助外脑,建立和完善行政专家委员会制度,邀请专家学者、法官和律师参与案件评议和研判,对行政检察案件精准把脉,精准研判,对症下药,促进监督水平和案件质量的提升,扩大社会影响。对于重大疑难案件、有影响案件、公众媒体等关注的案件、新类型案件等,建立检察官检索及报告机制,并将检索情况在审查报告中如实记录。在检察系统内外进行类似案件检索,为案件最终决定提供支持和参考,防止出现同案不同监督的结果。

(二) 深入推进行政非诉执行监督

行政非诉执行,指的是行政机关作出行政行为后,行政相对人在法定的期限内既不履行行政行为确定的义务,又不提起行政复议或者行政诉讼,没有强制执行权的行政机关向法院申请强制执行,法院对行政机关申请强制执行的行为进行受理、审查、裁定和实施,从而使行政机关的行为得以实现的制度。由此可见,行政非诉执行是执行制度的重要组成部分,涉及法院的司法行为和行政机关的行政行为。司法实践中,由于行政机关怠于履行职责,应当催告而不催告,应当申请强制执行而不及时申请,法院应当受理而不受

---

① 张相军:《关于做好新时代行政检察工作的思考》,载《中国检察官》2019年第7期。

理执行申请，受理后应当裁定而不作裁定，法院裁定后怠于执行或不执行，违法执行，执行不到位等问题，造成大量行政处罚案件未得以执行，非诉行政执行制度形同虚设，严重损害国家利益、社会公共利益。检察机关对行政非诉执行进行监督，有利于维护行政权威和司法公正，维护国家利益、社会公共利益。对行政非诉执行监督的具体内容包括对法院行政非诉执行的受理、审查、裁定和实施的监督，以及对行政机关非诉执行申请和实施的监督两个方面。行政非诉执行监督也是解决当前基层检察机关行政检察难以发挥作用的重要突破口。裁判结果监督是行政检察的重要职责，但由于法律规定和行政诉讼的本身特点，再审后的案件基本上都集中到了市级以上的检察机关，基层检察机关受理的裁判结果监督案件就很少，案件呈"倒三角"分布。因此，在行政诉讼案件中，基层检察机关的行政检察监督作用很难发挥。另外，法院对行政诉讼案件采取集中管辖的方式，集中管辖地区以外的基层检察机关没有可监督的行政诉讼案件。最高人民检察院为解决这一难题，进行顶层布局，构建了省、市级院重点办理裁判结果监督案件，基层检察机关主要办理审判违法和执行监督案件，形成省、市、县三级检察机关各有侧重、全面履职的多元化行政检察监督格局。行政非诉执行监督涉及法院、行政机关等多个部门，利益关系复杂，办案中应坚守正确的监督原则和监督理念。

首先，坚持"三个效果"有机统一。坚持讲政治顾大局，围绕当地经济社会发展的重要决策部署，充分发挥行政非诉执行监督职能，实现法律效果、政治效果和社会效果最大化。其次，坚守客观公正立场。以事实为依据，以法律为准绳，坚持实体公正和程序公正、实体正义和形式正义并重，不偏不倚，平等对待。最后，坚持双赢多赢共赢。行政非诉执行监督是通过启动法院、行政机关的纠错程序，提醒、督促其重新审视并自我纠偏。充分运用政治智慧、法律智慧、监督智慧，与其他机关建立良性的、互动的工作关系。检察机关的人力资源有限，应选择重点领域和突出问题进行监督。实践中，资源保护领域、生态环境保护领域、城乡建设管理领域、质量监督领域、交通运输管理领域、税务财政管理领域等都是重点监督的领域。

（三）促进行政争议实质性化解

做好行政争议实质性化解工作是推进国家治理体系和治理能力现代化的内在要求。行政诉讼监督案件经过行政、司法两道程序，周期长、案情复杂、矛盾突出，部分案件涉及人数众多，检察机关仅通过作出抗诉或不抗诉决定并非能够妥善解决问题，难以有效应对复杂的、多元化的矛盾纠纷。实践中，行政争议案件得不到实体审理，行政争议在诉讼、信访等程序中空转等问题还比较突出，行政相对人缺乏有效救济途径，合理诉求得不到重视和满足，检察机关需将行政争议实质性化解嵌入诉讼监督程序，丰富监督内涵，维护人民群众合法权益和社会稳定。①

需要化解的行政争议案件主要包括两类：一类是人民法院驳回起诉，但当事人的诉求合法合理、有矛盾化解可能的案件（行政行为违法，法院驳回起诉的裁定符合法律规定，行政相对人利益一直处于受损状态）；另一类是法院的行政判决确实有错误致使行政争议未得到实质性化解的案件。除了上述两类案件外，可以积极探索化解其他三类行政争议案件：一是"潜在之诉"，即还处于行政复议阶段的行政争议，如果不能有效化解，就可能演变为行政诉讼案

---

① 2020年最高人民检察院工作报告提到了周某养老保险审批纠纷监督案是典型的程序空转案例，具体内容参见邱春艳：《检察工作报告中的那些案例有何深意？——揭秘最高检工作报告中案例背后的中国法治故事》，载《检察日报》2020年5月26日。

件；二是"过期之诉"，即因超过起诉期限被法院不予实体审理的行政争议案件；三是"遗落之诉"，即行政相对人没有对行政决定申请复议、提起诉讼和申诉，但是在执行阶段却提出合法诉求的案件。检察机关需坚持监督精准化导向，充分利用检察一体的优势，通过调查核实、公开听证、检察宣告、专家咨询等方式，在查清事实，分清是非基础上，做好释法说理、息诉服判、动员撤回监督等工作。化解行政争议过程中，尊重当事人在诉讼中的主体地位，在自愿、平等的基础上进行，善于寻找利益的平衡点，做到"在监督中调解，在调解中监督"，将调解作为法律监督职能的延伸，妥善化解行政争议。同时，要防止以牺牲法律权威和公共利益为代价来满足行政相对人的不合理诉求。

四、做好公益诉讼检察

公益诉讼检察并非传统的检察职能，公益诉讼检察的正式出现和发展具有特殊的时代背景，是党中央作出的一项重大决策，经历了从党的文件提出、最高立法机关授权试点到正式确立为法律制度的过程。党的十八届四中全会提出"探索建立检察机关提起公益诉讼制度"，这是公益诉讼检察的源头。习近平总书记对设置公益诉讼检察的初衷进行解读："行政违法行为构成刑事犯罪的毕竟是少数，更多的是乱作为、不作为。如果对这类违法行为置之不理、任其发展，一方面不可能根本扭转一些地方和部门的行政乱象，另一方面可能使一些苗头性问题演变为刑事犯罪。全会决定提出，检察机关在履行职责中发现行政机关违法行使职权或者不行使职权的行为，应该督促其纠正。作出这项规定，目的就是要使检察机关对在执法办案中发现的行政机关及其工作人员的违法行为及时提出建议并督促其纠正。……由检察机关提起公益诉讼，有利于优化司法职权配置、完善行政诉讼制度，也有利于推进法治政府建设。"① "赋予检察机关提起公益诉讼的职权，就是为了弥补缺失行政违法侵害公共利益的司法监管的治理漏洞，有效地发挥司法在监督行政、维护公益方面的治理效能，其实质就是推进国家治理体系和治理能力的现代化。"② 2015 年起检察机关根据最高立法机关的授权试点公益诉讼制度，试点两年取得成功后，检察机关提起公益诉讼制度被 2017 年修改的民事诉讼法和行事诉讼法中正式吸收。党的十九届四中全会明确提出："拓展公益诉讼案件范围"，"完善生态环境公益诉讼制度"。"拓展公益诉讼案件范围"是置放在十九届四中全会"坚持和完善中国特色社会主义法治体系，提高党依法治国、依法执政能力"章节中的"加强对法律实施的监督"部分，这充分表明党中央将检察机关提起公益诉讼制度作为国家治理体系的重要组成部分，公益诉讼作为加强对法律实施监督的具体举措，是国家治理体系的重要保障。"检察公益诉讼是法律监督职能的时代回应，具有时代特色。即以提起公益诉讼方式履行宪法赋予检察机关的法律监督职能，更好地促进国家治理，维护公共利益。党中央始终高度重视检察公益诉讼制度，推动其更好发挥作用，就是因为中国检察机关法律监督的法定职责与检察公益诉讼制度的定位、追求是完全契合的。"③

（一）坚持党的领导，主动接受人大监督

党的领导、人大监督是检察机关开展公益诉讼工作的坚强后

---

① 习近平：《关于〈中共中央关于全面推进依法治国若干重大问题的决定〉的说明》，载新华网，http://www.xinhuanet.com/politics/2014-10/28/c_1113015372_3.htm，最后访问日期：2020 年 7 月 1 日。

② 胡卫列：《国家治理视野下的公益诉讼检察制度》，载《国家检察官学院学报》2020 年第 2 期。

③ 胡卫列：《国家治理视野下的公益诉讼检察制度》，载《国家检察官学院学报》2020 年第 2 期。

盾。检察机关要紧紧依靠党委领导、人大监督支持，及时向党委请示报告重要工作部署、重大敏感案件，在党委的统一领导和部署下履行监督职责。2019年10月举行的第十三届全国人大常委会第十四次会议审议了最高人民检察院关于开展公益诉讼检察工作情况的报告，并开展专题询问，同年11月22日，全国政协召开以"协同推进公益诉讼检察工作"为主题的双周协商座谈会。这两次会议充分体现了全国人大和全国政协对公益诉讼检察工作的支持和监督。检察机关要以此为契机，将党中央、全国人大、全国政协等对公益诉讼检察的各项要求，转化为加强和改进工作的具体举措。在全国范围内，很多省市的党委政府、人大都出台相关文件支持检察机关提起公益诉讼工作。例如，2019年浙江省委办公厅印发了《进一步加强检察机关法律监督工作的若干意见》，该文件的部分内容规定要做好公益诉讼检察，加大办案力度。该文件还规定了其他行政机关在公益诉讼工作中的责任，指出要加强政府及其部门对检察机关法律监督工作的支持，行政机关要积极配合检察机关公益诉讼工作，依法落实检察建议，积极主动履职或纠正违法行为，并在两个月内或按照法律规定的时间内书面回复。该文件对行政机关的要求不仅仅是一种法律责任，更是一种党内纪律和政治责任。该文件的出台有利于公益诉讼工作落到实处，取得实实在在的效果。

（二）加强协作配合，形成工作合力

在线索发现、参与和监督案件办理、推动问题整改等环节全面提升各方参与度和公信力。一是深入基层一线，获得群众支持。深入商圈、社区、集市和相关企业、工厂等，开展公益诉讼宣传活动，向群众介绍检察机关公益诉讼职能，切实扩大公益诉讼覆盖面、知晓度，营造人人参与公益、积极提供线索的氛围。二是有效对接综治、政务、信访等政府信息平台，获得公益诉讼线索。走访相关政府部门和组织，获得相关部门的支持，协商将群众通过平台反馈的相关信息与检察机关共享，拓宽公益诉讼案件线索来源渠道，及时回应人民群众对公益保护的关切。三是加强与行政机关、法院、监察机关、社会组织的协同共治。通过建立联席会议制度、圆桌会议、联合签发文件等方式就公益诉讼中出现的问题进行磋商，互相移送相关信息。2019年，最高人民检察院与生态环境部、国家发展和改革委员会等九部委联合印发《关于在检察公益诉讼中加强协作配合依法打好污染防治攻坚战的意见》，确立了完善公益诉讼案件线索移送机制、建立交流会商和研判机制、建立健全信息共享机制。要求各方应积极借助行政执法与刑事司法衔接信息共享平台的经验做法，逐步实现生态环境和资源保护领域相关信息实时共享。行政执法机关发现涉嫌破坏生态环境和自然资源的公益诉讼案件线索，应及时移送检察机关办理。根据检察机关办理公益诉讼案件需要，行政执法机关向检察机关提供行政执法信息平台中涉及生态环境和资源保护领域的行政处罚信息和监测数据，以及环保督察等专项行动中发现的问题和线索信息。

（三）聚焦党和国家工作大局，进一步加大重点领域监督办案力度

服务中心大局是公益诉讼工作的重中之重，也是公益诉讼工作可持续发展的重要支撑。中央文件明确要求检察机关充分行使公益诉讼职能，检察机关结合当地实际，积极贯彻落实。例如，2018年7月10日，第十三届全国人民代表大会常务委员会第四次会议通过的《关于全面加强生态环境保护 依法推动打好污染防治攻坚战的决议》提出，"完善生态环境保护领域民事、行政公益诉讼制度"。这明确要求检察机关通过行使公益诉讼职能助力推动打好污染防治攻坚战。检察机关需结合公益诉讼职能，找准切入点。国家层面的中心大局有"一带一路"建设工程、三大攻坚战、食品安全、保障长江经济带、保障民营企业发展等。地方的中心大局侧重点会有所

不同,以浙江为例,推进长三角一体化发展战略,建设美丽浙江、健康浙江、法治浙江等是浙江的中心大局,检察机关要结合实际找准着力点。

(四)以公益为核心,积极稳妥探索"等"外领域案件

民事诉讼法、行政诉讼法和英雄烈士保护法中明确规定的检察机关可以提起公益诉讼的五大领域,即生态环境和资源保护、食品药品安全、国有财产保护、国有土地使用权出让、英雄烈士保护领域,检察机关加大办案力度,用求极致的方式办好每个领域的案件,将维护公益的工作做扎实、见实效。对于上述 5 类领域之外,检察机关是否能够提起公益诉讼,理论界有不同的声音。以行政公益诉讼为例,《行事诉讼法》第 25 条第 4 款规定:"人民检察院在履行职责中发现生态环境和资源保护、食品药品安全、国有财产保护、国有土地使用权出让等领域负有监督管理职责的行政机关违法行使职权或者不作为,致使国家利益或者社会公共利益受到侵害的,应当向行政机关提出检察建议,督促其依法履行职责。行政机关不依法履行职责的,人民检察院依法向人民法院提起诉讼。"对该条款中"等"如何解释,有人主张通过特别法立法的方式明确授权检察机关对其他领域提起公益诉讼。[①] 司法实践中,部分地区人大常委会出台文件,要求检察机关对"等"的领域进行扩张探索。如 2019 年印发的《南京市人大常务委员会关于加强检察公益诉讼工作的决定》提出,"在上级检察机关领导下,对上述'五大领域'之外的安全生产、历史文化古迹和文物保护、个人信息保护、大数据安全、互联网侵害公益、损害国家尊严或民族情感等领域,

---

① 黄学贤:《行政公益诉讼回顾与展望——基于"一决定三解释"及试点期间相关案例和〈行政诉讼法〉修正案的分析》,载《苏州大学学报》2018 年第 2 期。

可以稳妥积极探索开展公益诉讼"①。2019年出台的《湖北省人民代表大会常务委员会关于加强检察公益诉讼工作的决定》提出，"依法在安全生产、文物和文化遗产保护、电信互联网涉及众多公民个人信息保护等领域探索开展公益诉讼工作"②。对于地方人大常委会以文件支持探索的领域，检察机关应当加强与相关部门的沟通协调，积极开展实践探索。随着经济社会的发展和检察公益保护的质效提升，拓展公益诉讼的保护范围是必然发展趋势。党的十九届四中全会提出要求，"拓展公益诉讼案件范围"。地方没有出台文件支持探索新领域的检察机关应积极向当地党委、人大汇报公益诉讼工作，力争获得党委、人大的肯定和支持，出台相关文件支持检察机关探索新领域的公益诉讼。检察机关在探索公益诉讼新领域过程中，需做好调查取证、研究论证、民意调查等相关工作，要结合人民群众的需求，围绕人民群众反映的热点、难点问题，牢牢抓住"公益"这个核心，维护社会公共利益。

第五节 四大检察的融合发展

四大检察是检察机关法律监督权的四个组成部分，四大检察具有相对的独立性和封闭性，该相对独立性和封闭性是四大检察充分发展的前提保障。同时，四大检察又是统一于法律监督权下的具体监督权能，相互衔接，相互耦合，需要融合发展来提升法律监督的

---

① 参见《南京市人大常务委员会关于加强检察公益诉讼工作的决定》，载南京市人民检察院官网，http：//nj.jsjc.gov.cn/yw/201906/t20190617_823885.shtml，最后访问日期：2020年12月31日。

② 参见《湖北省人民代表大会常务委员会关于加强检察公益诉讼工作的决定》，载最高人民检察院官网，https：//www.spp.gov.cn/spp/gyssshmhsh/201912/t20191202_440069.shtml，最后访问日期：2020年12月31日。

整体质效。

一、融合发展的必要性

(一) 四大检察职能需要相互衔接

一是刑事检察和民事公益诉讼检察、民事检察职能的衔接。刑事公诉在国家和集体利益受损的情况下可以附带民事公诉，刑事检察和民事公益诉讼检察的局部融合，合力解决国家利益和社会利益受损的补偿修复问题。在刑事检察程序中私权受损时相关权利人可以提出附带民事诉讼，刑事检察部门在刑事附带民事审判中或审判后发现民事审判或调解违反民事法律，这就涉及与民事检察职能的衔接。民事检察部门在审查案件时，发现审判人员职务犯罪行为、"以民代刑"应当移送的案件而不移送行为、涉嫌犯罪的虚假诉讼行为，需要与刑事检察部门对接。二是刑事检察和行政检察职能的衔接。刑事检察和行政检察的局部融合，推动刑事责任和行政责任的无缝对接。行政检察中发现行政违法行为可能构成刑事责任的需要移送刑事检察部门审查。刑事检察中发现需要对行政相对人予以行政处罚的或者行政行为需要行政机关依法纠正的，移送行政检察（行政公益诉讼检察）部门进而督促相关行政机关依法履行职责。三是民事检察和行政检察职能的衔接。司法实践中，部分行政诉讼案件是因当事人不服行政机关对民事纠纷的处理而引发的，这种具有高度关联性的民事行政交叉案件，需要民事检察和行政检察职能的对接。最高人民检察院基于现行法律制度等因素的考量，将公益诉讼检察从民事检察和行政检察中单列出来作为四大检察的一部分。四大检察协同一体，相互支撑，被视作一个整体进行全面审视，方能解决四大检察职能的衔接和部门法叠加适用问题。

(二) 有助于作出妥适的决定

行政检察部门和民事检察部门的局部融合可以促进行政争议和

民事纠纷协同化解。具有高度关联性的民事行政交叉案件中,民事案件和行政案件的处理需要统筹考虑。当事人提起民事诉讼监督和行政诉讼监督(申请行政公益诉讼检察监督)的时间先后顺序可能不同。无论是同时还是先后办理民事诉讼监督和行政诉讼(行政公益诉讼)监督的案件,都需要将具有高度关联性的两个或数个案件作为一个整体全盘考虑,不宜作出不一致或者相互冲突的决定,尽可能协力妥善化解案件。刑民交叉案件在实践中也非常普遍,两者之间也很难设定明确的分界线,这类案件由刑事检察和民事检察部门协同处理可以更加精准地界定案件性质。

二、融合发展的方向和路径

检察机关各业务条线要认识到四大检察是法律监督权下相互依存的整体,需牢固树立整体检察监督观和融合思维,推动四大检察融合发展。

(一)以刑事检察为基础,助推民事、行政和公益诉讼检察发展

四大检察都肩负着特殊的任务和使命,处于同等重要、无法取代的地位。在四大检察融合发展过程中,四大检察的价值功效会有所区别,刑事检察处于基础性地位。刑事检察范围涵盖了刑事立案监督到刑罚执行监督等全部刑事诉讼阶段,跨度长、覆盖领域广,刑事检察部门以整体监督观行使检察职责能够发现一系列行政检察和公益诉讼检察的案件线索。刑事检察部门在审查行政执法和刑事司法衔接的案件中或办理刑事案件中,有可能会发现行政机关履行职责中存在的问题,推动广义上的行政检察或行政公益诉讼检察发展。另外,实践中相当比例的民事公益诉讼案件都是在刑事检察案件中发现的,部分民事公益诉讼程序依托刑事检察来推进。刑事检察部门相较于其他三大检察部门,具有无可比拟的调查取证优势,

刑事检察案件中发现的行政检察或者公益诉讼检察案件线索，行政检察或公益诉讼检察部门调查取证存在困难时，刑事检察部门可利用刑事案件管辖权协助调查取证。

（二）以公益诉讼检察为纽带，穿插于民事检察和行政检察中

基于现行法律规定，民事检察和行政检察主要侧重于诉讼监督，无法有效触及诉前问题。公益诉讼检察制度的确立，打破了现有民事检察和行政检察监督范围的局限，将其范围向前延伸到调查和起诉阶段，丰富和完善了民事检察和行政检察的内容和体系。且与刑事检察中相对不诉、认罪认罚从宽等制度相对应，公益诉讼检察中也探索了民事公益诉前赔偿、行政诉前检察建议等制度。公益诉讼检察与民事检察、行政检察有机融合后，以刑事、民事和行政三大公诉权为核心的，涵盖诉讼全过程的刑事、民事和行政检察监督体系，更加科学化、系统化。

（三）构建发现和线索移送、信息共享、交叉案件办理机制

构建发现和线索移送激励机制，确保四大检察部门会积极主动发现并向其他部门移送相关案件线索。具有高度关联性的案件被移送多个检察部门办理的，案件管理部门需要向相关检察部门发出提示信息。明确检察部门之间的职责分工，如对于刑事检察中发现的民事公益诉讼案件，明确何种类型的案件需要公益诉讼检察部门单独提起民事公益诉讼；对于刑事民事交叉、民事和行政交叉的重大敏感案件，可由多部门共同组建检察官办案组联合办理，以保障法律监督的整体效果。

第四章 客观公正理念

> 要努力让人民群众在每一个司法案件中都感受到公平正义,所有司法机关都要紧紧围绕这个目标来改进工作,重点解决影响司法公正和制约司法能力的深层次问题。
>
> ——习近平
>
> 检察官履行职责,应当以事实为根据,以法律为准绳,秉持客观公正的立场。
>
> ——《中华人民共和国检察官法》

2019年4月23日,第十三届全国人大常委会第十次会议修订通过的《检察官法》第5条规定:"检察官履行职责,应当以事实为根据,以法律为准绳,秉持客观公正的立场。检察官办理刑事案件,应当严格坚持罪刑法定原则,尊重和保障人权,既要追诉犯罪,也要保障无罪的人不受刑事追究。"检察官客观公正立场,首次以立法的形式作出明确规定,成为新时代检察工作的新理念,成为检察建设与检察活动的一种指导思想。正如最高人民检察院张军检察长在大检察官研讨班上指出的,检察机关要以习近平新时代中国特色社会主义思想为根本遵循,与时俱进更新检察监督理念,秉持客观公正立场,切实履行好新时代检察监督职责,检察机关在履行各项法律监督职责时,只有秉持客观公正立场,才能真正当好公共利益的代表、公平正义的守护者。

第四章 客观公正理念

第一节 客观公正的理论渊源与历史流变

客观公正,是现代世界各国检察官所普遍接受和认可的职业伦理和司法理念。但由于不同国家的法治传统、文化理念、诉讼构造不尽相同,检察官客观公正理念的内涵及其表达方式等也有所不同,如德国等大陆法系国家一般表述为客观义务,而英美国家一般体现为"追求正义",而我国则表述为"客观公正立场"。应当说,大陆法系国家基于职权主义的诉讼构造和英美法系国家基于当事人主义的诉讼构造,形成了两种不同的检察官客观公正要求。职权主义诉讼构造中,控辩双方实质存在较大的力量不对等,这种现实使得检察官对犯罪嫌疑人、被告人作诉讼关照,包括为辩护活动提供必要条件等,成为可能与必要。而对抗制诉讼构造中,更为强调控辩双方的平等对抗以及法官对被告方的诉讼关照,客观义务的作用范围有限。而我国宪法和法律把检察机关定位为法律监督机关,新修订的检察官法首次以立法形式规定了检察官客观公正的立场,与法律监督的宪法定位具有高度的内在一致性,"立场"相对于义务,更具有主动性,这既体现了检察机关的宪法定位,又提出了新时代对检察官职业的根本要求。为准确把握检察官客观公正理念的内涵与要义,有必要对域外相关理论与立法规定作一概要梳理,以提供相关背景知识。

一、大陆法系国家检察官客观义务的理论渊源与立法规定

从法制发展史来看,关于检察官承担"客观义务"的规定,创设于19世纪中后期的德国,随后传播到了欧洲大陆以及亚洲其他大陆法系国家。我国台湾学者林钰雄先生在其著作《检察官论》中就客观义务论在德国的确立背景作了介绍,指出在德国司法制度史

上,曾就检察官地位与功能展开辩论,形成所谓"主观派"与"客观派"两大阵营。前者基于控辩平等要求,主张检察官作为当事人只需履行其控诉职能;后者则强调检察官的"法制守护人"角色要求,赋予其超越当事人的客观义务。前者将刑事诉讼程序等同于民事诉讼程序的两造对立,检察官即原告一方,职责在于攻击被告,只须收集对被告不利的事实证据即可。即便被告因疏于防御而受不应得之有罪裁判,检察官也并无相应的纠偏义务。因此,也没有相关的为对方的利益而提起上诉的制度设计,或者要求检察官回避的规定。而作为客观派的重要代表人物时任普鲁士司法部部长的萨维尼则主张:"检察官承担着作为法律守护人的光荣使命,既要追诉犯罪,又要保护受压迫者,要援助一切受国家法律保护的人民,在对被告提起的刑事诉讼程序中,检察官作为法律的守护人,负有彻头彻尾实现法律要求的职责。"据此,在刑事诉讼过程中,检察官承担着双重义务,既要调查对被告人不利的事实,又要调查对被告人有利的事实。他认为:"这两种义务并不矛盾,因为检察机关更上位的义务是要实现刑事诉讼的目的,既要准确惩罚犯罪,又要保护被告人的合法权益,或者说正确认定国家对被告人的刑罚权是存在还是不存在,以实现法律的真实与正义。"最终结果是"客观派"获胜,检察官客观公正义务在 1879 年通过的德国《刑事诉讼法典》中得到了确认。由于客观公正义务正确反映了刑事诉讼对真实与正义的追求,因而这一原则一确立就迅速传到欧洲大陆其他国家及许多诉讼传统与欧洲大陆国家接近的亚非拉国家。大陆法系国家虽然对检察官客观义务的规定形式、外延表述存在差异,具有多样性,但是客观义务的本质即检察官只对法律的公正负责,追求公正实施法律的义务是一致的。

德国《刑事诉讼法典》第 160 条第 2 款、第 156 条和第 296 条、第 365 条规定了检察官 3 项客观义务,即:检察官在收集证据时，对于有利于与不利于被追诉人的证据均须予以收集；审判过程中，检察官如果认为证据不足以定罪，可以要求法院宣布被告人无罪；检察官可以为被告人利益提起上诉或者请求再审。[①] 以上3个方面的客观义务，最重要的应当是第160条第2款的客观收集证据的义务，因为证据构成刑事诉讼的基础，也是公民权利保障的基础，而且客观全面收集证据的要求，既体现了客观性要求，也体现了公正性要求，是客观义务的全面表达。"刑诉法第160条第2款之规定就是作为一个保障基本权的刑事诉讼的核心规定。……是德国刑事诉讼中确立检察官客观性之规定的中心。"[②]

德国客观公正义务的规定是大陆法系国家中最为严格的，其他大陆法系国家并没有全盘移植德国式完整的客观义务内涵的各个方面，而是根据各自的诉讼构造、诉讼制度选择了其中的部分因素，形成了多样化的、程度各异的客观义务规定。比如，比利时对客观义务阐述为：检察官有义务追求实质真实，即检察官有义务收集有利于被追诉人的证据；如果检察官认为被告人是无罪的，必须向法官请求无罪判决；检察官因此在理论上并没有当事人的作用，而应当以法律公正实施为唯一追求客观地履行职责。丹麦检察官在刑事诉讼中并非真正地"反对"被追诉方，他的任务是为了法律与正义的利益客观地参与到诉讼程序中，发现客观真实，因此检察官可以为了被告人的利益提起上诉。希腊检察官不是反对被追诉方的一方，他是司法机关，有义务追求客观真实。爱尔兰检察官的责任并非不惜一切代价地给被告人定罪，而是向法庭出示所有他知悉的证

---

① ［德］托马斯·魏根特：《德国刑事诉讼程序》，岳礼玲、温小洁译，中国政法大学出版社2004年版，第91页。

② ［德］碧姬·凯尔特科尔：《刑事诉讼中检察官的角色——司法的客观组织还是"偏私的"政府律师》，施鹏鹏译，载《整体刑法学杂志》2006年第2期。

据，确保法庭正确地适用法律，即使这样做是对被告人有利也是如此，检察官应当主动或者在被追诉方提出请求时，告知被追诉方所有对其有利的信息，他不应当仅仅追求对被告人处以某种具体的刑罚，而是应当将所有与量刑有关的事项展示给法庭。荷兰检察官代表公共利益，为了正确、公正适用法律而行事，检察官无须不惜一切代价地追求给被告人定罪，他只需公正地处理案件。葡萄牙检察官在刑事诉讼中的职责是与法官协作共同发现真实、实现公正，检察官在诉讼程序中应当遵循严格的客观性标准。西班牙检察官必须捍卫法治、保护公民权利与法律保障的公共利益以实现公正。苏格兰检察官更多地被认为是中立的官员，在日常的司法程序中，检察官提出有利于被告人的证据的做法十分常见，检察官客观立场在实践中得到了很好的贯彻，检察官的客观义务不仅仅是一种理论说教。①

二、英美法系国家的检察官客观公正理念的体现

美国检察官的客观公正体现为"追求公正"的义务，与德国检察官相比，在追求实质真实内涵方面并不是十分突出，主要是因为美国对抗制的价值目标与既有传统更倾向于依靠诉讼双方的对抗实现真实的发现，而真实发现也并非属于美国诉讼制度所追求的主要目标，程序的正当性经常被置于真实发现之上。② 但是这并不意味着英美法系国家的检察官客观公正仅仅是补充性或参照性的。一方面，美国是个判例法国家，寻找美国法上关于检察官客观公正的规

---

① 参见程雷：《检察官的客观义务比较研究》，载《国家检察官学院学报》2005 年第 4 期。

② 参见龙宗智：《检察官客观义务论》，法律出版社 2014 年版，第 8—9 页；程雷：《检察官的客观义务比较研究》，载《国家检察官学院学报》2005 年第 4 期。

定自然应当以各级法院的判例作为重要的参考依据。另一方面，美国的检察官同时具有律师身份，也就应当受美国律师协会发布的一系列执业行为准则与职业道德的约束。如果说判例法的规定对于检察官的定位囿于具体案件情况的考虑而显得过于零散与宽泛的话，有关职业道德规范与执业行为准则中对检察官客观公正的规定作为近似制定法的法律文件则显得更为清晰与具体。

1935年联邦最高法院在伯格诉合众国一案作出的裁决中，对检察官的"追求公正"作出了最为经典的陈述："美国检察官代表的不是普通的一方当事人，而是国家政权，他应当公平地行使自己的职责；因此检察官在刑事司法中不能仅仅以追求胜诉作为自己的目标，检察官应当确保实现公正，也就是说，从这个特别的、有限的意义上讲，检察官是法律奴仆，具有双重目标，既要惩罚罪犯，又要确保无辜者不被错误定罪。检察官可以而且也应当全力以赴地追诉犯罪，但在他重拳出击时，却不能任意地犯规出拳。不允许使用可能产生错误结果的不适当手段追诉犯罪，与用尽全部合法手段寻求公正的结果，二者同样属于检察官的职责。"这一判例明确了联邦检察官应有的角色定位，"检察官不应仅仅追求有罪判决，而是要实现公正"的诫命，成为了美国司法实践中经常为辩方律师引用作为质疑检察官行为不当的抗辩理由，检察官应当追求公正的司法判决意见，也成为了美国律师协会制定有关检察官行为准则时重要的参考依据。美国律师协会《职业行为示范规则》中规定："检察官有作为一个司法官员的责任，而不仅是一个诉讼代理人。这一责任伴随着特殊的义务，要求确保被告人享有程序正义，而且认定有罪要建立在证据充分的基础上。"美国律师协会《刑事司法准则》在描述检察官功能时强调"检察官的责任是寻求正义，而不只是寻求定罪"，国家地方检察官协会《起诉标准》则言简意赅地将检察官的"首要责任"规定为"确保正义被实现"。

英国检察官客观公正义务集中体现在由皇家检察署制定发布的《皇家检察官准则》第2.4条:"检察官必须公平、独立和客观。他们决不能让任何人的对嫌疑人、受害人或任何证人的民族或原始国籍、性别、残障、年龄、宗教或信仰、政见、性取向、或性别同一性的个人观点来影响他们的决定。检察官也不能被来自任何方面的不适当的或过度的压力所影响。检察官必须始终根据司法利益而不是仅仅为了定罪而行动。"

三、国际刑事司法准则中检察官客观公正理念的体现

检察官的客观公正理念在一系列国际公约和文件中也都予以体现和反映。

1990年9月7日通过的联合国《关于检察官作用的准则》第13条规定:"检察官在履行职责时应当:(1)不偏不倚地履行其职能,并避免任何政治、社会、文化、性别或任何其他形式的歧视;(2)保证公众利益,按照客观标准行事,适当考虑到嫌疑犯和被害者的立场,并注意到一切有关的情况,无论是对嫌疑犯有利还是不利。"这是对检察官客观公正义务的明确规定,它适用于不同法系、不同性质国家的检察官执法,反映了国际社会对检察官客观义务的基本要求。

《国际刑事法院罗马规约》第54条规定"检察官进行调查时,应同等地调查证明有罪与无罪的情节",第81条规定检察官可以代表被定罪人的利益提起上诉。[①] 2005年欧洲总检察长会议在布达佩斯批准通过《欧洲检察官职业道德和行为指南》,该文件虽对各欧洲国家无强制性约束力,但被看作"包含有检察官执行职务被广泛

---

① 参见《批准与执行国际刑事法院罗马规约手册》,赵秉志、王秀梅译,中信出版社2002年版,第368—450页。

认可的总的原则","为所有为检察院工作或代表检察院的检察官设定了被期待的行为和实践标准",第 1 条规定检察官的基本职责是:"在任何时候、任何情况下,检察官应当:总是遵循相关的国内法和国际法履行职责,包括依职责采取行动;公正、公平、始终如一地、毫不迟延地履行职能;尊重、保护和支持人的尊严和人权;考虑到他们的行动是代表社会和公共利益;致力于在社会一般利益和个人利益和权利之间获取公正的平衡。"第 3 条包括"已考虑了案件的所有有关情况,包括那些影响犯罪嫌疑人的情况,而不论该情况是对其有利或不利"。上述国际性法律文件对检察官客观公正义务的规定体现了一种努力寻求共识的底线要求。

第二节 我国检察官客观公正理念的内涵、理据及意义

我国 2019 年修订的检察官法首次以立法形式规定了检察官客观公正的理念,这既体现了检察机关的宪法定位,又提出了新时代对检察官职业的根本要求。那么,我国检察官客观公正的内涵、理据、意义是什么,与域外检察官客观义务有何关系?这是我们必须予以梳理与澄清的问题。

一、客观公正的内涵

《法学译丛》1980 年第 2 期刊载了日本学者松本一郎《检察官的客观义务》一文,使得客观义务的概念走进了中国学界。该文在溯源的意义上认为:"检察官为了发现真实情况,不应站在当事人的立场上,而应站在客观的立场上进行活动,这就是赋予检察官的客观义务。"我国学者根据对客观义务的考察和了解,给出了自己的概念。比如,樊崇义教授指出"检察官客观义务的基本内涵是,检察官在刑事诉讼中不是一方当事人,而是实现真实正义的公仆,

无论是有利或者不利被告人的事实和证据都要关注，执行职务有偏颇的嫌疑时要回避"。陈永生教授认为"所谓客观义务，就是指检察官在执行职务过程中有义务保持客观中立的立场，要以客观事实为依据，既要注意不利于犯罪嫌疑人、被告人的证据、事实和法律，又要注意有利于被告人的证据、事实和法律，要不偏不倚"。顾永忠教授提出"检察官在刑事诉讼中的客观义务是指，检察官在刑事诉讼中代表国家或人民行使追诉犯罪职能的同时，还承担着维护法律的正确实施，维护犯罪嫌疑人、被告人合法权益，保障无罪的人不受刑事追究和有罪的人受到公正追究的法律义务"。

从以上定义可以看出，学者们一个共同的立场是都强调了检察官行使其职权时应秉持客观中立的立场，而不能片面地将自己作为诉讼的一方当事人。但客观义务具体包括哪些方面的含义，则是见仁见智、众说纷纭。程雷博士通过对检察官客观义务产生历史的考察，并观察其在当今各国的现实表现，总结出客观义务有3个方面的涵义：一是检察官应当尽力追求实质真实；二是在追诉犯罪的同时要兼顾维护被追诉人的诉讼权利；三是通过客观公正地评价案件事实追求法律的公正实施。龙宗智教授则以大陆法系国家特别是德国为参照，对检察官客观义务的基本内容概括为6个方面，即客观取证义务、中立审查责任、公正判决追求、定罪救济责任、诉讼关照义务、程序维护使命。

最高人民检察院原副检察长朱孝清认为，检察官客观公正的基本内涵有3个方面：坚持客观立场、忠实于事实真相、实现司法公正。坚持客观立场，就是检察官必须站在客观立场、而不应站在当事人立场上进行活动。忠实于事实真相，就是检察官必须努力发现并尊重案件事实真相，还案件的本来面目，并严格依据案件的事实真相为诉讼行为。实现司法公正，就是检察官必须通过自己的诉讼活动使案件的办理达到公平正义的目标。这里的"公正"，既包括实体公正，又包括程序公正；既包括检察官自身的诉讼活动公正，又包括通过自身的诉讼活动去促进法院公正审判。上述 3 个方面的关系为：（1）"坚持客观立场"是基石，离开了这一基石，"忠实于事实真相"与"实现司法公正"都只能是一句空话。试想，如果不是站在客观立场而是站在当事人立场上，那就只会追求被告有罪和重罪的结果，案件的事实真相就不可能被揭示和尊重，司法公正的目标就不可能实现。（2）"忠实于事实真相"是核心，它既是"坚持客观立场"的直接目的，又是"实现司法公正"的必经途径和必要前提，检察官只有忠实于事实真相，客观全面地收集证据，还案件的本身面目，尊重并严格按照案件的事实真相为诉讼行为，才能使案件得到公正处理。（3）"实现司法公正"是目的和落脚点。公正是司法活动的最高价值追求，法律规定检察官客观义务，要求检察官"坚持客观立场""忠实于事实真相"，其目的都是"实现司法公正"。①

综合上述学者的观点，笔者认为检察官的客观公正理念，是指检察官在依法履职的过程中，不应站在一方当事人的立场，而应保持客观中立，切实做到不偏不倚、不枉不纵，查明案件事实，实现公平正义。客观公正实质是客观性和公正的结合，客观性是基本内容，公正则是目标。按照《现代汉语词典》的释义，客观是指"按照事物的本来面目去观察和认识，不带有个人的偏见"。根据这一释义，"客观"一词重点强调的是真实，即尊重事物的本来面目。就刑事诉讼活动而言，就是强调全面查明案件真相，不能隐匿证据或隐瞒事实，不得伪造证据或虚构事实。公正即不偏不倚、保持中

---

① 参见龙宗智：《检察官客观义务论》，法律出版社 2014 年版，第 118—124 页；朱孝清：《检察官客观公正义务及其在中国的发展完善》，载《中国法学》2009 年第 2 期；龙宗智：《中国法语境中的检察官客观义务》，载《法学研究》2009 年第 9 期。

立。就刑事诉讼活动而言,就是强调检察官在职务行为中应当对被追诉人有利及不利的情形一律都要注意。刑事诉讼的目的在于发现事实真相,检察官在办理刑事案件时,应当客观全面地调查和审查案件,既要注意对犯罪嫌疑人、被告人不利的情况,也要注意对犯罪嫌疑人、被告人有利的情况,尤其在搜集证据时,更要全面致力于发现真实,兼顾犯罪嫌疑人、被告人、被害人以及诉讼相关人参与刑事诉讼的权益,并维护公共利益与个人利益的平衡,以实现正义。

二、客观公正的理据

检察官客观公正理念,在我国具有完备可循的理论、制度、法律的支撑。其一,检察官客观公正与马克思主义中的辩证唯物主义相符合。在我国,各项工作包括检察工作都以马克思主义作为指导思想的理论基础。从客观实际出发、实事求是,是马克思主义的基本原理之一。这就要求,检察官必须从案件的客观实际出发,客观、全面地收集、鉴别和认定证据,并根据事实和法律对案件作出公正处理。其二,检察机关是国家法律监督机关这一宪法定位与客观公正的要求高度契合。我国宪法和法律规定检察机关是国家的法律监督机关,这一角色定位比"法律守护人"更要求强化检察官客观公正理念。检察机关法律监督的宪法定位,目的在于维护社会主义法制的统一、尊严和权威,保证司法机关、执法机关严格、公正、文明、清廉司法执法,进而维护社会公平正义。唯有客观公正,才能胜任法律监督;唯有法律监督,才更有利于客观公正。其三,检察官客观公正在中国有完备的法律规定。"以事实为依据,以法律为准绳"是刑事诉讼法的基本原则。刑事诉讼法还规定了检察官客观全面收集、提供证据,全面审查起诉,忠实于事实真相的义务,根据案件具体情况和批捕、起诉的法定条件分别作出批捕或不批捕、起诉或不起诉的义务等。修订后的检察官法更以立法形式对检察官履职的客观公正立场予以明确。[①] 其四，我国检察官作为司法人员的主体定位，也是坚持客观公正理念的重要原因。因为司法中立、不偏不倚是司法的基本特征。既然是司法人员，就应当超越一方当事人角色的限制，在履职过程中保持客观中立与公正。"正是由于检察官具有类同于法官的司法特性，因此其职务一如法官的职务，乃以法律价值为依据，即只以真实性及公正性为价值取向。"[②] 检察官承担着追诉犯罪和保障人权的基本任务，既要监督警察活动的合法性，又要把好审判的关口，防止法官滥用职权，树立客观公正的理念是对检察官司法人员定位的强制性要求。正像德国刑事诉讼法学者德迈尔所说："检察官应该力求真实与正义，因为他知道，显露他片面打击被告的狂热将减损他的效用和威信，他也知晓，只有公正合宜的刑罚才符合国家利益。"

三、坚持客观公正理念的意义

检察官客观公正理念的产生并不是偶然的，它是权力制衡原则在刑事诉讼中的必然要求，是权利保障在刑事诉讼中的反映体现，更是刑事诉讼旨在追求案件的实体真实的保障和途径，这有助于我们更深刻地理解检察工作中坚持客观公正理念的重要意义。

（一）更新理念

法律监督是宪法和法律对我国检察权的定位，使检察机关能够以法律监督统揽检察活动。检察行为不再是单纯的诉讼行为，而成

---

① 缐杰、高翼飞：《检察官秉持客观公正立场的基本要求》，载《检察日报》2019年10月10日。

② ［德］克劳思·罗科信：《刑事诉讼法》（第24版），吴丽琪译，法律出版社2003年版，第66页。

为国家法律体系及其运行机制的基本组成部分之一，而各项具体的检察行为，均应纳入法律监督的范畴，受法律监督属性及其制度要求的约束。法律监督的检察属性决定了检察机关的法律义务就是要客观公正，对于检察官而言，就是要强化客观公正的理念。必须承认控诉角色与客观公正存在某种程度的冲突，要求承担指控犯罪职责的检察官充分贯彻客观公正的理念存在一定的困难。特别是在社会关注或者重大敏感案件中，检察官的利益、责任追究与是否继续控诉具有直接的关联性，这种惯性或者思维定势就可能影响客观公正理念的贯彻，以及检察制度内在的、自利性的因素都影响着客观公正职责的展开。谢佑平和万毅两位学者认为，"客观公正义务的确立是基于检察官本身与诉讼结果利益无涉的现实而作出的一项制度安排"，在两位学者看来，检察官作为公众利益的代表提起控诉，与案件本身没有直接的利害关系，而且诉讼的胜败也不影响检察官的工作业绩，因此，"检察官的角色排除了任何赢和输的观点，他在诉讼中地位超脱，可以较为公正、客观地进行诉讼"。

客观公正理念作为一种自律性的约束，对于检察官可以产生一种精神导向和内心约束作用。客观公正的立场需要检察官不断更新理念，在办案过程中，不论是有利于还是不利于犯罪嫌疑人或被告人的各种情况都要注意，形成检察官群体的内心自觉行为，并使得客观公正理念成为检察官群体的职业信念，才能真正做到客观有效地执行法律。检察官特别是在刑事诉讼中的职责不仅是代表国家行使追诉权，而且还应当主动维护、保障司法活动的公平公正，让法律能够正确实施。确保法律的正确实施，就要求检察官超越当事人角色的限制，监督法律实施最基本的、也是最重要的要求，就是监督者的客观公正，要求检察官站在法律的立场而不是任何当事人的立场，需要进一步增强检察官承担客观公正义务的必要性和重要性，需要检察官把握蕴含在法律条文中的法治精神，在法律适用的过程中体现社会正义价值及法治精神。

客观公正理念要求检察官必须在案件的审查过程中努力去发现、探究案件的事实真相，将最真实、最准确的真相还原，并严格根据案件的事实进行诉讼活动。实现司法公正是检察官进行诉讼活动的最终目的，检察官要通过自己的诉讼行为促使案件的办理做到公平公正，不仅包括实体公正，还包括程序正义。实体公正是检察官践行客观公正理念的首要价值和最初动因，是真正实现公正以及作为公共利益维护者的具体体现。实体公正的宗旨就是不枉不纵，轻罪轻诉，重罪重诉，无罪者不诉，有罪者应诉。公正的裁判结果无非包括3个方面：一是实施犯罪行为的人被判决有罪；二是无辜的人不受定罪；三是有罪的人得到与其罪行相当的惩罚。其中第一点和第三点可以合并为一个方面，即罚当其罪。如果能够准确地实现罚当其罪，那么无辜的人不受定罪的要求也就基本实现了。因而，实体正义从根本上说是罚当其罪的问题，检察官有义务有责任揭示案件的真相。程序正义是检察官践行客观公正理念的法律基础和现实保障，其意义不仅仅是在于保证实体处理的正确性，同时具有法治独立的内在价值，即实现公正、人权的价值追求。比如，暴力等非法取证行为不仅容易造成冤假错案，还会使社会大众对法治、公平正义失去信心，产生怀疑，因此检察官在办案过程中，必须积极贯彻客观公正理念，秉持程序正义，严格遵循刑事诉讼法、民事诉讼法、行政诉讼法的规定，把遵守程序放在履职的突出位置，严格按照法律规定的期限办理案件，将客观公正落在实处，将惩治犯罪与保障人权统一起来，切实保障一切诉讼参与者的合法权益。

（二）保障人权

我国的刑事诉讼制度安排具有职权主义的特点，在强调以国家权力运行为特征的刑事司法制度中，检察官贯彻客观公正的理念更有意义。因为这种刑事司法制度的机理不是对抗性，而是强调检察权对公民的保护，检察官是人权保障的守护人、保护者。

"检察官是世界上最客观的官署"，贯彻客观公正理念就是要正确认识打击犯罪和保障人权的关系，既要坚决打击各种犯罪，又要依法保障诉讼参与人包括犯罪嫌疑人、被告人的合法权益。2012年刑事诉讼法修改，旗帜鲜明地将"尊重和保障人权"列为刑事诉讼的基本任务之一，也在很多程序设计中增加了刚性规定，如"不得强迫自证其罪"，更好地呼应了有关"罪刑法定""疑罪从无"和"有利于被告人"的原则要求。检察机关应当严格履行刑事诉讼法规定的各项任务和要求，在履行各项检察职能中，始终坚持贯彻"客观公正"的理念，注重把握"尊重和保障人权"在完善证据、辩护、侦查措施、强制措施、审判程序等方面的具体要求，全面准确审查和收集证据，坚持和落实罪刑法定原则、疑罪从无原则、非法证据排除原则。在刑事立案环节，通过履行立案监督、侦查监督，让不构成犯罪、证据和事实明显达不到法定证明标准的案件不被立案或者支持公安机关撤销案件，使无罪的人不受刑事追究。在审查起诉环节，对证据不足以支持定罪的案件不起诉，同时使一些证据不足、事实不清案件（即"带病"案件）不进入审判程序。在审判环节，检察机关既要指控犯罪，又要保障当事人和诉讼参与人的合法权益；既要提出有罪的证据，也要全面听取当事人及其辩护人关于无罪的辩护。在司法救助环节，如果检察机关发现有冤假错案，可以自我纠错，提出抗诉或者提出再审检察建议。

第三节　理论困境及澄清：客观公正理念下的控诉与监督

我国的检察机关是法律监督机关，刑事诉讼法规定检察机关对刑事诉讼活动进行法律监督，这就决定了检察机关在行使公诉权、指控犯罪的同时，也行使着法律监督职权。诉讼监督是检察机关的根本职责，也是检察工作的主题和价值追求。

一、控诉与监督的关系

(一) 刑事诉讼监督是专门监督

刑事诉讼监督是检察机关依法对刑事诉讼活动实施的一种专门性监督，监督主体专属于检察机关，监督客体仅限于侦查机关、人民法院和刑罚执行机关的诉讼活动。虽然侦查机关、人民法院和刑罚执行机关同时也要接受来自外部的人大监督、群众监督和新闻媒体监督，但这些监督与检察机关的诉讼监督具有明显的差异。人大监督在国家的监督体制中具有最高的地位和法律效力，而检察机关的监督只是国家监督体制的组成部分。其他一般社会主体的监督，如人民群众的监督，就不具有国家权力的性质，属于民主权利的行使。这种监督，具有一定的随机性，不受程序性规制，也没有法律上的拘束力。与之相反，检察机关对公安机关应当立案而不立案情况提出纠正意见，必然产生公安机关应当立案的法律效果；检察机关对人民法院的判决、裁定提出抗诉，必然引起人民法院按照审判监督程序再行审理。因此，检察机关的法律监督，按照法律的规定要产生一定的法律效果，这是法律监督与其他监督的显著区别之一。在司法职权配置上，我国宪法和法律明确规定人民检察院是国家的法律监督机关，赋予检察机关对诉讼活动进行法律监督的权力，只有检察机关的监督才具有法律监督的性质。诉讼监督是检察机关的本职工作，诉讼监督主体的专门性决定了其在整个监督体系中不可替代的核心作用。检察机关对刑事诉讼活动的监督方式是检察权运行的载体，对于维护当事人权利，规范诉讼行为，实现诉讼公正具有重要意义。根据不同的分类标准，刑事诉讼监督方式可以分为不同的类型。依据监督对象的不同，刑事诉讼监督方式可分为对侦查机关的监督方式、对审判机关的监督方式和对执行机关的监督方式。根据监督的阶段不同,又可分为事前、事中、事后的刑事诉讼监督方式。根据适用的范围不同,可分为专属诉讼监督方式和通用诉讼监督方式。除此之外,还有学者根据刑事诉讼监督方式的种类分为了制裁性监督方式、提醒性监督方式、建议性监督方式等内容。

一方面,在刑事诉讼监督法律关系中,检察机关与侦查机关、人民法院和刑罚执行机关之间地位平等,在职能与组织体制上相互独立,是一种同级监督的关系。这就决定了诉讼监督主要是一种程序性权力,依法启动有关部门对违法情况进行纠正的程序而已,诉讼中的违法情况是否得以纠正,最终还是要由其他有关机关决定。特别是审判监督权的行使,检察机关提出抗诉或纠正违法通知后,是否纠正及如何纠正,都由法院独立作出决定,"法律监督也并不存在'法官之上的法官',或'法院之上还有个监督者'的问题,它仅仅是平行机构之间的一种提醒和防错机制,因而不具有终局性或实体性"。另一方面,诉讼监督本身亦受严格、规范的程序规制,这也是诉讼监督与其他监督的主要区别之一。

(二)控诉与监督职能的统一

控诉与监督的关系是近年来的一个研究的热点问题。有观点认为在刑事诉讼领域,检察机关既承担控诉的职能,又承担监督职能,这两种职能存在矛盾和冲突:首先,从刑事诉讼构造看,检察官作为公诉人,与被告方处于平等的地位,作为审判监督者,又在法律上取得超越当事人的地位,这就难免改变控辩平衡的格局;同时,检察官既追诉犯罪,又监督法院审判,难免使法官为防止检察机关的监督而产生偏袒控方的心理,从而破坏法官的中立性。其次,从诉讼角色看,检察机关作为追诉者,要主动、积极地进行追诉活动;而作为监督者,则需要尽量保持其超然性和中立性以求社会公正。最后,从诉讼心理看,检察机关作为追诉者,在追求胜诉方面与公安机关是"利益共同体"和"自家人",这难免使其在对公安机关实施监督时进退两难;在审判过程中,检察官作为追诉者在心理上有主动、积极的倾向性,而作为监督者则应保持中立,超然于控、辩、审三方之上,二者心理上的矛盾难以协调。总之,检察机关集控诉与诉讼监督于一身,一会破坏控辩平等;二会影响法官中立;三会不利于检察官秉持诉讼监督应具有的中立、超然的立场,既不利于侦查监督,也不利于检察官心理的协调,违反了诉讼规律和监督机理,其弊端十分明显。笔者认为,我国检察机关作为法律监督机关,一方面,在指控犯罪的同时行使法律监督职权,更有利于强化客观公正理念的贯彻实施;另一方面,坚持客观公正理念,更有利于控诉职能与监督职能的协调和统一。

还有观点认为,诉讼监督使检察官"既是运动员,又是裁判员",成为"法官之上的法官","直接导致审判不独立、裁判不终局,从而损害了审判权威"。[①] 应当说这种观点是基于英美法系国家当事人主义的刑事诉讼模式下的立场作的判断。英美法系实行当事人主义的刑事诉讼模式,庭审的方式表现为对抗式,强调赋予控辩双方平等的武装,给予双方对等的攻防手段和对事实、法律平等的发言权。法官作为消极被动裁判的一方,并不积极主导审判程序的进行,而是通过内心确信对控辩双方的主张、证据进行判断和取舍,进而作出公正的决断。在英美法系的刑事诉讼模式中,检察官只是单纯的犯罪追诉一方当事人,不具有专门的监督权力。程序上,由于诉讼主要由当事人进行推进,法官并不积极主导和指挥庭审,而翔实缜密的证据规则使得庭审过程比较规范,法官在程序上

---

① 转引自朱孝清:《论诉讼监督》,载《国家检察官学院学报》2011年第5期。

的自由裁量权也较小，因而赋予控方法律监督权实无多大必要。①

我国宪法和法律将检察机关定位为法律监督机关，而不是定位为公诉机关甚至指控犯罪机关，这个宪法定位决定了检察官绝对不只是单纯履行追诉、指控犯罪职责，这只是检察官履行法律监督的其中一项职能。检察机关在司法实践中常常被看作是犯罪追诉人和指控者，有部分检察官也往往认同这样的"标签"，部分司法人员也往往将检察机关称之为公诉机关，把检察官称为"公诉人"，机械地将检察官与律师对立起来，表述为"控辩双方"，这些旧的观念必须彻底摒弃。要确保检察机关能正确履行法律监督职能，就必须要赋予其一定的监督手段——法律监督权。公诉不仅仅指把案件诉至法院和指控犯罪，而是包含了审查起诉、决定起诉或不起诉、出庭支持公诉、抗诉等一系列诉讼活动。它既具有指控犯罪功能，又具有防止警察专横和法官擅断的"双向监督控制"功能。因此，监督是公诉固有的功能和属性。正是由于公诉具有追诉和监督的双重属性，决定了检察机关在诉讼中既是控方，依法指控犯罪，又要超越控方，守护国家法制。因此，公诉所具有的监督属性与诉讼监督的特性也是完全一致的。检察机关就应以法律监督来统领所有职能，所有职能都应统一于法律监督，所有职能的行使如果与法律监督发生矛盾，就应服从并服务于法律监督。在履行追诉与诉讼监督职能时，检察机关就应受法律监督属性的规制和约束，既依法追诉犯罪，又切实保障人权，从而保证国家法律的统一正确实施；与此同时，凡有关机关和人员在诉讼中有违反法律、影响国家法律统一正确实施的情况，无论其是否有利于追诉犯罪，检察机关都应依法实施监督。这样，追诉与监督兼容、协调的一面就会显示出来。检

---

① 参见张少林：《构建双向三角诉讼结构——坚持公诉权和审判监督权统一行使新论》，载《河南财经政法大学学报》2001年第2期。

察机关将集诉讼监督职能和控诉职能为一体，无疑是最现实、最有效率的制度安排。从实践来看，正是因为检察机关在行使控诉职能、全程参与刑事诉讼活动的过程中，才有条件发现有关诉讼违法行为的线索和问题，得以及时进行监督纠正。因此，这种制度安排不仅是宪法和法律规定的结果，也是控诉与监督统一于法律监督属性的必然结果。

二、客观公正理念下的控诉与监督

客观公正理念是协调、融洽控诉职能和诉讼监督职能的重要纽带，与检察机关法律监督属性高度契合。检察官法、刑事诉讼法等有关法律对检察官客观公正立场作出了具体的规定，检察官只有站在客观公正的立场，才能依法独立行使法律监督权，维护程序公正和实体公正，确保刑事诉讼法惩治犯罪和保障人权的双重目的实现。客观公正理念既有助于我国检察机关的法律监督属性在具体职能活动中落到实处，又有利于促使追诉职能与诉讼监督职能的兼容和协调，从而使两种职能共存一体之弊消于无形、之利得到彰显。

在司法实践中，基于检察官"客观公正"的立场，检察官在行使公诉权的过程中应当注意防止以下两种错误倾向：

其一，防止"当事人主义"倾向。实践中有些检察官将自己定位为一方当事人的角色，主要基于以下几方面原因：一是对检察官角色定位的认识存在偏差。在法庭上检察官同被告人一方进行激烈抗辩，容易将自己当作实质上的当事人，将谋求胜诉作为唯一追求。二是对检察官目的的认识存在偏差。维护公正是检察官的目的，而提起指控仅是实现公正的手段。实践中，一些检察官将手段当作了目的。三是对检察官职能包括公诉职能的认识存在偏差。提起公诉是检察官的基本职能，但不是全部职能，它还包括审查起诉、决定起诉或不起诉，抗诉等多项职能。在刑事诉讼中，检察官不是实质上的当事人：一是因为他与诉讼结果即刑事实体权利义务没有直接关系，从而与民事原告存在本质区别；二是因为他作为国家与公共利益的代表，应当保护包括被告人在内的所有人的利益，维护社会公平正义，而不能以追求胜诉为唯一目标。因此，检察官在实质上是国家与公共利益的代表，居于超脱当事人的地位。

其二，防止消极公诉的倾向。有观点认为要避免当事人倾向，就要宁漏勿错，这种观点发挥到极致就是消极公诉。检察官要秉承客观公正的立场，不能片面强调控诉，但并不是说要其抛弃自己的控诉职能。公正司法不仅包括防错，也包括防漏。如果错了，犯罪嫌疑人、被告人就感受不到公平正义；如果遗漏罪行，被害人就感受不到公平正义。这就要求检察官秉承客观公正的立场，既不能片面强调控诉，也不能抛弃自己的控诉职能。司法实践中，一些检察官在行使控诉职能时，畏首畏尾、裹足不前。对侦查机关移送的案件事实只进行单纯的审查，一旦出现矛盾证据或犯罪嫌疑人无罪辩解就坚持"存疑"，以就低不就高的原则来处理案件，而不是对证据进行甄别和分析；指控被法院改变后，一切"以法院为准绳"，而不审查判决、裁定是否确有错误，是否需要提起抗诉；等等。虽然这样有利于降低起诉风险，提高有罪判决率，但是这种消极公诉、怠于行使公诉职责会放纵犯罪，造成对被害人的不公，对社会公共利益的不公。

第四节　客观公正理念在检察工作的贯彻落实

检察官客观公正理念虽然是随着职权主义诉讼模式的发展而产生的，但是在奉行当事人主义的英美法系国家也有着客观公正的制度与实践，正是由于检察官客观公正理念科学反映了刑事诉讼的基本规律及人类社会对刑事诉讼价值目标的共同追求，才使得检察官的客观公正理念在大陆法系和英美法系都获得了认可。

我国将客观公正理念写入检察官法，则表示客观公正理念不仅要贯彻在刑事检察工作中，也要贯彻在民事检察、行政检察、公益诉讼检察工作中。正如张军检察长在全国大检察官研讨班上指出："坚守客观公正立场，持续更新检察监督理念。"在民事检察工作中，民事检察监督的对象是审判权是否正确行使，其基本目标也决定了其监督的立场是客观、中立和公正的。虽然从检察机关民事检察监督的过程来看，检察机关一般因申诉人的申诉请求而受理案件，但检察机关受理案件后，须对案件进行全面仔细地审查，而后才作出处理决定。而申诉对方当事人在收到检察机关的立案文书后，可以提出反驳意见，认为原审不当也可以申诉。因此，申诉人的申诉只是引起了民事检察监督程序的启动，并不意味着检察机关受理案件时就支持申诉人的主张；检察机关在办理民事案件中虽然要表明自己的态度，自然也就支持了一方当事人的主张，但如同法院民事审判中也会支持或者不支持一方当事人的主张一样，不能以检察机关支持了一方当事人就认为检察机关没有保持客观公正的立场。行政检察的核心是行政诉讼监督，它贯穿行政诉讼活动全过程，既有结果监督，也有程序监督；就其功能来说，是"一手托两家"，一方面监督人民法院公正司法，另一方面促进行政机关依法行政。行政检察工作以行政诉讼监督为基石，既是尊重检察规律，也是履行国家使命所在，更是顺应新时代人民群众更丰富内涵的新需求。化解行政争议是"保护权利"和"监督权力"两个目标的结合点和落脚点，从立法精神和监督规律来讲，化解行政争议应当是诉讼监督任务的应有之义，是以定分止争的司法效果来弥补行政诉讼制度的短板，也是以节约司法资源提高解决效率来补强司法的公正公信。从政治效果上讲，按照"把人民满意作为政法工作的根本标准"，坚守客观公正，要点在于转变观念，深刻领会此次检察官法修订的时代背景、要义所在,化解行政争议应当是最首要的诉讼监督任务,为民解忧解困,才是以人民为中心,才是把行政诉讼监督作为政治性很强的业务工作和业务性很强的政治工作来定位。修改后的民事诉讼法、行政诉讼法和英雄烈士保护法这三部法律都明确规定了检察机关提起公益诉讼的职权,检察官作为国家利益和社会公共利益的代表,依法履行公益诉讼检察职责是应有之义,也是检察官客观公正理念的具体体现。

一、客观公正理念在刑事诉讼中的体现

客观公正理念,作为一种现代程序法治技术,在刑事诉讼法中的规定是比较全面的。综观刑事诉讼的具体条文,不难发现检察官的客观公正理念贯穿于检察机关在刑事诉讼中行使职权的各个流程和环节,其中的法条用语主要以"应当"为主,主要是将客观公正理念作为检察官应当履行的一种义务。既有程序性的规定,也有实体性的规定,涉及诉讼权利和实体权利;既有针对证据的规定,也有针对其他参与诉讼的机关、主体、诉讼参与人的规定,更多的是用于保障犯罪嫌疑人、被告人诉讼权利的规定。具体如下:

(一)总则

2018年《刑事诉讼法》第6条规定:"人民法院、人民检察院和公安机关进行刑事诉讼,必须依靠群众,必须以事实为根据,以法律为准绳。"第14条第1款规定:"人民法院、人民检察院和公安机关应当保障犯罪嫌疑人、被告人和其他诉讼参与人依法享有的辩护权和其他诉讼权利。"第29条规定:"审判人员、检察人员、侦查人员有下列情形之一的,应当自行回避,当事人及其法定代理人也有权要求他们回避:(一)是本案的当事人或者是当事人的近亲属的;(二)本人或者他的近亲属和本案有利害关系的;(三)担任过本案的证人、鉴定人、辩护人、诉讼代理人的;(四)与本案当事人有其他关系，可能影响公正处理案件的。"第 30 条规定："审判人员、检察人员、侦查人员不得接受当事人及其委托的人的请客送礼，不得违反规定会见当事人及其委托的人。审判人员、检察人员、侦查人员违反前款规定的，应当依法追究法律责任。当事人及其法定代理人有权要求他们回避。"第 35 条第 2 款、第 3 款规定："犯罪嫌疑人、被告人是盲、聋、哑人，或者是尚未完全丧失辨认或者控制自己行为能力的精神病人，没有委托辩护人的，人民法院、人民检察院和公安机关应当通知法律援助机构指派律师为其提供辩护。犯罪嫌疑人、被告人可能被判处无期徒刑、死刑，没有委托辩护人的，人民法院、人民检察院和公安机关应当通知法律援助机构指派律师为其提供辩护。"第 36 条第 2 款规定："人民法院、人民检察院、看守所应当告知犯罪嫌疑人、被告人有权约见值班律师，并为犯罪嫌疑人、被告人约见值班律师提供便利。"第 40 条规定："辩护律师自人民检察院对案件审查起诉之日起，可以查阅、摘抄、复制本案的案卷材料。其他辩护人经人民法院、人民检察院许可，也可以查阅、摘抄、复制上述材料。"第 49 条规定："辩护人、诉讼代理人认为公安机关、人民检察院、人民法院及其工作人员阻碍其依法行使诉讼权利的，有权向同级或者上一级人民检察院申诉或者控告。人民检察院对申诉或者控告应当及时进行审查，情况属实的，通知有关机关予以纠正。"第 52 条规定："审判人员、检察人员、侦查人员必须依照法定程序，收集能够证实犯罪嫌疑人、被告人有罪或者无罪、犯罪情节轻重的各种证据。严禁刑讯逼供和以威胁、引诱、欺骗以及其他非法方法收集证据，不得强迫任何人证实自己有罪。必须保证一切与案件有关或者了解案情的公民，有客观地充分地提供证据的条件，除特殊情况外，可以吸收他们协助调查。"第 53 条规定："公安机关提请批准逮捕书、人民检察院起诉书、人民法院判决书，必须忠实于事实真象。故意隐瞒事实真象的，应当追究责任。"第57条规定："人民检察院接到报案、控告、举报或者发现侦查人员以非法方法收集证据的，应当进行调查核实。对于确有以非法方法收集证据情形的，应当提出纠正意见；构成犯罪的，依法追究刑事责任。"第75条第4款规定："人民检察院对指定居所监视居住的决定和执行是否合法实行监督。"第95条规定："犯罪嫌疑人、被告人被逮捕后，人民检察院仍应当对羁押的必要性进行审查。对不需要继续羁押的，应当建议予以释放或者变更强制措施。有关机关应当在十日以内将处理情况通知人民检察院。"第96条规定："人民法院、人民检察院和公安机关如果发现对犯罪嫌疑人、被告人采取强制措施不当的，应当及时撤销或者变更。"第97条规定："犯罪嫌疑人、被告人及其法定代理人、近亲属或者辩护人有权申请变更强制措施。人民法院、人民检察院和公安机关收到申请后，应当在三日以内作出决定；不同意变更强制措施的，应当告知申请人，并说明不同意的理由。"第100条规定："人民检察院在审查批准逮捕工作中，如果发现公安机关的侦查活动有违法情况，应当通知公安机关予以纠正，公安机关应当将纠正情况通知人民检察院。"

（二）立案、侦查和提起公诉、审判、执行、特别程序

《刑事诉讼法》第113条规定："人民检察院认为公安机关对应当立案侦查的案件而不立案侦查的，或者被害人认为公安机关对应当立案侦查的案件而不立案侦查，向人民检察院提出的，人民检察院应当要求公安机关说明不立案的理由。人民检察院认为公安机关不立案理由不能成立的，应当通知公安机关立案，公安机关接到通知后应当立案。"第119条第3款规定："传唤、拘传犯罪嫌疑人，应当保证犯罪嫌疑人的饮食和必要的休息时间。"第171条规定："人民检察院审查案件的时候，必须查明：（一）犯罪事实、情节是否清楚，证据是否确实、充分，犯罪性质和罪名的认定是否正确；

(二)有无遗漏罪行和其他应当追究刑事责任的人;(三)是否属于不应追究刑事责任的;(四)有无附带民事诉讼;(五)侦查活动是否合法。"第175条规定:"人民检察院审查案件,可以要求公安机关提供法庭审判所必需的证据材料;认为可能存在本法第五十六条规定的以非法方法收集证据情形的,可以要求其对证据收集的合法性作出说明。人民检察院审查案件,对于需要补充侦查的,可以退回公安机关补充侦查,也可以自行侦查。对于补充侦查的案件,应当在一个月以内补充侦查完毕。补充侦查以二次为限。补充侦查完毕移送人民检察院后,人民检察院重新计算审查起诉期限。对于二次补充侦查的案件,人民检察院仍然认为证据不足,不符合起诉条件的,应当作出不起诉的决定。"第177条第1款、第2款规定:"犯罪嫌疑人没有犯罪事实,或者有本法第十六条规定的情形之一的,人民检察院应当作出不起诉决定。对于犯罪情节轻微,依照刑法规定不需要判处刑罚或者免除刑罚的,人民检察院可以作出不起诉决定。"第209条规定:"人民检察院发现人民法院审理案件违反法律规定的诉讼程序,有权向人民法院提出纠正意见。"第228条规定:"地方各级人民检察院认为本级人民法院第一审的判决、裁定确有错误的时候,应当向上一级人民法院提出抗诉。"第266条规定:"监狱、看守所提出暂予监外执行的书面意见的,应当将书面意见的副本抄送人民检察院。人民检察院可以向决定或者批准机关提出书面意见。"第267条规定:"决定或者批准暂予监外执行的机关应当将暂予监外执行决定抄送人民检察院。人民检察院认为暂予监外执行不当的,应当自接到通知之日起一个月以内将书面意见送交决定或者批准暂予监外执行的机关,决定或者批准暂予监外执行的机关接到人民检察院的书面意见后,应当立即对该决定进行重新核查。"第273条第2款规定:"被判处管制、拘役、有期徒刑或者无期徒刑的罪犯,在执行期间确有悔改或者立功表现,应当依法予以减刑、假释的时候，由执行机关提出建议书，报请人民法院审核裁定，并将建议书副本抄送人民检察院。人民检察院可以向人民法院提出书面意见。"第 274 条规定："人民检察院认为人民法院减刑、假释的裁定不当，应当在收到裁定书副本后二十日以内，向人民法院提出书面纠正意见。人民法院应当在收到纠正意见后一个月以内重新组成合议庭进行审理，作出最终裁定。"第 276 条规定："人民检察院对执行机关执行刑罚的活动是否合法实行监督。如果发现有违法的情况，应当通知执行机关纠正。"

二、客观公正理念实践检视

（一）查明案件事实与法律真实

检察官客观公正理念包含查明案件事实，但案件事实都是发生在过去的，无法彻底、完整地再现于司法人员的面前，司法人员只能够通过证据去基本再现案件事实，查明案件事实真相。证据成为司法人员与案件事实之间不可或缺的桥梁，这是诉讼认识的一个重要特点。在诉讼中通过证据认定的事实，国内诉讼法学者一般将其称之为法律事实。这种法律事实在大多数情况下与案件的客观事实在基本内容上是一致的。但是，与确定不变的客观事实相比，由于司法人员的主观认识以及客观条件等方面的限制，司法人员通过证据所认识的法律事实具有一定的差异性甚至完全不相符，实践中司法机关对同一案件事实有时会先后作出不同的事实认定就是例证。[①]

刑事诉讼法对证据的收集、审查判断以及证明责任的分担都有明确的规定，构建了证据的提取、出示、质证等程序以及证据的采纳、采信规则，诉讼认识因与证据相关的程序与规则而被法定化

[①] 陈光中、李玉华、陈学权：《诉讼真实与证明标准改革》，载《政法论坛》2009 年第 2 期。

了。这些规则的设置除了保证诉讼过程的公正之外，也有保证诉讼认识尽可能客观、准确的考虑，但是规则的存在客观上会造成进入司法人员视野的证据受到限制，这就需要检察官在践行客观公正理念与法律真实之间作出判断与选择。

从两大法系的公诉实践来看，侦查案卷对公诉制度运作的作用更为明显。在美国的许多司法管辖区，检察官的公诉决定主要依据警察以书面形式提供的案卷材料与备忘录；在英国，警察调查形成的档案材料是公诉决定的基础性材料。德国的检察官也是通过审查侦查卷宗与侦查终结报告来决定是否提请公诉；荷兰的公诉人同样也依靠警方提供的证据材料和其得出的结论来决定是否提起公诉。这意味着侦查案卷对检察官的公诉活动具有达玛斯卡所说的"决策的基础性信息源"的作用。在此制度情境之下，检察官客观义务实现的一个基础性前提可能就是侦查案卷与侦查活动本身必须是客观与全面的。然而，大量的事实表明，不仅侦查案卷往往会被警察机关所建构，就是侦查活动也并不全面。就前者而言，研究证实，警察可能会精心挑选案件的事实与证据，在侦查案卷中突出指控事实的可诉性，隐藏有利于犯罪嫌疑人的材料。如在英格兰与威尔士，警方形成卷宗的过程在很大程度上就是隐瞒警方行为过失与案件弱点的过程。桑德斯将英国警察建构侦查案卷描述为：被起诉的案件通常呈现出明显的可起诉性，支持案件的事实都是精心挑选的，并且这些材料不会被忽略、被隐藏或被削弱。警察在侦查案卷中捏造证据的行为也被相关资料证实。对美国警察刑事侦查的实证研究显示，在严重的犯罪案件中，警方会基于惩罚与私欲的目的捏造证据。由于口供的关键性意义，警察建构讯问笔录的情况也被一些研究所证实。英国学者在研究了大量的判例后指出，所有的供述在某种意义上都是警方（以及犯罪嫌疑人）创造的，讯问总结几乎总是夸大，很少充分展示犯罪嫌疑人的完整供述或认罪证词的程度，因此不仅起诉书书面材料处理得似乎比实际证据更加充分,而且有罪的案件事实很大程度上是警方讯问过程的产物。这一评论未免夸张,但也在很大程度上说明了警察侦查活动的非客观性与非全面性。①

刑事诉讼法规定的证据确实、充分包括 3 个证据条件:一是定罪量刑的事实都有证据证明;二是据以定案的证据均经法定程序查证属实;三是综合全案证据,对所认定事实已排除合理怀疑。既要强调定罪量刑的事实都要有证据证明,案件事实的证明要建立在客观的证据事实之上,坚持证据裁判原则;又要特别强调"均经法定程序查证属实",达到"排除合理怀疑"的程度。这些规定和要求是检察官客观认识与主观判断相统一,既是法律真实的显现和运用,更是客观公正理念的贯彻。

(二)公正与效率

客观公正是检察工作的生命线,但同时检察必须有效率,即有效、充分地完成各项检察业务,实现国家刑罚权。两种价值在根本上是统一、协调的,但在实际操作中却可能出现矛盾。实现效率的指标要求,可能妨碍公正原则;司法公正的严格要求,又可能使效率指标受到抑制。这种公正与效率的矛盾,在检察工作和检察管理中,突出体现于检察活动的客观公正与检察机关业务考评制度及其实施的矛盾冲突。②

检察机关业务考评机制是根据检察机关的诉讼任务、诉讼职能以及诉讼目的等因素而确立的评价和衡量检察机关和检察人员工作业绩情况的一项考察和评定机制。目的在于规范检察机关和检察人员的业务行为,保证检察机关和检察人员依法行使检察权,同时也

---

① 参见郭松:《检察官客观义务:制度本源与实践限度》,载《法制与社会发展》2009 年第 3 期。

② 龙宗智:《检察官客观义务论》,法律出版社 2014 年版,第 405 页。

保证检察官客观公正义务能够得到有效实现。

当前检察业务考评指标设置是定性与定量相结合,强调定量考评制度,注重数字上的管理,这种考评机制的主要特点就是肯定和鼓励"积极行为",否定和限制消极行为,总体上体现出否定性指标占比与肯定性指标占比不协调,二者设置不均衡。以后一诉讼环节的结果作为验证前一诉讼环节工作质量好坏的依据,导致公检法职能角色定位发生混同、配合重于制约,以确保各个诉讼环节结果一致。将无罪判决视为对公诉工作进行否定性评价的指标、将捕后不起诉视为对审查批准逮捕工作的否定性评价指标。再比如,对立案监督以及追捕追诉漏犯的考核,为了体现打击犯罪的力度效果,有的甚至根据漏犯的量刑幅度而给予不同级别的加分鼓励,量刑越轻加分越少,量刑越重加分越多。这就可能造成为了实现加分的最大化而尽量让罪犯受到重处,严重的追诉倾向不仅积累了社会危机,也对司法公信力有所削弱。对不起诉的严格控制同样反映了单方面的重打击的倾向。而在实务中,检察官践行客观公正理念常常是通过撤回起诉、不起诉等具有"消极性"的诉讼行为来实现的,对这些行为限制过严,固然可能有促业绩增长、防司法腐败之效用,但其负面效应是可能妨碍检察官履行客观公正职责。这无疑与检察官所背负的客观公正是背道而驰的,它可能会影响证据收集的全面性和客观性。比如,尽管我国《刑事诉讼法》第43条对证据的收集作出了明确的规定,但实践中有的办案人员往往只注重收集罪重或有罪的证据而忽视收集罪轻或无罪的证据。再如,"无罪一票否决"的考评机制,这与客观义务的要求是完全不相符的,不利于保护被告人的合法权利。因此,应该把检察业务考评与检察官客观公正理念结合起来,将客观公正的理念融合进考评体制中,将检察官客观公正的履职情况作为绩效考核的重要内容,科学、规范设置考核项目和分值,这样既可以调动检察官的积极性,达到促使其正确履行职责的目的,这样就能保证既能有效打击犯罪,又能兼顾保障人权,最终实现公平和正义。

三、客观公正理念贯彻实施路径

检察官在特定的诉讼结构和程序中开展活动,因此,贯彻客观公正理念最重要的体现,是对诉讼规律的尊重以及构造功能的维系。最高人民检察院张军检察长指出,秉持客观公正立场,"要"在转变观念,检察官履职立场必须与时俱进,切实做到不偏不倚、不枉不纵、既无过度也无不及;"重"在提升能力,全体检察官必须践行公平正义要求,不断提高客观公正办案能力,追求最佳办案质量、效率、效果;"旨"在维护权益,真正当好公共利益的代表、公平正义的守护者。在刑事诉讼中检察官应当遵循以下要求:

(一)全面、客观收集证据

《刑事诉讼法》第19条第2款对检察机关自侦案件的范围作了如下规定:"人民检察院在对诉讼活动实行法律监督中发现的司法工作人员利用职权实施的非法拘禁、刑讯逼供、非法搜查等侵犯公民权利、损害司法公正的犯罪,可以由人民检察院立案侦查。"检察机关仍然保留了部分侦查权,就是对履行诉讼监督职能过程中发现的司法工作人员侵犯公民权利、损害司法公正的犯罪,仍可以由检察机关侦查,这是检察机关对诉讼活动、司法活动履行监督职能的必然延伸,也是实现检察机关法律监督权威性、有效性的重要保证。

检察官全面、客观取证既要求检察官实现实体公正,也要体现程序正义。具体来说,应当全面、客观地收集、调取犯罪嫌疑人有罪或者无罪、罪轻或者罪重的证据材料,并依法进行审查、核实。侦查取证的合法性,是指遵守侦查取证的法律程序,不触犯非法取证排除规则。开展侦查活动必须重证据,重调查研究,不轻信口供。严禁刑讯逼供和以威胁、引诱、欺骗以及其他非法方法收集证据，不得强迫任何人证实自己有罪；要如实记录犯罪嫌疑人对案件事实和行为性质的辩解，重视听取辩护人的意见，严格执行告知诉讼权利、讯问全程同步录音录像等规定。

（二）全面、客观审查证据

中立审查责任是检察官在审前程序中中立性的必然要求，也是检察官客观义务最重要的内容，它是指检察官在审查批捕、审查起诉中，应当以中立司法官的立场，既注意其有罪和罪重的因素，又注意其无罪和罪轻的因素，客观公正地作出判断并决定案件如何处理。① 但在司法实践中，片面审查的情况时有存在，它既包括违反中立性，只重视有罪和罪重证据、不重视无罪和罪轻证据的偏向，也包括违反客观全面性，只重视在卷证据、不重视卷外证据，重口供、轻其他证据，重证据真实性、轻证据合法性，重罪行证据、轻量刑证据，重书面审查轻亲历性审查等不全面审查的情况。

检察官办理审查逮捕、审查起诉案件，应当全面、客观地审查公安机关移送的证据材料，对证明犯罪嫌疑人有罪或者无罪、犯罪情节轻重以及有无社会危险性的证据都要认真核实，不能只注重有利于追诉的证据材料。在证据审查范围上，要从审查在卷证据，转变为审查在案证据，以防止侦查机关收集证据不客观全面、有供不录、记录不客观准确、有证不移送等。在证据审查的重点上，要从偏重于口供，转变为以客观性证据为重点，看案件能否建立起以客观性证据为支撑、以主观性证据为补充的证据体系。在证据审查方式上，要从重书面审查，转变为既重视书面审查，又重视亲历性审查。

审查逮捕、审查起诉期间，辩护人认为在侦查期间公安机关收

---

① 龙宗智：《检察官客观义务论》，法律出版社2014年版，第119页。

集的证明犯罪嫌疑人无罪或者罪轻的证据材料未提交，申请人民检察院向公安机关调取的，检察官应当及时与公安机关沟通并调取相关证据材料；对采用刑讯逼供等非法方法收集的犯罪嫌疑人供述和采用暴力、威胁等非法方法收集的证人证言、被害人陈述，应当依法排除，不得作为批准或者决定逮捕、提起公诉的依据；对于在审查起诉中发现犯罪嫌疑人没有犯罪事实，或者符合《刑事诉讼法》第16条规定的情形之一的，应当依法作出不起诉的决定，确保无罪的人不受刑事追究。

(三) 公正判决追求

公正判决追求，主要是指案件经审查提起公诉，作为公诉人，检察官参与审判支持公诉，在这一过程中，检察官应当承担客观公正履行职务的责任。检察官在进行证据收集、审查的时候，不仅要收集、审查犯罪嫌疑人、被告人犯罪的证据，还要收集、审查有关犯罪情节轻重的证据。同时，刑事诉讼法也将非法证据排除的适用主体赋予了检察机关，检察官要秉承客观公正的理念，保障犯罪嫌疑人、被告人人权，忠于事实真相，运用证据审查规则，排除非法证据，指出瑕疵、补正证据，从程序上保证证据的合法性。对被告人有利或者不利的全部证据材料都应当向法庭出示，不得刻意隐瞒或者搞"证据突袭"；在庭前会议中，认为不能排除以非法方法收集证据的可能，可以决定撤回有关证据；检察官对于在出庭、审判过程中发现不应当追究被告人刑事责任的，应当撤回起诉，使被告人免受无辜的羁押；认为人民法院作出的判决、裁定确有错误的，不论是否已发生法律效力，都应当按照程序提出抗诉或者提请上级人民检察院抗诉，既包括有罪判无罪或重罪轻判，也包括无罪判有罪或轻罪重判的情形。

(四) 权利救济

检察官践行客观公正理念，维护当事人合法权益，维护社会公平正义，尊重和保障律师执业权利是应有之义，也是秉持客观公正理念的必然要求。

检察官有义务保障辩护人的辩护权，确保辩护律师会见权、阅卷权、通信权、取证权等权利的依法行使。实现司法公正，是刑事司法所追求的目标。在刑事诉讼中实现司法公正，前提之一是必须使犯罪嫌疑人、被告人的各项诉讼权利得到有效保障，最大限度地实现控辩平衡。检察官还应认真听取辩护律师的意见，对辩护人提出犯罪嫌疑人无罪、罪轻、应当免除刑事责任、不适宜羁押或者侦查活动有违法情形等意见的，检察官应当进行审查，对于合理意见应当采纳，这样既可以防止错捕、错诉，节约司法资源，提高诉讼效率，又可以提高量刑建议的准确率。同时作为法律监督者，检察官对于其他单位或个人侵犯辩护律师合法权益的行为，还应当主动依法予以纠正。对于人民法院有罪判无罪、重罪轻判、无罪判有罪、轻罪重判等裁判确有错误情形，或者人民法院在审理过程中严重违反法律规定的情形的，检察官都要秉持客观公正的立场，纠正不正确的裁判。

第五章 监督与办案相统一理念

> 检察机关的法律监督职能说到底要在办案中实现,离开办案,检察机关什么权力也不能行使,谈监督就是空中楼阁。要按照新时代新要求,以办案为中心,在监督中办案,在办案中监督,推动新时代检察工作创新发展。
>
> ——张 军

2018年5月8日,最高人民检察院党组书记、检察长张军在云南省检察院调研时强调,要按照新时代新要求,以办案为中心,在监督中办案,在办案中监督,全面提升检察人员政治素质、业务素质和职业道德素质,推动新时代检察工作创新发展。要把法律监督落实到每一个办案环节。检察机关的法律监督职能说到底要在办案中实现,案件办不好,监督必然要落空。在办案的每一个环节都要体现法律监督。把案件办好,实现政治效果、社会效果和法律效果的统一,必然落实了法律监督。特别是在办理公益诉讼等案件中,要有政治智慧、法律智慧,选择典型案件,向党委汇报,与政府沟通,把公益诉讼案件办理当作法治公开课,办一案教育一片,推动问题解决,共同维护法治,共同促进国家治理体系和治理能力现代化建设,实现双赢多赢共赢。这样老百姓不仅获益,而且监督效果也好。

第一节 监督与办案相统一理念概述

我国《宪法》第 134 条规定:"中华人民共和国人民检察院是国家的法律监督机关。"《人民检察院组织法》第 2 条规定:"人民检察院是国家的法律监督机关。人民检察院通过行使检察权,追诉犯罪,维护国家安全和社会秩序,维护个人和组织的合法权益,维护国家利益和社会公共利益,保障法律正确实施,维护社会公平正义,维护国家法制统一、尊严和权威,保障中国特色社会主义建设的顺利进行。"我国的刑事诉讼法、民事诉讼法和行政诉讼法在"总则"中分别规定了人民检察院依法(或有权)对刑事诉讼、民事诉讼和行政诉讼实行法律监督,并分别在具体条文里规定了人民检察院可以提出抗诉、检察建议、提起民事公益诉讼和行政公益诉讼等具体监督措施。可见,我国检察机关的核心工作是法律监督,而法律监督的核心工作是司法办案。具体地说,检察机关的法律监督权是在诉讼活动中实现的,法律监督权的落细落实离不开司法办案。法律监督与司法办案是我国检察机关的主责主业。

一、监督与办案相统一理念的内涵

监督与办案相统一理念是引领检察工作正确发展的活的思想和灵魂。最高人民检察院检察长张军提出:"检察机关的定位都应该是以办案为中心。离开办案,检察机关就什么权力也不能行使,谈监督就是空中楼阁,不能落地。"因此,只有将法律监督寓于司法办案之中,在办案中监督,在监督中办案,坚持监督与办案相统一,才是检察权正确有效的行使方式。

(一)在办案中监督

检察机关实施法律监督的基本手段是司法办案,履行法律监督职责的行为最终都要以案件的形式表现出来，这是由检察机关实施法律监督行为的法定性和检察工作的程序性、规范性所决定的。比如，根据我国刑事诉讼法的规定，检察机关对公安机关侦查活动的监督是通过审查逮捕、审查起诉活动进行的；对法院刑事判决、裁定的监督是按照第二审程序或者审判监督程序提起抗诉进行的，上述监督行为均体现为刑事办案活动。再比如，检察机关根据民事诉讼法对民事生效裁判提出的抗诉和民事公益诉讼以及根据行政诉讼法对行政生效裁判提出的抗诉和行政公益诉讼，亦都是通过案件的形式表现出来。有些法律监督，虽然最初不是以受理案件的形式启动，但只要是在履行检察监督职责中发现并提出，最终也会以案件的形式呈现，如检察机关发出纠正违法通知书、启动调查程序等，最终都会以案件的形式体现出来。此外，检察机关落实法律监督权的重要保障也是办案，办案是检察权具有刚性的表现。这些都是检察监督区别于其他任何监督的显著区别。法律监督的核心是办案，离开了办案，检察机关的法律监督就失去了着力点；没有办案力度，检察监督就失去了刚性。因此，新时代检察机关的法律监督要有新的作为，也必须立足办案谋发展。目前，检察机关亟须将没有纳入办案考核体系的法律监督活动案件化，使之成为更加规范、更有力度、更可评价的司法行为。

（二）在监督中办案

检察机关办案活动本身就是在履行法律监督职责，检察办案是实施法律监督的法定方式和具体手段。比如，在办理刑事案件时，从表面上看，人民检察院是在办理审查逮捕、审查起诉案件，进行阅卷、讯问犯罪嫌疑人、询问被害人、证人、鉴定人等，但实际上，这就是检察机关履行法律监督职责的具体体现，即通过办理公安机关提请批准逮捕或者侦查终结、移送审查起诉的案件，对公安机关认定的犯罪事实、犯罪性质、犯罪情节是否正确、清楚，犯罪证据是否确实、充分以及采取刑事诉讼强制措施是否得当、侦查活动是否合法,有无非法取证行为等进行全面监督;即使是在代表国家出庭支持公诉时,也肩负着对法院庭审活动和审判结果进行监督的职责。因此,检察机关的办案活动实质就是在履行法律监督职责,而检察机关办案质量和效率的高低则直接影响到检察机关法律监督的质效。如果检察机关不重视办案,或者缺乏真办案、办好案的理念和意识,甚至擅自降低办案质效的标准,那么宪法和人民检察院组织法赋予检察机关的法律监督职责之落实就会大打折扣。

也有学者认为,检察办案分为诉讼办案和监督办案,认为诉讼办案不是监督,监督办案才是监督;在办案中监督的"办案"是指办理诉讼案件,在监督中办案的"办案"是指办理诉讼违法案件。[①] 该种观点实质是对检察机关办案与监督关系的误解。实质上,检察机关的办案不仅仅包括审查逮捕和审查起诉活动,还包括发现违法情形后进行监督的情形。这两种办案虽然表现形式不同,但实质内容一样,权力来源一样,诉讼规范一样,办案效果也一样,我们既不能对检察办案进行人为区分、自我设限,也不能把一个看成是纯办案,另一个看成是纯监督。其实,办案只是检察机关实施法律监督的形式和手段,法律监督才是内容和目的,是要通过检察办案来实现的。因此,既没有纯粹的办案,也没有纯粹的监督,办案与监督从来都不是对立的,而是相互统一的,人为将办案与监督割裂开来既是不妥的,亦无法律依据和实践价值。

(三)监督与办案相统一

法律监督与司法办案是辩证统一的关系。检察机关要坚持把握"你中有我,我中有你",防止将法律监督与司法办案活动人为地割

---

① 转引自乐绍光、桑涛:《论检察机关监督与办案的辩证关系》,载《人民检察》2019 年第 11 期。

裂开，造成"两张皮"的现象。可以说，如果离开了司法办案，检察机关的法律监督就好比无源之水和无本之木，不可能有持久的生命力；就像是空中楼阁，无法落地。说到底，检察机关的各项法律监督权最终都要靠办案来实现，都得用一个个案件来说话。一方面，检察机关的司法办案是检察监督的重要线索来源；另一方面，检察监督的核实、纠正，也要体现为具体案件。从法律效果来说，好的办案质量是产生好的监督效果的重要前提，反过来，好的监督效果也必然要求好的办案质量。2018年1月24日，最高人民检察院张军检察长在全国检察长会议上提出"探索重大监督事项案件化办理模式，大力推进类案监督，加大跟踪监督力度，确保监督权威，善于总结行之有效的监督方式和程序，推动检察监督体系法制化"。检察机关只有坚持"监督与办案相统一"的理念，积极探索推动法律监督事项办理方式由"办事模式"向"办案模式"转变，在监督中办案，在办案中监督，不断提升检察监督质效，才能为人民群众提供更加优质的法治产品和检察产品，才能更好实现"强化法律监督，维护公平正义"的检察工作主题。

二、监督与办案相统一理念的渊源

我国人民检察院自1978年五届全国人大一次会议通过的《宪法修正案》决定恢复重建以来，到1979年人民检察院组织法规定检察机关是国家的法律监督机关，再到1982年颁布的宪法再次明确人民检察院是国家法律监督机关的性质和定位，以及"三大诉讼法"对检察机关履行法律监督职能的具体规定，一再明确了法律监督和司法办案是检察机关的主责主业。在这里要特别提到的是在过去的几十年中，职务犯罪侦查权一直被认为是检察机关保证法律监督有效行使的有力保障，也是外界最为熟知的权力之一。但是随着检察机关"自侦"部门的转隶，检察系统内外各种声音纷呈，主要是担心检察机关的法律监督权因失去强有力的保障而无法实现,进而影响到检察机关法律监督机关地位的稳固。在此时代背景下,深入思考检察机关在新形势下如何提高法律监督的刚性和有效性成为检察机关当前面临和亟须解决的重点课题。事实上,即使是在过去,检察机关具有职务犯罪侦查权时也不同程度地存在监督与办案如何协调的问题。这从当时外界只知道检察机关有反贪和公诉职能,很多人并不了解检察机关的主责主业是法律监督工作可见一斑。当然,过去检察机关法律监督工作的不突出,其原因是多方面的,这里面既存在监督渠道不畅、监督机制不健全、监督手段刚性不足等客观难题,也存在法律监督意识不强,重办案轻监督以及"不愿监督,不敢监督和不善监督"的主观弊病;既有法律监督理念陈旧、行为履职不当、监督结果虚化等内因,也有被监督者不配合、相关职能部门不支持、公众认知认可度低等外因。如果不能突破法律监督虚化、弱化的瓶颈,检察机关是"国家法律监督机关"的宪法定位将难以完全彰显,各项检察工作的协同推进效果也必然受到影响,"四大检察"法律监督总体格局也会沦为空中楼阁难以落地。

2018年5月8日,最高人民检察院张军检察长在云南省人民检察院调研时,对"新时代检察工作怎么干"的问题提出了全新的答案:在监督中办案,在办案中监督。他指出,要按照新时代新要求,以办案为中心,在监督中办案,在办案中监督,全面提升检察人员政治素质、业务素质和职业道德素质,推动新时代检察工作创新发展。他强调:"检察机关的法律监督职能说到底要在办案中实现,没有空头的监督。""办案的能力、水平达不到要求,监督必然要落空。只有将监督寓于办案之中,在办案的每一个环节都体现法律监督,把政治效果、社会效果、法律效果通过办案落实到位,监督自然也就到位了。""离开办案,检察机关什么权力也不能行使,谈监督就是空中楼阁。要在监督中办案，在办案中监督。"在多个场合，张军检察长多次强调这个观点。在首席大检察官看来，法律监督要抓业务，就是要抓办案。只有充分依托办案这个有效途径和手段，才能真正落实法律监督；同样，也只有具有监督意识，才能把案件办好。坚持"监督与办案相统一"，"在监督中办案，在办案中监督"成为"新时代检察工作怎么干"的最好答案。只有基于此，检察机关的法律监督才不是无源之水、无本之木，才不会是空中楼阁，而是落实在了一个一个的载体中，这个载体就是办案。

2018年4月18日，张军检察长就如何做好新时代检察工作、深入推进司法改革到湖北省检察机关调研。他强调，各级检察机关要讲政治、顾大局、谋发展、重自强，努力干事创业，再续检察事业新征程。他强调："所谓顾大局，就是凡事不能只站在自己立场角度谈工作，要充分运用政治智慧和法律智慧开展法律监督工作。""要从推进国家治理体系和治理能力现代化的高度去创新做好公益诉讼工作，多向地方党委汇报，加强与地方政府沟通，通过公益诉讼促进依法行政，争取双赢多赢的实际效果。"同样，强调检察机关"在办案中监督、在监督中办案"，意味着不能就案办案，要有政治智慧、法律智慧，着重讲效果，实现政治效果、社会效果和法律效果的有机统一。因此，检察人员办案时要在思想深处牢固树立监督意识，不仅要做司法办案的"工匠"，更要努力去做推进、实施社会主义法治的"大师"。

2019年12月17日，张军检察长在最高人民检察院召开的法律监督体系和监督能力现代化建设座谈会上，要求"把履行法律监督职能和检察办案融为一体"。检察办案与法律监督工作应该一体化去理解和落实，"监督"和"办案"可以相辅相成、相互促进、相得益彰。任何把监督与办案割裂开来，甚至对立起来的想法都是错误的、唯心的和形而上学的。张军检察长提出,要全面办理刑事案件、民事案件、行政案件和公益诉讼案件,通过全面办案解决办案和履职的不平衡不充分问题,以全面办案实现检察工作全面发展、队伍建设全面加强。检察改革就是要实现"监督与办案相统一",刑事检察、民事检察、行政检察和公益诉讼检察相平衡,质量与效率并重,专业与能力并进。只有提升了能力素质,才能更好地办案,也是为了更好地履行法律监督职能。张军检察长要求,各级检察机关领导干部要带头办理"急、难、新、大"案件,争取办一案就成为典型案例,成为可以参照的案例。在改革发展的潮头,各级检察机关领导干部只有肯于放下身段,脚踏实地,敏感于办案和效果等方面的突出问题,以新作风新担当去解决,问题解决不好不放手,才能不断开辟检察工作新境界。

三、检察工作中坚持监督与办案相统一理念的意义

俗语说,"理念决定思路,思路决定出路",新时代检察工作要实现创新发展,树立正确理念至关重要。检察理念正确,检察工作才有新思路、新办法,才能出新成效,才能实现新时代检察工作的创新发展。面对新时代新任务新要求,检察机关只有做到"监督与办案相统一",在办案中强化监督,在监督中深化办案,促进检察工作更加规范,促进问题解决、矛盾化解,不断提升检察服务保障水平,为党分忧、为民解难,才能更好地履行我国宪法和人民检察院组织法赋予检察机关的神圣的法律监督职责,才能更好地发挥中国特色社会主义检察制度的显著优势。

(一)只有坚持监督与办案相统一理念,才能克服就案办案的思想,实现政治效果、法律效果和社会效果的统筹兼顾

"三个效果"的有机统一是检察机关办理案件必须坚持的价值取向,也是衡量检察办案质量的根本尺度。法律效果,是检察办案

的基本要求,是指检察机关要严格按照法律和司法解释办理案件,做到实体公正、程序合法。该原则强调办案必须"以事实为根据,以法律为准绳"。政治效果,是指检察机关通过依法办案,对内树立并维护党和国家以及司法机关的良好形象,维护国家、社会的稳定,对外维护国家依法治国的良好形象,服从国家对外交往和斗争的现实需要,以实际行动践行"服务大局"和"党的领导"理念所取得的实际效果。政治效果关乎检察办案的政治方向问题,是法律效果和社会效果的根本保障,检察办案必须立足政治效果去追求法律效果和社会效果。最高人民检察院检察长张军指出:"人民检察院作为人民民主专政的国家政权机关,是政治性极强的业务机关,也是业务性极强的政治机关,但首先是政治机关。"人民检察院必须把讲政治摆在首位,这也是树立新时代检察理念的必然要求。检察机关实施法律监督,首要的是要保证政治原则和政治方向不出问题,抓业务必须以讲政治来统领,才能保证检察工作最大限度地发挥出积极作用。因此,检察办案绝不是纯粹的办案,检察机关要更加自觉地将检察工作放到大局中谋划部署,不断提高检察机关服务保障中心工作的针对性、有效性和精准性。所谓社会效果,是指检察机关通过依法办理案件使案件当事人和社会公众能够普遍接受某一案件的处理结果,达到案结事了,有效化解社会矛盾,修复受损的社会关系,以实际行动达到"执法为民"的庄严承诺。可以说,社会效果是检察办案的落脚点,是建立和谐社会的需要。

检察机关只有坚持"监督与办案相统一"的理念,才能不断提高政治站位,摒弃就案办案、孤立办案、机械办案的思想局限,在办案中立足,从有利于维护社会和谐稳定的角度出发,从有利于维护最广大人民的根本利益出发,实现法、理、情的有机统一,达到办案与监督"三个效果"的有机统一。党的十九届四中全会提出:"推进国家治理体系和治理能力现代化。"在此背景下,检察机关的司法办案也应当追求更高的境界：办案工作绝不能仅仅止步于作出法律处断，而要通过多种法律措施和手段修复社会关系，如在办理涉民营企业犯罪时，在涉案企业主主动退赔时，要在强制措施的适用等方面审慎选择，可捕可不捕的不捕，可诉可不诉的不诉，可判实刑可判缓刑的建议判缓刑，不能办了一个案子，垮掉一个企业、下岗一批职工，造成司法负面效果外溢；要做到"一案双查"，帮助发案单位堵漏建制，督促有关行业防范风险；同时检察机关要贯彻"谁执法谁普法"的要求，通过典型案例以案释法，以案件是非评判引领社会风尚。综上，检察机关只有坚持"监督与办案相统一"的理念，自觉强化思想引领，用习近平新时代中国特色社会主义思想特别是习近平法治思想武装头脑、指导工作，才能不断提高监督和办案本领，实现检察监督能力现代化。

（二）只有坚持监督与办案相统一理念，才能打通检察办案过程中梗阻，切实提高法律监督的质效

根据我国刑事诉讼法的规定，公检法三机关是"分工负责、互相配合、互相制约"的关系。从理论和立法上讲，"互相配合"与"互相制约"至少应该是并列关系、平行关系，不应厚此薄彼，更不应"互相配合"压过"互相制约"。然而在过去的司法实践中，检察机关与公安机关之间往往是配合有余而监督制约不足，使得我国的刑事诉讼制度长期以来呈现出侦查中心主义和卷宗中心主义的特点，其结果势必影响检察机关对公安机关的监督效果。在此情境下，检察机关曾被戏谑地称为"端饭的"，而公安则是"做饭的"，法院是"吃饭的"，"端饭的"只是经手工作，主要强调配合，对侦查工作和非法取证情况的监督制约不足。在上述背景下，一桩桩冤错案件才容易发生，如河南的赵作海案、湖北的佘祥林案、浙江的张氏叔侄案、云南的杜培武案、内蒙古的呼格吉勒图案、安徽的于英生案等，各被告人均被判处无期徒刑以上，甚至死刑，其中呼

格吉勒图已被执行死刑,但最后证明完全是无辜的。此外,还有一批因证据不足、本应作出疑罪从无处理,却没有很好坚持"无罪推定"原则而错判的案件,如福建的念斌案、广东的徐辉案等。实际上在部分冤错案件中,检察机关在审查起诉或者法院审理时就已经发现案件事实、证据存在明显问题并不准备提起公诉或者判决有罪,但因过分强调"互相配合"而轻视甚至无视"互相制约",以致铸成冤假错案。这些案件的发生严重损害了司法公正,也对社会公正造成致命的破坏。

法律监督权是我国宪法和人民检察院组织法明确赋予检察机关的重要职责,并被明确写进"三大诉讼法"之中。可见,我国的检察机关不单单是办案机关,同时也是法律监督机关,因此,不能一味地强调"配合"而忽视了"制约",并且监督与制约的成分应该更浓。从大的方面来说,检察机关实施法律监督的目的是要保证我国宪法法律的统一正确实施。因此,我国检察机关不能只强调办案而回避甚至抵触监督,只有坚持"监督与办案相统一"的理念,在办案中监督,在监督中办案,才能不断提高检察工作的质效。

当然,检察机关也不能盲目以监督者自大,对公安司法机关居高临下,不配合办案,那也不能取得良好的法律监督效果。最高人民检察院张军检察长指出,检察机关开展法律监督工作,要实现监督者与被监督者良性互动,达到"双赢多赢共赢"的目标。法律监督不是为了争个你高我低,而是要通过监督,帮助被监督者解决问题、补齐短板,共同维护社会公平正义和公共利益,共同推动法律贯彻执行到位,共同推进全面依法治国。检察机关作为执法司法权的"中间"环节,要与公安机关和法院等执法司法机关形成良性积极关系,遵循司法活动规律,坚持理性、平和、文明、规范的司法观来行使法律监督权,提醒、促进被监督者重新审视并自我纠错,使被监督一方对检察机关的专业素养信服,从而达到共同自觉维护司法公正、引领司法工作进步乃至社会进步的目的。

（三）只有坚持监督与办案相统一理念，才不会脱离办案搞空洞监督

检察监督与司法办案密切相关，检察监督是不能脱离办案活动独自开展的。有人将办案与监督人为地、片面地割裂开来，认为监督和办案是目标不同、对象不同、程序不同的两件事。① 其理由是，监督和办案虽然有联系，但却有区别，不能画等号或合二为一。这种观点其实是对法律监督工作的误解。检察机关的法律监督活动并不是孤立的，而是在办案中体现出来并依托于办案所开展的。例如，检察机关的审查逮捕和审查起诉活动表面上看似乎是单纯地办案，但实际上是寓监督于办案之中。在此过程中，检察机关针对侦查人员的侦查活动违法行为进行纠正是监督，针对侦查活动中错误认定犯罪事实、遗漏犯罪事实或者同案犯罪嫌疑人、错误定性等实体错误加以纠正和改变也是监督，而且是更主要的监督。因此，我们不能将办案与监督活动人为割裂开来。只有坚持监督与办案相统一理念，避免脱离办案搞空洞监督，才是检察权正确、有效行使的手段和方式，也才能确保取得良好的法律监督效果。

最高人民检察院张军检察长多次强调，检察机关要以办案为中心，要在办案中监督，在监督中办案。可以说，检察机关的法律监督职能、法律监督价值和法律监督效果，都要通过检察办案来实现。从两者关系来讲，法律监督是目的，检察办案是手段；法律监督是内容，检察办案是形式，两者是一个问题的两个方面。一方面，离开法律监督，检察机关就蜕变为一个纯办案机关，背离了宪法和人民检察院组织法的立法授权；另一方面，离开了检察办案，

---

① 转引自乐绍光、桑涛：《论检察机关监督与办案的辩证关系》，载《人民检察》2019年第11期。

法律监督也将因失去载体和刚性而难以实现。检察机关只有坚持监督与办案相统一理念，牢固树立以办案为中心、强化法律监督的意识，才能将法律监督落细落实。因此，检察机关的各项工作都要围绕办案来思考、来谋划、来论证、来开展，各项检察工作的成效都要体现在办案的数量、质量、效率和效果的有机统一上。

第二节　监督与办案相统一理念在检察工作中的实现

最高人民检察院张军检察长提出："要把法律监督工作落实到每一个办案环节。检察机关的法律监督职能说到底要在办案中实现，案件办不好，监督必然要落空。"检察机关要真正成为"法律守护者"，就要正确把握法律监督与司法办案的关系，认真贯彻落实"监督与办案相统一"的理念，在办案中强化监督，在监督中深化办案，从而达到监督与办案的最大和最佳"公约"效果。

一、在办案中强化监督

法律监督要以办案为中心，既是对检察工作历史经验的系统总结，也是基于对新时代新形势的科学判断。回望我国的检察历史不难发现，过去人民群众对检察机关的满意度较高，与检察机关不断加大办案力度、提升办案质量密切相关；而检察工作中容易出现的问题或者说人民群众不满意的地方，也常常与办案质量和效率不高、办案效果不好有关。当前，我国的司法改革已进入深水区，各种矛盾风险叠加交织，检察机关在服务保障改革发展稳定大局和自身发展过程中的机遇与挑战并存。面对人民群众在民主法治、公平正义等方面更高层次的需求，面对有法不依、执法不严、违法不究、司法不公等方面的突出问题，检察机关唯有抓住发展机遇，聚焦主责主业，咬定办案不放松，才能切实维护司法公正、确保社会大局稳定，才能更好地满足人民群众日益增长的更高司法需求。

办案既是检察机关履行法律监督职责的基本手段，也是彰显法律监督效能的重要途径。检察机关无论是服务保障经济社会发展，还是自身谋发展，最终都要落实到检察办案上来。离开了检察办案，法律监督工作就会因失去依托而造成监督虚化，也会因失去应有的权威而造成监督弱化，从而导致宪法所赋予的法律监督职能难以有效发挥，甚至导致宪法对检察机关的宏观定位和基本赋权无法实现。可以说，检察机关的各项法律监督权，最终都要靠办案来落实，都得用一个个案件来说话。因此，张军检察长反复强调：强化法律监督要以检察办案为中心，办案始终是主业。所以某种意义上说，办案就是硬道理。

法律监督要以办案为中心，需要落实到各级检察机关的每一位检察人员的实际行动中。检察机关要在加大办案力度和提升办案质量上多下功夫，多办案、办好案。检察机关一旦办理的案件质量、效果不佳，就容易引发舆论热议、网民吐槽和群众不满，很可能会损害公众对法治的信仰。例如，浙江"张氏叔侄强奸冤案"和"萧山5青年抢劫杀人冤案"发生后，社会上对浙江省司法机关的负面声音很多，形成了很坏的社会影响。虽然矛头主要指向公安机关和法院，但也指出检察机关在审查逮捕和审查起诉活动中没有为案件质量把好关，有监督不力之责。为此，浙江省人民检察院深度剖析了上述两起冤假错案的成因，并提出了12项具体机制措施严防冤假错案发生。①

案件质量是检察工作的生命线。检察机关要通过强化办案质量导向，倒逼检察官全面提升业务素质和技能，促使其不断提升办案

---

① 参见《浙江检察院承认对张氏叔侄等错案监督不力》，载中国青年网，http://news.youth.cn/gn/20130812_3686201.htm，最后访问日期：2020年7月1日。

质量；同时，为了达到检察办案"三个效果"的有机统一，也倒逼检察官要在正确适用法律的前提下，密切关注诸如司法政策、价值导向、社会民意等政治和社会因素，将检察办案的链条延伸。

　　检察机关要借深化检察改革的东风，以追求极致的精神，全面提升检察办案质效，多办优质和精品案件，逐渐树立在这些领域的办案权威。例如，针对捕诉一体化改革后审查批捕与审查起诉由同一名检察官办理的情况，原先负责侦查监督工作的检察官要适应公诉案件周期长、节点多、标准高的特点，尤其要注重出庭能力的培养；以往负责公诉工作的检察官在审查逮捕环节要坚持"中立"立场，严格履行客观公正义务，并注意做好监督和引导侦查工作，避免出现捕诉一体后侦查监督弱化问题。检察机关要积极发挥捕诉一体的办案优势，在提前介入和引导侦查、审查批准逮捕、审查起诉和庭审指控等方面，切实把各项工作做得更加细致、扎实、到位。刑事执行检察部门要认真办好司法工作人员职务犯罪案件，并加强与纪委监察委等相关部门的沟通衔接，建立健全工作机制，力争把此类案件办好。在检察机关员额制改革、司法责任制改革和内设机构改革的大背景下，检察机关一定要立足监督与办案这个主责主业，紧紧围绕服务保障国家社会稳定和发展大局的着力点、防范风险的关键点、人民群众的关注点加大办案力度，为经济社会发展营造安全的政治环境、稳定的社会环境和公正的法治环境。要以习近平新时代中国特色社会主义思想特别是习近平法治思想为指引，坚持以办案为中心强化新时代法律监督，通过办案满足人民群众在民主、法治、公平、正义、安全、环境等方面的新需求，通过办案为人民群众提供更加优质的法治产品和检察产品，通过办案努力让人民群众在每一个司法案件中都感受到公平正义。

二、在监督中深化办案

　　在监督中深化办案，是指检察机关在履行法律监督职责的过程中，于无形之中深化了办案工作。这是因为：一方面，监督本身就是办案，检察机关履行法律监督职责的行为，都会以案件化的形式表现出来，这是由法律监督行为和效果的法定性、检察工作的规范化所决定的，也是检察权法律效力的体现。我国人民检察院组织法及其他相关法律，都具体规定了检察机关开展法律监督活动的内容，包括对依照法律规定由其办理的刑事案件行使侦查权以及审查逮捕、审查起诉、提出抗诉、开展公益诉讼活动等权力，这些法律规定不仅将检察机关日常的办案活动界定为法律监督，也是对检察机关在履行职责中发现需要进行监督的问题以案件的形式予以办理的规范。另一方面，法律监督的本质属性往往要求监督者的政治站位更高，大局意识更强，所办案件的质效更好，这对检察机关的办案工作起到了直接的深化作用。

面对新时代人民群众对检察工作提出的更高要求，如何把法律监督的本质属性和要求更好地贯彻落实到检察办案中，继续在监督中深化办案，不断提高检察工作的质效，检察机关需要立足"四大检察"职能，沿着"做优刑事检察、做强民事检察、做实行政检察、做好公益诉讼检察"的路径，实现"四大检察"全面协调充分发展。

三、探索办案—监督双核驱动新模式

（一）办案—监督双核驱动新模式的概念与特点

办案—监督双核驱动新模式，是相对于以往传统的检察工作模式而言的，是将司法办案和法律监督两大主题合而为一，使其融合共生的新尝试，其破除了时空、部门、层级相对分离而带来的制约弊端，实现了办案与监督的辩证统一、一体互动和系统动态的完美结合。相较于传统的检察工作模式，办案—监督双核驱动新模式具有以下3个特点：

1. 在认知层面上，有效解决了人为割裂"办案—监督"关系所造成的"形而上"现象，从而实现"办案—监督"思想认识上的统一性、融合性和辩证性。最高人民检察院张军检察长指出："检察机关的定位都应该是以办案为中心；离开办案，检察机关就什么权力也不能行使，谈监督就是空中楼阁，不能落地。"办案—监督双核驱动新模式就是对"监督就是办案，办案就是监督"思想认识的探索实践，更是对监督工作案件化办理的合理阐发与诠释，是检察权正确有效运行的必然要求，在深层次上细化了办案与监督的三层递进关系，即办案需要监督，监督需要办案→办案必须监督，监督必须办案→办案强化监督，监督深化办案。

2. 在实践层面上，有效解决了人为割裂"办案—监督"关系所造成的"两张皮"问题，实现"办案—监督"司法实践上的同步性、一体化和互动性。在司法实践中，"办案"是检察机关履行法律监督职责的形式和基本手段，即通过检察办案对诉讼活动中的行为是否合法进行法律监督，而绝非其中的某一方面；"监督"是检察机关强化办案效果的内容，即对诉讼活动中违法行为的监督，最终都会通过案件的形式表现出来。办案与监督，两者在司法实践中是辩证统一的，是同步的、一体和互动的，犹如一个硬币的两个面，并行不悖、相辅相成、不可分割。就检察机关而言，没有离开监督的办案，也没有离开办案的监督，更没有不是办案的监督和不是监督的办案。

3. 在评价层面上，有效解决了人为割裂"办案—监督"关系所造成的"一刀切"现象，实现了"办案—监督"绩效考评上的全面性、系统性和动态性。过去对检察工作的传统评价其实是静态评价模式，是一种采用统一标准的对已发生的办案监督活动结果进行分类量化考评，它偏重于结果的考察（往往表现为分数）。而办案—监督双核驱动新模式则为动态评价检察工作开辟了可能，评价主体通过对"办案—监督"活动实施过程同步监督,其间还可以伴随监督主体与监督对象的互动,既注重客观量化也注重人的因素,既有统一的标准又相对灵活。将办案监督评价模式由静态转变为动态,将有效实现结果性评价与过程性评价结合,个案评价与综合评价结合,内部评价与外部评价结合,更全面地考察了工作主体的工作能力,调动其开展"办案—监督"工作的积极性。

(二)办案—监督双核驱动新模式的实践路径

在当前检察机关面临多项改革叠加的新形势下,强化检察业务改革体制机制创新,促进检察工作转型发展和推进法律监督体系和法律监督能力现代化是深化法律监督主责主业的必然要求。在新的时代背景下,检察机关需要以更加务实的态度和行动,以一种"法治信仰、检察立场、监督视野、服务情怀"的工作理念和精神,深入探索实践和完善办案—监督双核驱动有机融合新模式。其主要包括以下4个方面的内容:

1. 强化改革要素的析出效应,彰显在检察主责主业新体系再打造中的创新力。检察机关应借助多项改革叠加的战略机遇期,积极进行改革创新尝试,探索符合检察办案基本规律的新模式、新机制。

例如,为避免在海量刑事案件、民事诉讼案件和行政诉讼案件中公益诉讼线索的沉积,突出解决围绕公益诉讼提起与否出现的"同案不同判",以及案后修复无法有效统一开展等问题,检察院公益诉讼检察部门可与刑事检察部门、民事检察部门和行政检察部门建立起"四检并行"的办案模式,有效避免传统"分线式"作战对"办案—监督"带来的联动互动缺乏或联动互动不及时、不充分、不生动的弊端,深入发掘刑事、民事、行政诉讼中可能存在的交叉、关联等办案监督盲区,从而促进"办案—监督"的互动和共生。"四检并行"模式的探索实践,可有效解决公益诉讼、深化法律监督工作中存在的监督盲区、线索沉淀及案后修复等多方面问题，具有很大的制度优势与价值。

再比如，探索试行案后修复量化评价机制、捕诉一体运行依法灵活施策的模式，以及由此形成的一套标准规范的监督工作办案化方式，均能将"办案—监督"的有机融合推向纵深。如义乌市人民检察院在全省首家出台了《办理涉公益类刑事案件职责分工及督促开展社会公共利益修复量化评价办法（试行）》，通过深入践行"恢复性司法"和"枫桥经验"理念，助推实现案结事了、后果消除和矛盾化解。

另外，在未成年人犯罪检察工作方面，可探索试行"四检并行"，在未成年人刑事执行、民事、行政检察业务统一集中办理试点工作中，积极推进羁押必要性审查、看守所在押未成年人监管活动监督、监护侵害与缺失的监督、涉未成年人家事审判监督，促进涉未成年人审查批捕、审查起诉、刑事执行、民事、行政检察业务的集中统一办理。在基层检察院的案件管理工作方面，亦可探索试行将传统的案件管理、控告申诉检察、法律政策研究"三合一"为案件质量监督管理部，除负责原有案件质量监督业务外，还同步负责复议及控告申诉案件办理。这一改革可以有效实现案件管理质量评查、控告申诉反向审视、研究室法律政策研究等优势的集成一体和互融互通，以内部"办案—监督"业务的深度融合，将"办案—监督双核驱动"思想贯彻得更加彻底深入。

2. 强化人才要素的催化效应，彰显在检察主责主业新体系再打造中的源动力。探索试行办案—监督双核驱动新模式，人才资源是第一资源，是打造检察主责主业的关键力量，因此，必须着力健全人才培养机制。一是强化岗位练兵，在实战中凸显"办案—监督"之融合。检察机关要通过集侦查、办案、监督、线索发掘于一体的复合型岗位练兵，从中发现、培育、选拔一批"能办案善监督、用办案强监督"的双核一体型人才。二是研究设立资深检察官工作室和青年检察官俱乐部，分别发挥传帮带和互助学的作用。其中，资深检察官工作室是为新入额的检察官提供分析讨论、专案研究、办案指导等活动的专门场所，并配套人才遴选、成果转化、经费保障和年度考核等激励机制。入选资深检察官工作室的员额检察官要坚持"优中选优、宁缺毋滥"的原则，要求工作经历丰富，政治素质过硬、业务能力突出、群众工作能力强，他们除日常办案外，还要对办案中发现的监督线索、监督方法、监督成效通过"业务沙龙""错岗一练"等载体进行总结，形成经验，"手把手"帮扶其他检察官、辅助成长成熟成才，切实树立楷模和榜样的力量。青年检察官俱乐部主要是为检察院内思想活跃、业务能力强、善于思考的青年检察官开展法律沙龙、报告会及其他涉读书、练兵等各方面内容交流活动的场所。检察机关通过设立资深检察官工作室和青年检察官俱乐部，不断厚实既懂办案又善监督的人才储备优势。

3. 强化科技要素的增量效应，彰显在检察主责主业新体系再打造中的支撑力。"大数据""云计算""信息化"，不仅直接改善了检察机关的工作环境，还改变着检察人的思维理念和工作习惯。检察机关在不断提升、完善检察人员素质能力的同时，要更加注重科技延伸、强化办案与监督之间协同、集成与融合的"增量效应"，如引入无人机取证、水质检测仪、食品安全检测仪、高精度文检仪系列科技装备，以及配备民行实验室、公益资料及模型室等科技硬件和场所，辅助办理公益诉讼案件，化解检察办案工作的取证瓶颈，为监督工作办案化奠定坚实基础，不断提升监督工作效能。除此之外，检察机关还应大力重视"大数据"应用分析平台研发建设，推进监督办案化工作更精准、更规范、更系统。一方面，可探索开发"大数据"平台的模糊搜索、多维查询、趋势动态分析等功能，结合地理信息，创建可视化"犯罪地图"，强化社会治理、服务大局的针对性；另一方面，不断强化"大数据"平台的热词筛查、类案推送、典型案例提示等功能,有效解决监督所需的逻辑分析、精准预判、法规支持等问题,极大发挥科技优势与实用价值。

4. 强化文化要素的导向效应,发挥在检察主责主业新体系再打造过程中的主体能动性。检察文化是检察工作改革创新的深厚土壤,检察文化的导向功能,是指检察文化可以为检察人员的行动提供方向和可供选择的方式,也是激发检察人员创造能动性的不竭动力。检察机关需要创设多元载体,深入打造办案—监督双核驱动的实践文化和思辨文化。一是通过开展检察走访公安司法机关、执法主体、各类企业、村(社区)单位,深度融入治水、治气、治秩序,扩大监督线索发掘范围,丰富监督办案化工作形式,将办案质量与监督效果双重推进。二是充分发挥检察文化对检察工作的反哺作用,将办案—监督双核驱动新模式涉及的新理念、新思维方式、新工作内容通过多样化的宣传方式配合鲜活案例不断融入检察干警头脑,使其成为一种办案自觉、一种监督习惯,发挥检察人员在检察主责主业新体系再打造过程中的主体能动性,加快推进办案—监督双核驱动新模式实质化开展。

第三节 法律监督案件化办理

一、法律监督案件化办理的必要性

新时代赋予检察机关新的时代坐标,为破解法律监督虚化、弱化这个掣肘聚焦主责主业、谋求更好发展的瓶颈,必须探索法律监督案件化办理的实现路径。

(一)法律监督案件化办理是强化法律监督的基本出路

多年来,检察机关法律监督弱化的问题长期存在,"不愿监督,不敢监督,不善监督"的积弊一直未除。究其原因,归根结底在于"三个弱化",即制度弱化、手段弱化和结果弱化。所谓制度弱化,指的是检察机关自身的监督制度规定不具备刚性,既没有规定哪些情形必须提出监督,更没有对应当监督而不监督行为的追责要求。手段弱化,指的是检察机关法律监督的强制性和权威性不够,法律监督往往被当作一般的"提意见",有的被监督单位收到监督意见也置之不理。具体监督过程中,一是法律监督的线索不足;二是提出法律监督意见没有过硬的证据,依据不足;三是被监督单位配合不足;四是法律监督的强制性调查手段不足。而检察人员不善于发现监督线索,不善于调查核实违法事实,也是监督手段弱化的重要原因。结果弱化,是对于被监督者不支持不配合的情况,检察机关有时无计可施,更多时候还是寄希望于被监督单位的自律。同时,一些检察机关自身也存在滥用监督、随意监督、监督不作为或监督无标准的情况。

解决法律监督弱化的问题,应从解决检察机关自身法律监督制度弱化的问题入手。法律监督制度弱化的根子在于,目前检察机关的法律监督是一种"办事"模式而非"办案"模式。转变法律监督的手段,变"办事"模式为"办案"模式,对于所发现的法律监督线索,单独作为一个法律监督案件进入程序,通过启动程序、调查取证、查明事实、界定性质、作出纠正等办案程序,使法律监督制度化、程序化、常态化和严肃化,这样可以规范监督流程,严格监督标准,实现监督全程留痕,进而从根本上解决法律监督弱化的问题。

(二)法律监督案件化办理是新形势下聚焦主责主业的必然要求

新时代赋予检察机关新的时代坐标,这一新的时代坐标,就是新时代检察工作所处的历史方位和大的背景。只有定好位、把握好这个时代坐标，才能切实谋发展，才可能强弱项、补短板、重自强。实现法律监督案件化办理，就是强化法律监督的实招硬招，有利于进一步聚焦监督主责主业，强化检察监督。当前，发展中的矛盾和问题很多以案件形式进入检察环节，要求检察机关对刑事、民事、行政和公益诉讼案件都必须重视。聚焦监督主责主业，必须在敢于监督、善于监督的前提下，依法监督、规范监督。通过实行法律监督案件化，建立一整套严密的程序规范、证据规则和管理流程，提升法律监督的精细化和准确性，是强化监督主责主业、彰显法律监督权威的必然选择。

（三）法律监督案件化办理是落实"在办案中监督、在监督中办案"的具体举措

检察机关作为国家的法律监督机关，其法律监督工作就是通过办案形式表现出来，监督就是办案，办案就是监督。因为办案才好监督，只有把监督纳入办案，形成案子，监督才会有力度，才会有刚性；办案才好规范，把监督行为变成办案，需要程序的规范，需要有严肃性；办案才有权威，将监督变成办案，才能树立起司法权威；办好才好评价，监督行为形成案件，有利于统计和考核，从而科学评价检察官的业绩水平。

二、法律监督案件化办理的基本原则

当前，一些检察机关正在探索重大法律监督事项案件化办理的监督模式，但针对的监督对象主要是在审查逮捕工作中发现的公安机关违法侦查问题，监督面比较狭窄，应扩大到检察机关法律监督范围内的所有事项。为此，有必要对法律监督案件化办理的基本原则进行思考。

（一）必要性原则

案件化办理模式程序严格、证据要求高、监督周期长、监督成

本高、监督后果严肃,如果将所有的被监督行为都列为法律监督事项进行案件化处理,虽然在理论上是可行的,但是这要付出很高的司法成本,因此,在法律监督工作中不必把所有的被监督行为都案件化处理。对轻微的程序违法行为,如讯问犯罪嫌疑人过程中存在两名侦查人员中一名侦查人员去上厕所、另一名侦查人员还在讯问并记录等问题,完全可以通过口头纠正的形式来解决,不必使用立案之后案件化的方式来解决。因此,检察机关应当根据违法的严重程度来确定是否属于有必要监督的事项,是否应当案件化办理。当然,有时候未经调查,不一定能够明确判断是否属于有必要进行法律监督的事项,这时可以通过对违法行为的持续时间、所涉权力的大小、能否通过简单直接的方式就可以补救纠正等要素进行简单的判断,如果简单的判断无法得出较明确的结论,那么说明有调查的必要性,此时再启动案件化程序也不迟。

(二)法定性原则

检察机关开展法律监督活动,必须严格依法。一方面,检察机关是国家的法律监督机关,自身应模范遵守宪法和法律,应当严格按照宪法和法律的授权并依照法律规定的程序开展法律监督活动,防止滥用监督权。另一方面,检察机关应当全面履行宪法和法律赋予的法律监督职责,在具体工作中避免只讲配合、不讲监督的倾向。

(三)规范性原则

以往检察机关一些法律监督行为之所以没有权威性、失去公信力,原因还在于法律监督的随意性和不规范性。对法律监督进行案件化处理,就是应将监督行为规范起来,做到监督程序化、常态化,立案应有充足的理由,提出监督意见应有充分的依据,撤销案件应有"说法"。只有这样,才能保证法律监督的稳定性和严肃性,从而真正树立监督的权威和公信力。

三、法律监督案件化办理的必要条件

法律监督事项案件化办理,一般应该符合"有涉嫌违法的行为或事件,发生在刑事诉讼、民事诉讼、行政诉讼、公益诉讼等诉讼活动中,有必要启动调查核实等程序,有可能发出纠正违法、检察意见、检察建议等法律监督意见或通知立案、撤案、提起诉讼、提出抗诉等"四个方面的基本条件。

首先,"有涉嫌违法的行为或事件",解决的是法律监督的对象问题。检察机关的法律监督,针对的是行为或者事件。以公益诉讼为例,首先应有侵害公共利益的行为或事件发生,才会有检察机关的法律监督活动。

其次,"发生在刑事诉讼、民事诉讼、行政诉讼、公益诉讼等司法办案过程中",解决的是检察机关法律监督的边界问题。这是坚持法律监督法定性原则的必然要求。检察机关的法律监督一样存在权力的边界,超过边界的监督,就是越权监督,本身是违法的。因而,现阶段应把握好针对上述活动中的违法行为或事件进行监督,防止滥用监督权。

再次,"有必要启动调查核实等程序",解决的是将监督事项变为案件的问题,即法律监督的必要性原则问题。法律监督案件化不是凡事都应通过立案调查的方式来解决,而是应针对较大法律监督事项启动案件化程序。这里的"较大监督事项"如何界定,需要进行论证,总体来说,对于那些已经侵害人身权或者财产权,已经损害了公共利益,已经产生了不可逆转的司法后果(如刑讯逼供产生了非法证据,造成了物证灭失、造成鉴定检材污染无法鉴定等),已经造成了不良社会影响等内容,可以认定为属于较大监督事项。

最后,"有可能发出纠正违法、检察意见、检察建议等法律监督意见或通知立案、撤案、提起诉讼、提出抗诉等",解决的是监

督后果问题。对此，在启动监督程序之初应有一个基本研判，如果不需要产生上述法律后果的，只需要通过口头纠正或者提醒的方式就可以解决的，则没有案件化的必要。如果所监督的问题严重到必须产生监督后果，必须书面提出纠正意见的，那么需要启动案件化办理程序，这也与必要性原则协调一致。

四、法律监督案件化的制度设计

（一）法律监督案件化的工作模式选择

通过对当前一些地方开展的重大侦查监督事项案件化办理模式、提起公益诉讼案件化模式以及通过成立专门的法律监督内设机构专门办理法律监督案件等探索的考察，目前法律监督案件化的工作模式大体有以下3类：

1. 办案中监督模式，又称"同案同办模式"。这是在原来法律监督"办事"化模式的基础上，对法律监督内容进行细化梳理并作具体规定，在办案中遇到违反法律规定需要提出监督意见的，经过审批或者授权，按照一定的程序开展监督工作，不另行立案，所监督内容依附于原案卷材料，但监督程序相对规范，从而解决法律监督随意化的问题。这种模式使监督工作启动较为便捷，而且由同一办案人对需要监督的问题进行调查监督，对总体案件情况比较熟悉，监督效率相对较高。由于有一定的工作规范，可以避免监督随意性的问题，无论是提出监督意见，还是不提出监督意见，均需要有充分的理由。但这种模式仍然没有脱离"办事"化的程式，容易使监督事项淹没在原案中，造成监督工作量无法统计、效果不易把握、没有从根本上解决监督随意性的问题。

2. 监督事项专门化模式，又称"分案专办模式"。有的检察机关成立了专门的法律监督部门，对于其他部门在办案中发现的法律监督线索进行承接并专门办理，基本上使用案件化的模式开展工作,监督的工作量便于统计,监督效果明显,能够发挥"专业的人办专业的事"的优势。但其存在的问题是,专门部门的法律监督线索依然来源于办案部门,如果办案部门发现法律监督线索的能力不强,则可能会遗漏法律监督事项;由不同的人对案件重新进行审查,会降低监督效率。另外,设专门的法律监督部门开展所谓的专门监督工作,其本身与"在办案中监督,在监督中办案"精神不相符,将检察机关的办案与监督割裂开来,不符合检察机关法律监督权的运行规律,同样解决不了法律监督随意性的问题。

3. 混合模式,又称"分案同办模式"。即将法律监督事项进行分类,对于轻微法律监督事项,通过行政化、口头纠正等方式予以解决;对于有必要案件化监督的事项,通过案件化程序予以解决,专门立案进行监督,或者仍然由原办案人员承办,或者由专门的办案组承办。这种模式克服了前两种模式的弊端,既能够实事求是地评判监督事项,不拔高、不降低,又能够解决监督随意性的问题,同时可以提高监督效率。一旦进入立案程序,严格按照程序依步骤进行,不会出现随意销案、只立不监督等问题。其存在的问题是,如何判断监督事项案件化的必要性,具有一定的主观性,因而需要设计一个标准,对监督案件化的对象进行明确的规范。

总体来看,三种模式各具特色也各有利弊,应从总体上解决法律监督随意性的问题,对特定监督情形实现案件化办理。

(二)法律监督案件化的制度设计

做好法律监督案件化制度设计,需要重点研究解决好"什么是检察机关办案""监督案件如何成案、结案,程序如何规范,成效怎么计算"等方面的问题。为此,可以从法律监督案件化流程、程序要求、绩效考核标准3个方面进行制度设计。

1. 法律监督案件化流程设计。法律监督案件化设计,应具有一般案件的实体要素、证据要素和程序要求,形成流程规制,始于线索受理，终于认定处理后归档，监督活动全程留痕，可追溯，可评价，凸显检察监督的属性。法律监督案件化的总体流程，可以按照线索发现或者受理→线索初查或者研判分流→立案→调查核实→界定性质→监督纠正→跟踪反馈→复议复核→结案归档等流程办理。具体而言：设置线索发现或者受理程序，解决法律监督案源问题。设置立案程序，解决正式成案的问题；设置调查程序，解决取证与事实确认的问题；设置性质界定程序，解决违法事实的性质认定问题；设置监督纠正程序，以适当的方式提出纠正违法意见，实现法律监督；设置跟踪反馈程序，解决监督效果问题；设置复议复核程序，解决被监督单位申诉救济问题；设置结案归档程序，解决最终成案后收尾及备查问题。

2. 法律监督案件化程序设计。一个完善的监督案件管理流程，前提是应有严密的监督程序规范，载体是反映法律监督案件化过程的案件卷宗，核心是契合监督办案的全国检察机关统一业务应用系统（以下简称统一业务应用系统）。应当根据法律监督案件化流程要求设计办案程序。

第一，线索发现或者受理。在检察机关法律监督线索发现方面，可以主要通过"办案中监督"和"监督中办案"两种形式实现线索获取。办案中监督，是指检察机关在常规办理审查逮捕、审查起诉等案件过程中，通过提前介入、案件审查、参与诉讼活动、审查判决裁定等各种形式履行法律监督职能，从中主动发现监督线索。监督中办案，是通过日常巡查、受理控告申诉举报、对派出所刑事侦查活动监督等方式和渠道发现法律监督线索，纳入监督视野。

第二，线索初查或者研判分流。对于受理的线索，需要进行一定的研判，如属于轻微违法，不需要通过立案调查的形式解决的，可以直接用口头方式处理；对于属于较重大监督事项，应当立案的，或者启动立案程序进入下一环节，或者交由相应的办理部门办理。有的线索可能受理之初并不清晰，对此可以进行一定的初查，初查的目的主要不是调查取证，而是为评估线索提供一定的依据，从而实现准确研判。

第三，立案，这是法律监督案件化的关键。经过研判认为属于应当案件化办理的法律监督事项，应当立案处理。对于符合立案条件的，可以向案件管理部门申请和分配案号。案号管理是案件化办理的重要标志，也是科学管理监督案件的基础。监督案件以一个违法事实或同类监督事项为基本单位，应实行一案一号，一号一卷，同一案件中存在多个被监督事实，或者其他多个事实适宜合并监督的情形，可以作为一案办理，编一个案号。应当注意的是，侦查活动中存在多个违法情形，针对其他机关的违法行为进行监督，则属于不同案件的监督，那么应当另外立案。如除了公安机关违法取证外，还发现药品监管部门监管不作为的情况等，这时候不宜只立一个案件向两个被监督主体调查取证并监督，而应当各自立案进行监督。

第四，调查核实。法律监督事项立案后应当进行调查。调查核实是法律监督案件化权威性的关键，其核心是收集、固定证据。在法律监督调查核实程序规范及标准方面，最高人民检察院制定下发的《关于侦查监督部门调查核实侦查违法行为的意见（试行）》第5条明确规定了讯问犯罪嫌疑人，询问证人、被害人或者其他诉讼参与人；询问办案人员；询问在场人员或者其他可能知情的人员；听取辩护律师意见；查看、调取讯问笔录、讯问录音、录像，查询、调取犯罪嫌疑人出入看守所的身体检查记录及相关材料；查阅、调取或者复制相关法律文书或者案件材料；进行伤情、病情检查或者鉴定等方式。

第五，界定性质。界定违法行为或者事件的性质，是保障检察机关法律监督科学决策的需要。通过调查取证，是否存在违法事实等需要监督的内容已经查清，在此基础上，需要通过法定程序对该违法事实的性质作出认定，说明确认其违法的理由和依据，进而提出监督意见。在审查过程中，视情况要求被监督单位对其行为的合法性进行说明，以听取相关机关及人员的意见，做到兼听则明。在必要时，对于重大复杂、社会影响较大的法律监督案件通过公开审查或者听证等方式进行，增强法律监督的透明度与公信力。界定性质可以使用审查报告等形式，充分论证被监督事项的性质，实现监督理由充分、论证清楚，以备日后必要时核查。

第六，监督纠正。查清监督事项、明确行为性质后，应当根据不同情况向被监督单位发出法律监督文书或者意见。这是检察机关法律监督最重要的活动，所有法律监督案件化活动，都是为这一程序服务的。在监督方式上，现有的监督方式主要有纠正违法、提出纠正意见、排除非法证据、建议更换办案人、移送职务犯罪线索、制发检察建议等不同类型。在监督手段运用上，可以将个案监督与类案监督、日常监督与专项监督、纠正违法和检察建议相结合，更加注重监督实效。

第七，跟踪反馈。实践中，一些检察机关对于监督意见常常是一发了之，不管后续结果，对监督对象纠正与否、纠正效果如何不闻不问，结果造成了监督虚化或弱化。向检察机关反馈监督决定的执行情况是被监督单位的法定义务，也是检察机关检验、评价监督效果的重要依据。当然，检察机关也应跟踪收集被监督单位的反馈意见，及时跟踪法律监督事项的整改落实情况，保障监督决定落到实处。对于应当回复或者纠正而不理不睬的，应当采取相应的措施，如向其上级主管部门反映、通过人大质询、提起诉讼等各种方式来解决，以加强监督的权威与刚性。

第八，复议复核。复议复核属于被监督单位的救济渠道，防止监督出现错误。这种纠错渠道必须设置，以防监督错误影响监督权威。被监督单位对检察机关纠正意见有异议的，可以要求复查。检察机关根据复查情况，依法作出维持或改变原纠正意见的决定。

第九，结案归档。结案是关于监督案件办理终结的标准和方式。既然法律监督以案件化的方式进行，并且一案一号、一案一卷，那么就需要一案一档。因此，检察机关应审查被监督单位和举报人、控告人、申诉人对检察机关法律监督决定的反馈意见，审视监督效果，对于达到监督目的的，可以结案；未达到监督目的的，应认真分析原因采取必要措施，或者根据检察一体原则，报告上级检察机关继续开展监督工作，达到监督目的后结案。归档是监督案件办理结束后，明确卷宗装订和归档要求，体现法律监督事项作为案件的外在表现。

当然，根据案件管理的要求，法律监督案件化要求对现有的统一业务应用系统进行升级改造，依托科技信息化手段，将监督办案的各种制度要求细化到每个节点、固化于软件之中，改变以往分段监督、事后监督的静态模式，实现监督信息全程、动态、实时流转与监控。

3. 法律监督案件化绩效考核设计。对于法律监督案件化的情况，应当建立绩效考核机制，以科学评价法律监督效果，找出存在的问题加以改进，从而实现法律监督水平的进一步提升，彰显法律监督的权威。对于法律监督案件化绩效考核的设计，主要应当考虑以下几个方面的因素：

一是数量。没有数量就没有效果，因此监督数量在考核评价中很重要，但应当注意的是不能片面强调数量，而应考察这些数量的产生是否真实、必要、符合常理，摒弃唯数量论的法律监督观。

二是分量，也就是所监督事项的违法程度以及结果。如通过监督立案，追诉了一个最终被判处死刑的犯罪嫌疑人，就比纠正了一起普通程序违法的案件分量更重，因此对此可以设置评分等次。

三是质量。没有质量的监督不但起不到法律监督应有的效果，反而会损害监督权威、影响检察机关形象。因此，应注重考察案件化的法律监督案件本身有没有质量问题、监督点是否准确、所监督的事实是否能够确定、定性是否准确、能否使被监督者心服口服等。

四是效果。法律监督的根本目的是维护法律的尊严与权威，因此监督的社会效果至关重要。

五是效率。及时有效的法律监督不仅能够树立法律的权威，而且可以产生良好的社会效果，尤其是针对那些群众反映强烈的违法行为。因此，对一个法律监督案件的考察，还应看监督的周期，是否存在该监督而监督不及时、懈怠监督的情况，有没有无理由拖延等情况。

总之，新时代检察机关必须立足办案谋发展。办案既是检察机关履行法律监督职责的基本手段，也是彰显法律监督效用的重要途径。为此，检察机关应创新法律监督方式，凝聚法律监督共识，坚持"监督与办案相统一"，在办案中监督，在监督中办案，通过办案彰显法律监督的成果与权威，满足人民群众美好生活需要，写好为党分忧、为民造福这篇大文章。

第六章 公益守护理念

> 检察官作为公共利益的代表,肩负着重要责任……中国检察机关是国家的法律监督机关,承担惩治和预防犯罪、对诉讼活动进行监督等职责,是保护国家利益和社会公共利益的一支重要力量。
>
> ——习近平

2017年9月11日，习近平总书记在致第二十二届国际检察官联合会年会暨会员代表大会的贺信中指出："检察官作为公共利益的代表，肩负着重要责任……中国检察机关是国家的法律监督机关，承担惩治和预防犯罪、对诉讼活动进行监督等职责，是保护国家利益和社会公共利益的一支重要力量。"2017年6月，经修改的民事诉讼法和行政诉讼法正式确立了检察机关提起民事和行政公益诉讼制度，赋予了检察机关全新的职能。《检察官法》第10条第4项亦明确规定，检察官应当维护国家利益、社会公共利益。回溯历史，从国王代理人到公共利益的代表，从法国到其他国家，从大陆法系到英美法系，检察官自诞生之日起，就具备了公益性，并在发展中使得公益的内涵不断深化，公益的保护形式不断丰富。可以说，各种不同性质的检察官职，抑或是各种不同社会背景下的检察职权设置，检察制度都始终围绕着"公益守护"理念在发展，而"公益守护"理念作为检察制度的核心要义，也一直为检察制度的完善和发展指明了方向。

第六章 公益守护理念

第一节 公益守护理念的渊源

一、法国检察制度的公益守护

检察制度自诞生以来,便与"公益守护"一词密不可分。中世纪法国的"国王代理人"制度是检察制度最早的雏形,也是法王路易九世"中央集权"改革的产物。13世纪中叶,法国社会处于封建割据状态,王权分散,封建等级制下的公爵、贵族等领主拥有国王下放的领地,并在领地内施行地方化的法律和设置自己的领主法庭,在诉讼程序上,受自治观念的支配,采取不告不理的私诉方式。在欧洲社会"中央集权"运动的大背景下,法王路易九世成立了巴黎高等法院,并从自己的亲信中挑选出席法庭的代表,即"国王代理人",前往高等法院和领主法庭,维护国王的私人权利和利益,如国王的采邑(领地)权益、财产权和司法权等。虽然当时"国王代理人"维护的是国王的普通利益(私人利益),但根据文献记载,法王路易九世在位执政期间将基督教作为一种政治智慧发挥到了前所未有的高度,以至于孟德斯鸠称其为"圣路易",他从不辱骂任何人,也从不对任何人施暴,生活极尽简朴,乐善好施,听取来自全国各地的"压迫"和"冤屈",在悄无声息中使人们对国王充满了神圣的敬畏,"国王"的形象被看作是"人间的上帝""永恒的最佳惩恶扬善者",国王的行为有效地促进了社会的公平正义、维护了社会公共利益和秩序稳定,于是国王的抽象身份被扩展延伸至国王的统治权、官吏、诏书乃至于国王铸造的货币当中,叛乱、矫诏、侮辱王室官吏、伪造王室货币等行为都是对国王本人"权利"的侵犯,[1] 这在一

---

[1] 杜苏:《司法独立的黎明——法国古典司法体制诸问题研究》,载《中外法学》2013年第1期。

定程度上，使得国王利益和公共利益之间出现了部分的混同，国王代理人便在实质上既保护了国王的利益，也保护了社会公共利益。

随着人类对犯罪本质的认识和对公平正义的追求，私诉模式的缺点逐渐显露出来，在私诉制度的安排下，刑事诉讼如同民事诉讼一样由当事人推动和进行，由于加害方往往势力过大，被害方担心抗争不过，常常选择抛弃诉权，抑或是被害方接受加害方的贿赂而私下了结，由此导致大量的犯罪不受处罚，严重地威胁到了统治者的统治秩序，使统治者意识到犯罪不仅是对受害人的侵害，更是对国家的侵害，国王及其代表的国家逐渐被视为是所有犯罪行为的受害者，国王是刑事案件中最大的利害关系人，即最大的原告。① 于是，腓力四世时，"国王代理人"演变为了专职的国家官员。② 路易十四时，这一专职的国家官员中出席巴黎高等法院的代理人被任命为总检察长，并正式成为法院的常设组织机构，③ 当刑事案件发生时，如果被害人没有向法庭起诉，为了维护国王的权利和公共利益，各级法院内设的检察官就有权向法庭起诉。换而言之，检察官提起刑事指控不是出于个人报复，也非个人与犯罪有直接利害关系，而是为了维护"王国的和平"而逐渐具有公共性质。特别是在国王路易十二统治期间颁布了《普罗亚条例》，检察官除了被赋予对一切普通刑事案件的起诉权之外，还被授予了受理民众控告、侦查犯罪、执行罚金等刑罚以及出席民事审判并陈述意见、监督司法行政事务等广泛的权力。④ 国王检察官在维护社会公益方面的作用

---

① 韩红兴：《世界检察制度产生和发展的理论评析》，载《政治与法律》2006年第1期。

② 何勤华：《检察制度的诞生与民主法治的进步》，载《人民检察》2011年第20期。

③ 刘林呐：《法国检察制度研究》，中国检察出版社2015年版，第24页。

④ 刘林呐：《法国检察制度研究》，中国检察出版社2015年版，第24页。

越来越大,逐渐地从维护国王个人的利益发展到维护社会公共利益,从国王的仆从成为了国家的仆人。

在法国的旧时代时期,虽然已设置了检察官和建立了初步的现代检察制度,但当时的检察官和法官是一个职业的共同体,同属于一个司法官职内,再加上官职捐纳制度[①],使得法官、检察官等司法职务可以终身担任和世袭,导致司法界几乎都是由贵族和司法世家把持,各种各样的势力都聚集在法院。进入18世纪,法国资产阶级大革命爆发,法院利用"凡政府通过的法律、法令都必须经过法院登记注册,否则就没有效力"的制度,否决资产阶级革命派通过的每一个立法措施,资产阶级革命派对封建旧法院根本就不信任,又另外建立了一套行政法院系统,检察官职正式地从法院司法中剥离出来,作为行政机关的代表,行使检察权作为对法院专制权力的制衡。[②]并且在当时大革命的背景之下,受卢梭等思想家的主权在民观念的影响,检察权也被认为是代表了法律的公正实施、代表了人民,是人民主权的当然组成部分和自然延伸,检察官亦备受人民的拥护。

二、英国、美国、日本检察制度的公益守护

在法国检察制度成功的影响下,世界各国也纷纷效仿,建立了检察制度。英国国会于19世纪末通过了《犯罪检举法》,设立了由总检察长监督的公诉处。对于涉及整个公共利益,普通公民个人是没有足够的权利(或出庭的资格)起诉的,只有总检察长可以提起

---

① 刘林呐:《法国检察制度研究》,中国检察出版社2015年版,第14页。
② 何勤华:《检察制度的诞生与民主法治的进步》,载《人民检察》2011年第20期。

公诉,因为总检察长被认为是公共利益的保护人。① 美国在 1704 年,康涅狄格州最先废止私人追诉制度而采用国家追诉,检察制度亦在美国落地生根,但受到英美法系私权较为发达的影响,美国的检察官在设置上被认为是"政府机关所雇用的律师",与在民间执行辩护人职务的律师地位并未有不同,但是美国的行政机关被看作是公共利益的代表,代表政府出庭的检察官所维护的亦被认为是公共利益。② 日本在明治维新时期从法国引进检察制度,在第二次世界大战后,模仿美国法制,昭和 22 年制定《检察厅法》,翌年修改《刑事诉讼法》,让检察官在诉讼上作为"公益代表人",与被告地位对等,尽管在诉讼地位上来看日本检察官与原告无差,但实际上社会对其有非常高的期许,检察官除了"发现真实义务"外,仍有维护公共利益及保障被告人权的"客观公益义务"。③

三、中国检察制度的公益守护

在中国,1901 年清政府变法修律,在各级审判厅内下设了各级检察局,专门行使公诉职权。1909 年颁布《法院编制法》,第十一章为"检察厅",规定了检察官的职权,包括实行搜查处分、提起公诉、监督审判的执行、作为公益代表人实行特定事宜。④ 检察制度作为清末官制改革的成果被保留了下来,虽然从民国时期开始曾一度对检察制度存在质疑和存废之争,但检察制度追诉犯罪、伸张

---

① 林榕年、张学仁、李启欣:《外国法制史研究导论》,商务印书馆 2012 年版,第 227 页。

② 李美蓉、甄贞:《从检察制度的历史与比较论我国检察官之定位与保障》,载《法学杂志》2012 年第 1 期。

③ 刘兰秋:《日本检察制度简介(上)》,载《国家检察官学院学报》2006 年第 5 期。

④ 何勤华:《检察制度的诞生与民主法治的进步》,载《人民检察》2011 年第 20 期。

正义、维护公益的制度优势并没有被淹没,而且还在本土化的环境中进行了再创造。伴随着社会矛盾的转变和司法体制改革,检察机关从以往重刑轻民的观念中挣脱出来,将民事行政检察拆分为民事检察、行政检察,并增设公益诉讼检察。在公益诉讼检察中,检察官被认为是公共利益的代表,在特定领域内,国家利益和社会公共利益受到损害的,若法定机关、社会组织没有提起民事公益诉讼,或行政机关拒不纠正违法行为或不履行法定职责的,检察官可以以公益诉讼起诉人的身份向法院提起诉讼。检察公益诉讼的提出和设立是检察机关保护公共利益形式上的再挖掘和再深入,从单纯的个体层面的追诉犯罪、保障人权转向了国家层面的促进法治政府的建设和助推国家治理体系和治理能力的现代化。

第二节 公益守护的内涵、价值及意义

一、公益守护的内涵

"公益守护",顾名思义就是对公共利益的看守和保护。那么,何为公共利益?学界普遍认为公共利益的利益内容和受益对象具有不确定性,因此,公共利益被看作是涵义模糊的不确定性法律概念。具体而言,公共利益难以确定其边界范围,是一种开放性的,类似于诚实信用、公序良俗等的框架性概念,具有高度的抽象性和概况性。而公共利益又可拆分为"公共"和"利益"二词,界定"公共"实际上是在试图确定受益的对象。德国学者路佛德(Leuthold)提出以地域的标准来确定,即以地区为划分且多以国家之(政治、行政)组织为单位,在这个空间内大多数人的利益便是公共利益。[①]

[①] 参见姜明安:《公共利益与"公共利益优先"的限制》,载《中国发展观察》2006年第10期。

而德国学者诺伊曼（Neumann）则认为因根据人数标准，以受益人多寡的方式确定，即公共利益应是不特定多数人的利益。[①] 笔者认为以后者的标准确定更为合适，原因有三：一是区域标准的划分会将公共利益的范围缩小，或是将公共利益与国家利益、地区利益对等，然而，实际上国家利益应该是公共利益的一种，是公共利益的下位概念；二是依据区域标准，我们难以将跨区域的行为人因某些共同的需求、共同的利益而联系起来的社会群体囊括进来，也就造成了公共利益包含的范围不完整；三是公共利益应该是一个与私益相对的概念，私益即指的是个人利益，那么与个人相对应的便应该是不特定的多数人，不特定多数人可以不受区域所限制，也可以不为社会的客观事实所固化。

首先，界定公共利益的"利益"一词实质上是确定利益的范围，从词义上看"利益"是指能够通过特定活动达到的某种好处，是一种价值的选择和判断。那么公共利益的价值判断是什么？公共利益是权利与网状社会背景下的产物，在19世纪末、20世纪初，西方国家由自由资本主义阶段进入了垄断资本主义阶段，面对贫富差距拉大、经济危机频发、各种社会矛盾突出。为了缓解尖锐的社会矛盾，国家运用法律和行政手段干预经济和社会生活，产生了大量的社会立法，法律开始由个人本位转向社会本位，人们亦意识到人不可能脱离群体而生存，权利的自由行使不应损害社会公共利益。[②] 由此可见，公共利益是能够维护群体的生存需要所必须具备的条件，是能够为社会所共同认同和尊重的价值。具体可表现为：一是能够给社会与人类提供和善的环境，而且这个环境应该越来越有利于人类的生存和发展，越来越便利于人们的生活与工作；

---

① ［美］E. R. 克鲁斯克、B. M. 杰克逊：《公共政策词典》，麻理斌等译，上海远东出版社1992年版，第30页。

② 参见梁上上：《公共利益与利益衡量》，载《政法论坛》2016年第6期。

二是服务于社会需要,能够给人类提供物化和非物化的公共安全和公共福祉,给社会带来维持其运转的公共产品。① 因此,结合公共和利益两个方面的上述分析,可以将公共利益界定为不特定多数人所共同期望的能够为其生存提供好的环境和满足其社会需要的好处。

其次,公共利益在我们社会生活中所呈现的是一种"虚实相间"的样貌,虚中有实,实中有虚,而探讨公共利益实的部分就是公共利益所能包含的外延有哪些,特别是在检察工作当中,所涉及的公共利益的具体表现是什么?正如上文所述,公共利益是一种价值的选择和判断,但这种价值选择和判断会受到特定的历史时期总环境的影响,也就是说唯由以当时的眼光才能客观诠释公共利益的含义,因此,公共利益也是一个历史性的概念,以一个变迁中的社会的政治、经济、社会及文化等因素及事实作为考量价值的内容。② 从检察制度的发展历史来看,在检察制度的诞生初期,国王代理人是维护国王利益,帮助统治者维护统治秩序的,公共利益表现为亚里士多德提出的"整体国家观",是一种最高的善;③ 随后,检察机关成为追诉犯罪的专门机关,公共利益表现为一种稳定的社会秩序和对受害人的人权保护;再之后,检察制度为抵抗法院的专断,具备了权力监督和制约的功能,公共利益便又具有了社会公平正义和民主法治的内涵;时至今日,检察官作为公共利益的代表,提起公益诉讼,公共利益又增添了社会生活环境美好、食品安全健康、政府治理有效等涉及民生、增强人民幸福感和获得感的内容。

最后,如何理解"守护"?"守"是一个持久性的动作,体现

---

① 聂婴智:《公共利益解读与国际借鉴》,载《法学杂志》2009 年第 3 期。
② 梁上上:《公共利益与利益衡量》,载《政法论坛》2016 年第 6 期。
③ 参见胡鸿高:《论公共利益的法律界定——从要素解释的路径》,载《中国法学》2008 年第 4 期。

为一种时间的跨度，表现在检察官始终是公共利益的看护者，无论检察制度如何发展，检察机关如何改革，检察职能如何定位，对公共利益的保护始终是检察工作的出发点和落脚点。而"护"是保护的意思，是检察官的一种行为方式和动作形态，在法律制度下主要有两种实现的路径：一种是"实质主义"，即在立法中明确检察机关的某种行为保护具体的公共利益，即作为立法目的或是行为原因，检察机关可依据法律条文的相关规定开展检察业务。例如，我国《刑法》第1条、第2条，将公共利益中惩罚犯罪、保护人民、保卫国家、维护社会秩序、经济秩序等具体内容明确的表现出来；我国《刑事诉讼法》第1条、第2条明确了正确应用法律、惩罚犯罪、尊重和保障人权、保护人民、保障国家安全和社会公共安全，维护社会主义社会秩序，即公共利益的具体内容，检察机关依据法律的规定追诉犯罪，来保护上述的公共利益；我国《民事诉讼法》第55条第2款规定了检察机关可在环境利益和消费者生命安全受损或遭受威胁时开展检察工作，换句话说当环境等公共利益受损或是正处于受威胁之下时，检察机关可以督促、支持或是通过自己提起诉讼来保护上述公共利益。另一种是"程序主义"，即通过一些程序性手段达到对公共利益的保护。例如，检察机关在私权基础上构建的民事诉讼中不具有追诉职能，但是在我国《民事诉讼法》第208条、第209条中规定了检察机关对已生效的判决、裁定确有错误的或是调解书损害国家或社会公共利益的可提出抗诉，即通过抗诉的程序行为达到对社会公平正义之公共利益的保护；我国刑事诉讼法虽然规定了检察机关有追诉犯罪、保障人权的职能，但是又通过保证检察工作的规范化和程序的合理化来达到公共利益保护的目的，如第56条规定的非法证据排除规则、第87条对侦查机关提请逮捕的必要性进行审查、第132条规定检查妇女的身体，应当由女工作人员或者医师进行等。

二、公益守护理念的价值

（一）实现公平正义

众所周知，人类的法律文明史，已有 5000 年以上的历史了，法院作为解决纠纷的手段和工具也具有非常悠久的历史，公元前 3500 年的古埃及法院的审判活动就已经非常活跃了。检察制度不一样，它是公元 13 世纪的产物，比法院的产生要晚了 4000 多年。但是检察制度作为司法制度的重要组成最终还是产生了，推动检察制度诞生的一个非常重要的内在动因就是对权力的制衡和监督，以此来达到实现社会的公平正义的目的。因为最初司法审判只有一个中心，即法院，法官集调查、追诉、审判职能于一身，权力过于强大且不受约束，不受约束的权力常常以无情和不可忍受的压制为标志，造成了法官的恣意和专断，于是，必须使法官的权力受到约束。刚开始英国启用陪审团制度，试图以权利压制权力，但是这样的方式的弊端也很快表现出来，权利的强制力不足和专业性不强，致使对权力的约束力不足，因此，法国在对审判权的制约时认为必须尝试用权力制约权力的方式，检察制度的诞生就是设立国王代理人行使控诉权，在法庭上制约法官的专断。到资产阶级大革命时期，在三权分立原则的影响下，检察制度就真正成为了权力制衡的工具，实行控、审分权，以此来防止司法审判机关放纵犯罪或冤枉无辜，维护司法公正。当然，除了通过监督和制衡审判权力之外，检察机关在自身的检察工作中通过履行客观公正的义务达到了实现公平正义的目的。[①] 检察官在刑事案件当中，为了发现案件的真实情况，以不偏不倚的态度，站在客观公正的立场上进行活动，处理

---

① 徐安、张中秋等：《论域外检察文化的特征》，载《人民检察》2014 年第 7 期。

法律事务。或言之，检察官追诉犯罪的目的必须建立在案件的客观真实的情况之上，必须还原案件的事实真伪，既要收集"不利于"，也要收集"有利于"犯罪嫌疑人或被告人的证据，以此来确认国家对犯罪嫌疑人或被告人的刑罚权的存在与否，以实现实体正义。因此，我们说检察官的职责并不仅仅在于实现胜诉或是追求有罪判决，而是在于通过自己的诉讼活动还原事实真相，将所有相关证据提交给法庭，并保证证据取得的合法性，以此来追诉有罪之人，实现司法正义。这也正是检察官作为法律守护人的光荣使命。

（二）维护法制统一

诞生于法国的检察制度，最初以国王代理人制度出现在人们面前，促使其设置的动因是国王为了对付地方领主司法权的垄断，因为当时在封建割据的时代背景之下，各领主自设有自己的领主法庭，再加上法官的恣意专断，国王的法律无法得到统一正确地实施，于是国王派遣了代表，通过法律适用上的一致，来达到中央集权的目的。到后来正式设置了检察机关，确立了检察制度之后，由检察机关来统一行使追诉犯罪、法律监督的职能，而且在机构的设置上，不同于法院体系的指导与被指导的关系，上下级检察机关之间是领导与被领导的关系，因为只有如此，才能使检察机关在追诉犯罪、解释法律、监督法律的正确实施时适用的是同一个法律标准，以此最终达到了在一国之境内法制统一的效果。检察制度的设立使得由依托受害人自诉的诉讼模式转向了国家公诉的诉讼模式。而这种转变来源于人类对犯罪本质的更为清晰的认识。犯罪是一种具有严重社会危害性的行为，如果在自诉的诉讼模式下，很难保证每个犯罪者能够为其行为付出代价，从而使得受害者的人身、财产等因暴力犯罪受到的损害得以弥补和修复，社会的阶层之间的距离逐渐拉大，阶层之间的矛盾会变得日渐尖锐，上层阶级的权力的日渐膨胀亦会导致压制和剥削，威胁着国家的稳定和存在打破长治久安的社会秩序的可能性。检察制度的设立，采取官方追诉模式，由检察官作为国家的代表，追诉犯罪者，使其受到法律的审判和得到应有的惩戒，是替受害人说话，维护社会的公平正义，同时，也通过对犯罪者的惩罚，起到对其他人的教育和威慑的作用，使其他人不敢犯罪，以此来保持社会的正常稳定的秩序，创造和谐美好的氛围，使得人们能够安心的工作、学习和生活，不用担心自己的人身和财产等权利受到迫害，从而最终达到国家的稳定。

（三）促进社会福祉

随着人类社会的进步，人们从人身、财产不受侵犯的要求转向了对美好生活向往，随之而来的是检察机关职能范围的拓展和延伸，并不再局限于刑事诉讼领域，同时，还在于其广泛地参与涉及公共利益的其他诉讼。例如，在英美法系国家，美国检察官同时是联邦政府和州政府机构及立法机关的法律顾问和公共利益的代表，在公民诉讼中，检察官可以作为政府机构的代表出席诉讼，追究环境破坏者的法律责任、提出环境损害的相应赔偿或生态补偿，以此来达到保护环境公共利益的目的。[①] 而在大陆法系国家，典型的是中国所建立的检察公益诉讼制度，在这项制度之中，中国的检察机关不像英美法系国家是作为政府机构的代表，而是直接作为公共利益的代表，依据法律的规定，能够在环境与资源损害领域、食品药品健康安全等领域，通过督促起诉、支持起诉和提起诉讼等方式来达到对公共利益的保护，也可能是在其他的领域通过检察建议的形式促进政府机关行政权力的落实到位或是发现并去弥补行政管理体系或是措施的不足，而这项保护的最终目的是为了能给予人们更优美的环境体验、提供更放心和安全的食物、保障更为方便快捷的政

[①] ［美］詹姆斯·萨尔兹曼、巴顿·汤姆森：《美国环境法》（第四版），徐卓然、胡慕云译，北京大学出版社2016年版，第230页。

府服务、促进法治政府建设和推动国家治理体系和治理能力的现代化,是能够使人们的精神利益受到更大的关切和爱护,促进社会福祉,增加人民的幸福感和满足感。

(四) 保障人权

人权是人依其自然属性和社会本质所享有和应当享有的权利。18 世纪前后,随着资本主义市场经济的兴起和扩张,西方国家纷纷建立资本主义制度,西方法治文明在传统价值观的基础上出现了资本主义法律思想。保障人权亦成为了西方社会的重要文化内涵,同时也成为了检察制度发展的价值目标。[①] 检察制度的诞生就包含了保障人权的目的,在自诉模式和法官的专断之下,受害人的人权无法得到及时的救济。权利实现的重点并不在于完全消灭侵权现象,而在于如何使权利能够得到救济和保障。法律通过赋予检察机关公诉权,将犯罪交由检察官来追诉,检察官职能的行使以国家作为后盾,其公信力能够得到足够的保证,能够帮助受害者伸张正义,提供给其权利救济的渠道,使其人权得以保障。作为司法救济功能的重要组成部分,检察制度具有举足轻重的地位和作用。同样,在审判权由法官掌控、侦查权由警察行使的时候,为了避免法官的恣意和专断,避免使受害人得不到有效保护或是同一类型案件受到不同的审判和得到不同的裁判结果,检察权对审判权进行相应的监督,使得诉讼主体的权利能够得到有效保障;为了避免侦查权可能造成的人权侵犯,亦确立了对侦查行为合法性的控制,以保证证据的客观真实,能够还原案件的事实真相,从而使犯罪嫌疑人或被告人免受不恰当的刑罚,并使其承担相应的法律责任。

---

① 徐安、张中秋等:《论域外检察文化的特征》,载《人民检察》2014 年第 7 期。

三、坚持公益守护理念的意义

在我国,坚持和强化"公益守护"理念,对于落实以人民为中心的发展理念、促进四大检察全面发展、促进国家治理现代化都具有重要意义。

(一)落实以人民为中心的发展理念

"以人民为中心的发展理念"是党的十八大以来以习近平同志为核心的党中央关于发展问题的重要创新性理论,为党团结带领全国各族人民,在新的历史起点上推进中国特色社会主义事业发展,全面建成小康社会进而实现中华民族伟大复兴的中国梦,进一步明确了基本遵循,指明了前进方向。[①] 历史唯物主义认为,人民群众是历史的创造者,人民群众首先是通过物质生产活动进行社会物质和精神财富的创造,并在这个基础上进行阶级斗争、社会改革和社会革命来创造历史。以毛泽东同志为代表的中国共产党人把"为人民服务"作为党的宗旨,把"一切为了群众,一切依靠群众,从群众中来,到群众中去"党的群众路线作为党的生命线和根本工作路线。在改革开放的历史新时期,邓小平等党和国家领导人也始终强调要以人民群众赞成还是反对作为各项政策的出发点与落脚点。党的十八大以来,习近平总书记把"以人民为中心"的世界观表达得更全面、充分而透彻,指出"人民是推动发展的根本力量,必须坚持以人民为中心的发展思想,把增进人民福祉、促进人的全面发展作为发展的出发点和落脚点,发展人民民主,维护社会公平正义,保障人民平等参与、平等发展权利,充分调动人民积极性、主动

[①] 姜淑萍:《"以人民为中心的发展思想"的深刻内涵和重大意义》,载《党的文献》2016年第6期。

性、创造性"①。2020年11月16日至17日，中央全面依法治国工作会议在北京召开。习近平在讲话中强调，要坚持以人民为中心。全面依法治国最广泛、最深厚的基础是人民，必须坚持为了人民、依靠人民。要把体现人民利益、反映人民愿望、维护人民权益、增进人民福祉落实到全面依法治国各领域全过程。推进全面依法治国，根本目的是依法保障人民权益。要积极回应人民群众新要求新期待，系统研究谋划和解决法治领域人民群众反映强烈的突出问题，不断增强人民群众获得感、幸福感、安全感，用法治保障人民安居乐业。检察机关作为党领导下的政治机关，坚持"公益守护"理念，就是能够时刻站定人民立场，以服务人民为己任，以保障人权为使命。同样，人民性也是中国特色社会主义法治和司法的本质特征。坚持以人民为中心，是中国特色社会主义法治和司法工作的根本目的。② 在检察工作中，坚持"公益守护"理念，能顺民心、尊民意、注民情、致民生，增进人民福祉，满足人民对美好生活的向往；能够解决人民最关心最直接最现实的利益问题，维护好公平正义、社会秩序和国家稳定；能够在司法环节中为每一个人的生命和生活提供保障，使每一个人能够置身于安全、和谐、美好的自然环境和社会环境之中，从而最终实现人的全面发展。

（二）促进四大检察全面发展

新时代社会主要矛盾发生变化后，人民群众对民主、法治、公平、正义、安全、环境的新要求新期待与日俱增，不仅要求将促进

---

① 《中共中央政治局召开会议：讨论拟提请十八届五中全会审议的文件，审议〈中国共产党廉洁自律准则〉〈中国共产党纪律处分条例〉》，载 http://www.xinhuanet.com/politics/2015-10/12/c_1116799184.htm，最后访问日期：2019年12月15日。

② 柳华文、黄振威：《以人民为中心的人权发展新理念探析》，载《人权》2019年第1期。

社会公平正义、增进人民福祉作为检验既定制度安排、职权体系、运行机制成效的根本标准，而且要求检察机关必须把全面履行宪法法律赋予的法律监督职能作为深化检察体制改革、开拓人民检察事业的"尺子"，"保证法律正确实施、公正司法、维护国家法制统一的尊严权威"，不断向人民群众提供更充分、更精准、更高效"检察公共品"，使人民群众不断增强对民主法治、公平正义、安全环境、公正司法、权利救济、保障人权、制约公权、促进和谐、法制统一等"法福利"公共品的获得感、幸福感和满意度。[①] 而检察机关长期将注意力、关键点致力于刑事检察工作（探索"捕诉分离"、诉讼职能与诉讼监督职能"两分离"、检察方式的"适度司法化"等技术层面的改革），对事关人民群众自身的实体性权利要求（如生命健康、财产权益保护，社区和谐、公共安全、生态环境保障等）关注度不够，"检察公共品"有效充分精准供给始终未能取得实质性突破。民事检察与行政检察力量配置单薄、公益诉讼检察设置时间短，法律依据不完善，检察人员专业储备不足，民事检察、行政检察、公益诉讼检察，不仅不能与反贪污贿赂、反渎职侵权等职务犯罪职能相提并论，就是与刑事检察职能亦难以"并驾齐驱"。坚持"公益守护"理念，可以打破一直以来检察机关重刑轻民的思想观念，坚守宪法、法律赋予的法律监督的职能定位，全面发展四大检察业务，履行好公共利益代表的职责，满足好新时代下人民群众的迫切需求。

（三）促进国家治理现代化

党的十九届四中全会提出要坚持和完善中国特色社会主义制度、推进国家治理体系和治理能力现代化。国家治理体系和治理能

[①] 慕平：《中国特色社会主义检察理念研究》，载《法学杂志》2009年第4期。

力现代化是国家治理现代化的两个主要面向,是我们党继工业现代化、农业现代化、国防现代化、科学技术现代化之后提出的"第五个现代化"。①检察机关作为国家治理主体之一,贯彻"公益守护"理念,既是对人民群众美好生活向往的回应,也将在实质上促进我国"第五个现代化"的实现,具体体现为以下5个方面:

一是促进公权力运行的制度化和规范化。这里的公权力不仅包括行政权和审判权,还包括检察权自身。首先,公益守护理念要求检察机关加强自身履职的规范性。检察机关作为法律监督机关,在监督其他主体之前,首先要保证自身权力的运行符合法律和制度的要求。检察制度围绕公益守护理念建立和发展,为了使检察机关能够成为公益守护人,检察制度赋予检察机关所需的权力。作为守护公益的最后一道防线,检察机关必须运用制度和规范制约权力自身所具有的扩张属性,保障权力行使的公益面向。其次,公益守护理念要求检察机关加强检察机关法律监督权,强化对审判权和行政权的监督和制约。检察机关通过法律监督,制约审判权和行政权运行过程,防止审判权和行政权的扩张、滥用、腐败,在一定程度上促进了审判权和行政权运行的制度化和规范化,保障了公平正义和公民权利的实现。

二是促进公共治理和制度安排的民主化。公共利益涉及不特定多数人,守护公共利益就是要在公共治理和制度安排中满足不特定多数人的利益诉求,其关键在于保障国家治理中公众参与的开放性。检察机关提起公益诉讼是基于其在履职过程中发现的公益诉讼线索,这里的履职过程包括公众的举报,具体而言,公众发现存在损害国家利益和公共利益的违法行为,可以向检察机关举报,检察

---

① 参见许耀桐:《应提"国家治理现代化"》,载《北京日报》2014年6月30日。

机关审查之后决定是否提起公益诉讼。除了公益诉讼，刑事、民事、行政检察均向公众开放了参与的渠道。检察机关作为治理主体，保障公众参与检察工作，实际上就是让公众参与到公共治理当中，这在一定程度上能够促进公共治理和制度安排的民主化。

三是推动法治建设。国家治理体系和治理能力现代化的关键和本质是法治化，法治中国建设是指法治国家、法治政府与法治社会的一体化建设，检察机关的法律监督在推动一体化建设中发挥着重要作用。首先，公益守护理念要求检察机关督促行政机关保护公共利益。检察通过诉讼监督和公益诉讼机制，纠正行政机关的违法作为或者不作为，促进政府依法行政，推动法治政府的建设。其次，公共利益的广泛性保护需求，要求检察机关不能局限于个案的办理，无论是刑事检察，民事检察，还是行政检察和公益诉讼检察，检察机关在办理个案的同时，都深入挖掘个案中的共性问题，发挥对同类问题的督促指导作用，"既促进被监督者堵漏建制、提高执法司法管理能力，又达到警示一片、教育社会面的良好效果"，从而推动了法治社会的建设。

四是提高国家治理效率。公益守护理念要求检察机关运用制度创新，高效维护国家利益和社会公共利益，以自身工作效能的提高推动整个国家治理效率的提高。近年来，在公益守护理念的引导下，为了更好更快地守护公共利益，我国探索了一系列的检察制度。例如，刑事诉讼中的认罪认罚从宽制度，其制度价值就在于提升司法效率，尽快追究犯罪，恢复被破坏的国家统治秩序。再例如，行政检察实质性化解行政纠纷，避免程序空转造成的司法资源的浪费和司法效率的低下。这些工作机制的建立，都是为了推进诉源治理，提高司法效率，进而提高国家治理效率。

五是促进国家治理的协调发展。公共利益的开放性和非排他性，使得公共利益的保护仅靠检察机关一个权力主体的保护、检察制度一项制度的运行是远远不够的。公益守护理念要求检察机关加强与其他机关,如公安、法院、司法以及相关行政机关等的协调配合,要求各项公益保护制度在实施过程中实现互补,在公共利益的保护上实现双赢多赢共赢。加强国家治理主体之间的合作,发挥组成国家治理体系的各项制度的作用,不仅便于检察机关履行法律监督职能,也能提升国家综合治理能力,促使国家治理协调发展。

第三节 公益守护与法律监督

在我国检察事业发展进程中,检察理念一直在引导法律监督工作开展。作为新时代检察理念中的一种,"公益守护"理念也一直蕴藏于法律监督工作之中,并伴随着检察机关法律监督权的发展和深化法律监督工作要求的提出,得到了提炼和概括。它来源于法律监督,又指导和引领法律监督工作,并在推进国家治理能力和治理体系现代化方面发挥重要作用。

一、公益守护理念以法律监督为基础

(一)我国专门法律监督机关的确立与公益性的体现

作为国家法律监督权力体系中的一个重要组成部分,检察机关的法律监督机关主体地位早已确定。在新中国成立初期,我国以列宁的法律监督理论为指导,[①] 在宪法和人民检察院组织法中明确规定检察机关为专门的法律监督机关,并对检察机关的法律监督权力范围进行了明确规定。1954 年宪法规定:"最高人民检察院对全国

---

① 列宁的法律监督理论反对西方的三权分立和议会制,主张检察机关直属于最高权力机构,独立行使法律监督权。其所体现的民主政权观为新中国所认可和接受。

人民代表大会负责并报告工作","中华人民共和国最高人民检察院对国务院所属各部门、地方各级国家机关、国家机关工作人员和公民是否遵守法律,行使检察权","地方各级人民检察院独立行使职权,不受地方国家机关的干涉"。同年 9 月 21 日通过的人民检察院组织法规定了检察机关的具体职能:一是监督地方国家机关的决议、命令、措施是否合法,国家机关工作人员和公民是否遵守法律;二是侦查刑事案件,提起和支持公诉;三是监督侦查机关的侦查活动是否合法;四是监督法院审判活动是否合法;五是监督刑事案件判决的执行和劳改机关的活动是否合法;六是对有关国家利益和人民利益的重要民事案件有权提起诉讼或者参与诉讼。

"设立专门的法律监督机关是中国特色社会主义法律监督体系与西方法律监督体系的重要区别之一。"[①] 这种区别主要体现为制度安排的不同。不同于西方在三权分立政权结构下将检察权附属于行政权的制度安排,我国的检察制度保留了"国家权力控制"功能,认可权力分立与制衡的前提即权力之间的职能分工,防止权力过度集中。我国检察机关的法律监督权来自人民的授权,并"承载我国一元分立权力架构下对行政权、审判权互动协调制约的政治功能"[②]。与我国国体政体相适应,具有"中国特色"。

从新中国检察制度的安排和上述法律规定可见,中国特色社会主义检察法律监督主要有两项功能:一是监督法律的运作,维护法制实施的正确统一;二是控制权力的运行,防止权力的滥用,从而

---

① 郑智航:《中国特色社会主义法律监督理论的主旨与内核》,载《法制与社会发展》2014 年第 6 期。

② 徐汉明:《当代中国检察制度的特色及其优越性》,载《政策》2008 年第 10 期。

实现对公民权利的维护。① 法律监督的这两项功能充分体现了检察机关法律监督工作的公益性。首先，维护国家法制统一关系社会秩序的稳定。法律规制社会秩序，保持法制自身的统一正确才能保障社会秩序的稳定。而这之中体现的公益性要回归社会秩序与公共利益的关系来探讨。如上文所述，公共利益本身是一个抽象的概念，公共利益是不特定多数人所共同期望的能够为其生存提供好的环境和满足其社会需要的好处，简单来讲，就是不特定多数人所共同期望实现的个体利益。由于个体利益具有分散性，需要统一的秩序予以汇总提炼，因此可以说，全体社会成员为实现个体利益所需的社会秩序亦是公共利益本身。作为一种抽象的社会秩序，公共利益的实现形式包括国家制度和国家权力。国家制度建立起社会秩序，检察机关通过法律监督在维护国家法制统一的同时保障社会秩序的稳定，亦即维护公共利益，因此，检察机关对国家法制统一的维护反映了检察机关法律监督权的公益属性。其次，国家权力保障国家制度的实施。但是权力本身具有扩张性和侵略性，如果不对权力进行控制，则无法保证国家权力的公共性。而检察权从诞生之日起就是防止行政（包括警察）和司法专断的中坚力量，检察权对权力运行的监督和控制，就是为了防范、控制和矫正权力的扩张、滥用、腐败，进而保障公共利益的实现。因此，从检察机关监督法律实施统一和控权的这两项主要功能来说，检察机关的法律监督权具有公益性，检察机关的法律监督工作蕴含着"公益守护"的理念。

---

① 郑智航：《中国特色社会主义法律监督理论的主旨与内核》，载《法制与社会发展》2014 年第 6 期。

（二）新时代检察机关法律监督职能的调整与公益守护理念的凸显

进入新时代以来，我国社会主要矛盾转化为人民日益增长的美好生活需要和不平衡不充分的发展之间的矛盾。为了适应经济社会的发展和社会主要矛盾的变化，我国进行了监察体制和司法体制改革，并修改了民事诉讼法、行政诉讼法和检察院组织法等相关法律，对检察机关的职能范围进行了调整。修改后人民检察院组织法规定人民检察院行使 8 项职权：一是侦查权；二是批捕权；三是公诉权；四是公益诉讼；五是诉讼监督；六是执行监督；七是监所监督；八是其他职权。① 职权变化主要有以下两点：一是侦查管辖范围的变化。取消检察机关对贪污贿赂、渎职犯罪的侦查权，保留检察机关对司法工作人员部分职务犯罪的侦查权；② 二是明确赋予检察机关提起公益诉讼的权力。

上述检察机关的职权配置体现了公益守护理念。"守"的本义是官吏的职责，职守。区别于公益保护，公益守护强调检察机关运用自身权力来保护公共利益。《人民检察院组织法》第 2 条第 2 款规定，"人民检察院通过行使检察权，追诉犯罪，维护国家安全和社会秩序，维护个人和组织的合法权益，维护国家利益和社会公共

---

① 2018 年《人民检察院组织法》第 20 条规定："人民检察院行使下列职权：（一）依照法律规定对有关刑事案件行使侦查权；（二）对刑事案件进行审查，批准或者决定是否逮捕犯罪嫌疑人；（三）对刑事案件进行审查，决定是否提起公诉，对决定提起公诉的案件支持公诉；（四）依照法律规定提起公益诉讼；（五）对诉讼活动实行法律监督；（六）对判决、裁定等生效法律文书的执行工作实行法律监督；（七）对监狱、看守所的执法活动实行法律监督；（八）法律规定的其他职权。"

② 《刑事诉讼法》第 19 条第 2 款规定，检察机关在对诉讼活动实行法律监督中发现的司法工作人员利用职权实施的非法拘禁、刑讯逼供、非法搜查等侵犯公民权利、损害司法公正的犯罪案件进行侦查。

利益，保障法律正确实施，维护社会公平正义，维护国家法制统一、尊严和权威，保障中国特色社会主义建设的顺利进行"，明确"维护国家利益和社会公共利益"是检察机关行使检察权的目的之一。检察权作为一种司法属性的法律监督权，是一种复合型权力。在检察权体系中，无论是公诉权、诉讼与执行监督、监所执法监督，抑或是公益诉讼，均是检察机关运用法律来保护国家利益和社会公共利益，实现对国家利益和社会公共利益法律救济的重要途径。首先，检察机关通过追诉犯罪来维护国家利益和社会公共利益。如上文所述，公诉权的产生是因为统治者意识到犯罪不仅仅危害私人利益，还破坏国家统治秩序，危害社会公共利益，因此需要通过公权力机关追究行为人责任，在救济私人利益的同时维护国家统治秩序和社会公共利益。其次，检察机关在诉讼与执行监督中，通过纠正判决与执行不当，监督司法人员公正司法、严格执法来维护社会公平正义和国家法制统一，守护公共利益。最后，检察机关通过对违反法律法规，侵犯国家利益和社会公共利益的行为提起诉讼来填补公益损害，保障国家利益和公共利益的充分救济。

立法对检察机关职能的调整更加凸显了检察机关公益守护人的身份。修改后的检察院组织法明确检察机关享有公益诉讼职权。鉴于公共利益的非排他性和非竞争性，为了防止"公地悲剧"，即防止个体过分扩大自身利益而导致公共利益被过分剥削，我国建立了检察公益诉讼制度，明确检察机关可以对损害公共利益之个体或因违法履职、不履职造成公共利益损害之机关提起诉讼，让违法者对公共利益的损害承担责任，从而防止个体对公共利益的无限侵害。公益诉讼具体分为民事公益诉讼和行政公益诉讼。在民事公益诉讼中，有关机关和符合法律规定的组织都享有诉讼主体资格。然而，公益诉讼职权不等同于公益诉讼诉权，因公益诉讼职权所具有的公权力属性，更加凸显了检察机关公益守护人的身份。并且，因司法权具有独立性、谦抑性和保障性，检察机关对公益的守护具有防线色彩。首先，在民事公益诉讼中，由法律规定的其他诉权主体优先提起民事公益诉讼，检察机关在无适格主体提起诉讼时才能基于法律监督权进行起诉。其次，检察机关提起行政公益诉讼是因为，政府虽然也是公共利益的代表，维护着公共利益，但政府作为理性经纪人很有可能会因自身利益、部门利益、个人利益偏离公共利益保护的"航道"，检察机关通过行政公益诉讼诉前程序和诉讼程序，督促行政机关依法履职，充分体现了检察权在公益诉讼保护方面以"守"为主的补充作用，凸显了"公益守护"的理念。

二、公益守护理念对法律监督的要求

党的十九大提出，要健全党和国家监督体系。作为宪法明确定位为国家法律监督机关的人民检察院，在新时期进一步完善和发展法律监督成为检察工作开展的必然。公益守护理念作为新时期重要的检察理念，既为检察机关深化法律监督提供了新的思路，也对深化法律监督作出了新的要求。

（一）坚持检察机关法律监督机关的主体地位

国家监察体制改革后，检察机关的职务犯罪侦查权被转移到重新组建的监察委员会。有观点认为："职务犯罪侦查权，是检察机关最具刚性和监督属性的权力，它通过对公职人员职务犯罪的查处，促进公职人员依法行政和公正司法，保障国家法律统一正确实施，具有直接的公权力指向性和对公权力的监督制约性，是我国宪法把检察机关定位为'国家法律监督机关'的主要根据和重要支撑。"[①]

[①] 胡勇：《监察体制改革背景下检察机关的再定位与职能调整》，载《法治研究》2017年第3期。

"在整个国家监督制度体系中，监察委员会将成为对所有公职人员进行全覆盖监督的专责机关，检察机关只是这个监督制度体系中的一员，不能包括或者取代整个监督制度体系，进而既没可能也不应当再用法律监督这一早已名不副实的称谓来定位检察机关。"①

国家监督体系是一个庞大的系统，检察机关从始至终无法包含整个国家监督体系。监察制度改革之前，检察机关与其他监督主体的主要区别在于，检察机关是由人民代表大会设立的专门监督机关。监察制度改革之后，实际上形成了"一府一委两院"的新格局。但必须明确的是，区别于监察委员会的法律监督，检察机关的法律监督权是一种复合性的权力，第十四次全国检察工作会议早就提出了"检察监督体系"的概念，即检察机关依法履行法律监督职能的制度体系，是包括职务犯罪侦查权、公诉权、批准逮捕权以及对刑事诉讼、民事诉讼、行政诉讼的监督权、提起公益诉讼权、检察事务权等在内的协调运行的制度体系。② 职务犯罪侦查权的部分剥离并不能改变检察机关法律监督机关的宪法地位。因为职务犯罪侦查权主要是对公职人员履职行为的法律监督，不直接涉及国家机构之间的权力制衡。而检察机关的其他职权，如公诉权、诉讼监督权、公益诉讼权、侦查监督权等，是对其他国家机关权力运行的监督，这种监督不仅可以有效制约行政权和审判权，还能维护国家法制的统一，充分发挥了中国特色社会主义法律监督的两项主要功能，具有法律监督权的本质属性。

坚持检察机关法律监督机关的主体地位，是"公益守护"理念对深化法律监督的首要要求。公共利益的实现需要依靠国家制度和

---

① 参见梁上上：《公共利益与利益衡量》，载《政法论坛》2016 年第 6 期。
② 参见徐汉明：《在"四个全面"战略布局中加快推进法律监督体系和法律监督能力现代化》，载《人民检察》2016 年第 12 期。

国家权力，法制的统一和权力的控制是维持公共利益这一抽象社会秩序所必不可少的条件，而这两个要件恰恰是法律监督权的主要功能和目的，所以检察机关法律监督权的行使是实现公共利益的重要途径，而行使法律监督权守护公共利益的前提就在于坚持检察机关法律监督机关的主体地位不动摇，践行"公益守护理念"要求检察机关坚持检察权的法律监督本质，通过不断强化监督职能，加强权力制约，并确保法律实施的正确统一。

（二）强化检察机关法律监督权

在国家监察体制和司法体制改革背景下，坚守检察机关的法律监督主体地位之关键在于检察机关法律监督权的强化。随着反腐败职能的转移，检察机关必须更好地行使公诉权、诉讼监督以及公益诉讼等职权，一则是为了发挥自身职能和价值，回应"监督弱化"的质疑；二则是"公益守护"理念对检察机关深化法律监督的要求。

1. 强化公诉权与诉讼监督。公诉和诉讼监督是法律监督工作的重要组成部分，也是检察机关的专属职能。其中，公诉主要是检察机关为了追诉犯罪，通过行使诉权的方式来启动司法裁判程序，督促法院在认定事实和适用法律的基础上，作出公正的判决，以恢复被破坏的社会公共秩序。强化公诉权就是强化检察机关在刑事诉讼中的主导作用，这与以审判为中心的司法体制改革并不冲突，并且有助于审判的顺利进行。这是因为，以审判为中心本质上是以庭审为中心，而以庭审为中心本质上是以证据为核心。[①] 检察机关在庭前不仅把控着案件的程序走向，对公安的侦查取证更是起着监督引导作用，在庭审中则承担着以证据指控和证明犯罪的责任，在刑事诉讼中充分发挥检察机关的主导作用，有助于保障起诉和证据的质

---

① 通检宣：《积极发挥检察机关的主导作用》，载《检察日报》2018年11月19日。

量，对于审判的顺利进行、及时有效地惩治犯罪、恢复被破坏的社会秩序起重要作用。诉讼监督则是检察机关纠正刑事、民事、行政司法活动中的违法行为，保障司法公正的重要手段。强化诉讼监督就是要切实履行检察监督职能，做到精准监督和主动监督损害国家利益和社会公共利益的诉讼行为。公共利益的保护依靠行政权、审判权和检察权共同实现。"公益守护"理念要求检察机关强化诉讼监督，一是要制约行政权和审判权，防止权力专断进而侵犯公共利益；二是补强行政权和审判权对公共利益的保护，对于行政机关和审判机关的判断失误予以及时纠正。

2. 积极探索和推进检察公益诉讼制度。增设公益诉讼职权是2018年人民检察院组织法对检察机关法律监督权的重要调整之一，建立在民事诉讼法和行政诉讼法对检察公益诉讼制度的确认之上。检察机关提起民事公益诉讼，能够弥补其他主体在维护公共利益方面的不足，并且作为行政公益诉讼的唯一适格主体，检察机关还能通过行政公益诉讼制度，直接监督行政权力，督促行政机关依法履职，从而维护公共利益。然而，检察公益诉讼制度作为一项"年轻"的制度，无论是制度的供给，还是实践的发展，均存在不足。检察官作为公共利益的代表，在制度构建尚不健全的情况下，为了满足人民日益增长的对美好生活的向往，保护国家利益和社会公共利益，在深化法律监督过程中，必须进一步探索和推进检察公益诉讼制度，充分发挥检察公益诉讼制度的价值和效用，实现公共利益的保护。

第四节　公益守护理念在检察工作中的贯彻落实

检察官作为公共利益的代表，"公益守护"理念应贯彻于刑事、民事、行政和公益诉讼四大检察全过程。

一、公益守护理念在刑事检察中的实践

刑事检察是检察工作中的最主要部分。最初,现代检察制度因追诉犯罪的需要而诞生,并且也始终将提起公诉,打击、惩罚犯罪,保护人民作为其最主要的职能,可以说刑事检察与检察制度可谓是相伴相生的。我国在1954年颁布的《人民检察院组织法》第4条中,各级人民检察院的6项职权中,有3项是属于刑事检察的业务范围,包括:"(二)对于刑事案件进行侦查,提起公诉,支持公诉;(三)对于侦查机关的侦查活动是否合法,实行监督;(四)对于人民法院的审判活动是否合法,实行监督。"为此,在最高人民检察院设立了相应的业务机构:第三厅(侦查监督厅)、第四厅(审判监督厅),各级人民检察院也建立了相应的机构。到"文化大革命"期间,虽然检察机关名存实亡,但是属于刑事检察的审查批捕、审查起诉仍被认为是各级人民检察院的中心任务。[①] 再到人民检察院重建至今,涉及刑事检察的内设机构几乎占据了职能配置机构的一半。由此可见,刑事检察是我国检察业务中非常重要的一项工作。而其之所以重要的原因在于,刑事检察是由国家强制力保障,体现国家意志,检察机关通过检察权的行使,来最终达到社会矛盾纠纷解决和公共利益维护的价值目标的实现。维护正义、维护国家社会公共利益是刑事检察最主要的目的。按照法律的规定,检察机关在刑事检察工作中检察权主要通过以下方式实现:(1)对于公安机关提请逮捕犯罪嫌疑人的案件进行审查,决定是否批准逮捕;(2)对于公安机关侦查终结后移送起诉或免予起诉的案件进行审查,决定是否提起公诉或免予起诉;(3)对于公安机关侦查活动

[①] 丁慕英:《试论刑事检察在我国检察机关中的地位和任务》,载《政法论坛》1982年第3期。

的合法性进行监督；(4) 对于向人民法院提起公诉的案件，出席法庭，支持公诉；(5) 对于人民法院刑事审判活动的合法性进行监督；(6) 对于人民法院发生法律效力的判决、裁定，认为确有错误时，按照审判监督程序提出抗诉。

从以上刑事检察工作的概述中，我们可以看到刑事检察工作贯彻落实"公益守护"理念主要体现在以下几个方面：

一是提起公诉，以刑事追诉为手段解决因犯罪而引起的社会矛盾纠纷，是刑事检察完成其维护社会公众利益这一根本任务的途径和具体的工具。① 我国2018年《刑事诉讼法》第169条规定："凡需要提起公诉的案件，一律由人民检察院审查决定。"由此可以看出，检察机关审查认为应当追究刑事责任者，通过行使刑罚请求权，开启刑事审判程序。首先，从这个意义上，可以说刑事审判程序这公平的钥匙并不掌握在法官手中，发动刑事审判程序的主动权掌控在检察公诉方。其次，刑事检察公诉作出起诉是依据刑事实体法和分则条文对犯罪构成的规定，这些规范的把握和贯彻执行，所立足的是国家和社会的公共利益。最后，检察机关对于已经侦查的案件，经审查起诉，确认犯罪嫌疑人涉嫌犯罪行为是否触犯刑法规范，即评价这个行为的性质时，其定罪的衡量标准以公共利益的利与不利为衡量尺度，以对公共利益侵害的严重程度作为量刑依据。据此，刑事检察公诉充当了刑事法律的"守护神"，保证刑法所保护的利益不受侵犯。

二是法律监督，我国《刑事诉讼法》第8条规定"人民检察院依法对刑事诉讼实行法律监督"。在刑事检察中，检察权的法律监督主要表现在对侦查权和审判权的监督上。首先，在对侦查权的监

---

① 郭宝合：《论刑事检察公诉的价值选取》，载《政治与法律》2007年第6期。

督方面，检察机关主要是对刑事侦查活动是否合法进行专门法律监督。在刑事诉讼中，侦查环节对于收集证据、指控犯罪至关重要，是国家权力与公民权利、打击犯罪与保障人权矛盾冲突的交汇点。侦查权的强制性最高，对公民权利的影响也最大。因刑讯逼供、暴力取证、非法取证导致的错案发生，刑事侦查不规范导致的负面舆情事件，损害了司法公信，影响了司法权威，既无法守护公平正义，也无法达到保障人权的目的。[①] 因此，法律赋予了检察机关对侦查机关采用刑讯逼供等非法方法收集的犯罪嫌疑人、被告人供述和采用暴力、威胁等非法方法收集的证人证言、被害人陈述，应当予以排除。收集物证、书证不符合法定程序，可能严重影响司法公正的，应当予以补正或者作出合理解释；不能补正或者作出合理解释的，对该证据应当予以排除。在侦查、审查起诉、审判时发现有应当排除的证据的，应当依法予以排除，不得作为起诉意见、起诉决定和判决的依据。其次，在审判监督上，检察机关作为宪法规定的法律监督机关，一方面，可以对审判人员行为进行违法性的监督；另一方面，可以对案件裁判是否正确，通过提出抗诉的方式进行监督。对审判的监督，实质上涉及权力的制衡，有利于防止法官的肆意裁判，进而保证检察机关所代表的公共利益能够得到切实有效的维护。

三是人权保障，刑事检察除了对受害人的保护外，同样还涉及对犯罪嫌疑人、被告人的人权保障。任何人非经法院审判不得确定有罪，因此保障犯罪嫌疑人的人权，其实质也是维持社会公平正义，保护社会公共利益。根据刑事诉讼法的相关规定，检察机关自收到移送审查起诉的案件材料之日起 3 日以内，应当告知犯罪嫌疑

[①] 孙谦：《刑事侦查与法律监督》，载《国家检察官学院学报》2019 年第 4 期。

人有权委托辩护人。在审查起诉阶段，犯罪嫌疑人、被告人是盲、聋、哑人，或者是尚未完全丧失辨认或者控制自己行为能力的精神病人，没有委托辩护人的，检察院应当通知法律援助机构指派律师为其提供辩护。犯罪嫌疑人、被告人可能被判处无期徒刑、死刑，没有委托辩护人的，检察院应当通知法律援助机构指派律师为其提供辩护。检察机关在审查起诉准备过程中，既要收集行为人有罪的证据，也要收集行为人罪轻或不构罪的证据。检察院根据案件情况，对犯罪嫌疑人、被告人采取相应的强制措施，需要变更强制措施的应当及时变更。除此之外，对于特殊人群，如未成年人，检察机关单独设立专业的内设机构，负责审查起诉未成年人涉罪案件。

二、公益守护理念在民事检察中的实践

民事检察制度在新中国成立之初即有雏形，是中国检察体系的一个重要分支，其主要是围绕检察机关在民事程序中所承担的法律监督职能所展开的。而围绕民事检察制度的争论从性质、功能、权限范围，到行使程序，几乎涵盖了从微观到宏观的每一个方面和每一个环节。鉴于民事诉讼与刑事诉讼、行政诉讼在性质上存在不同，其诉争纠纷属于私权性质的特点，民事检察不像刑事诉讼一样由检察机关直接参与和提起民事诉讼，而是通过对民事审判的监督和对民事执行的监督两个方面来开展民事检察业务，这一点在2012年8月修改的民事诉讼法中能够得以确认。同时，民事审判的监督又包括了3方面的内容：生效判决、裁定的监督，对损害国家或社会公共利益的调解书的监督，以及对审判人员违法行为的监督。民事检察的基本方式包括了抗诉和检察建议，抗诉的法律效力是强制性启动再审程序，关于检察建议的效力，法律并未予以明确，只是在工作文件中表述为"是人民检察院依法履行法律监督职责，参与社会治理，维护司法公正，促进依法行政，预防和减少违法犯罪，

保护国家利益和社会公共利益,维护个人和组织合法权益,保障法律统一正确实施的重要方式"[1]。民事检察的监督程序分为依职权监督和依申请监督,检察机关可以在法律赋予的权限范围内向人民法院直接提出抗诉,也可以根据当事人的申请决定是否需要启动抗诉。当事人只有在3种情形下可以向检察机关进行申请:一是人民法院驳回申请的;二是人民法院逾期未对再审申请作出裁定的;三是再审判决、裁定有明显错误的。但是当检察机关审查案件后作出相关决定,当事人不得再次向人民检察院申请检察建议或者抗诉。民事检察的监督体制实行上级和同级监督并存的模式,最高人民检察院、上级人民检察院有权对各下级法院作出的已生效判决、裁定、涉及损害国家利益和社会公共利益的调解书提出抗诉;地方各级人民检察院可对同级法院作出的已生效判决、裁定、涉及损害国家利益和社会公共利益的调解书提出检察建议,也可提请上级检察院向同级法院提起抗诉。

从以上民事检察工作的概述中,我们可以看到民事检察工作贯彻落实公益守护理念主要体现在以下几个方面:

一是在实现公平正义方面,表现为对公权力的制约。首先,民事检察不因民事诉讼调整的是私人权利的人身、财产关系,放弃对民事诉讼的监督,而是在民事审判和执行方面有检察权的介入。这是因为在法治国家,审判是纠纷解决的最后一种方式,司法是维护社会公平正义的最后一道防线,民事诉讼仍旧涉及对当事人的利益的予夺和重新分配,如果处理不公,将会严重地影响公平正义的实现。[2] 在民事诉讼中,法官的审判和执行行为是代表国家所为的一种公权力行为,也是唯一参与诉讼过程的国家权力,我们常说"权

---

[1] 参见《人民检察院检察建议工作规定》第2条。
[2] 傅郁林:《我国民事检察权的权能与程序配置》,载《法律科学:西北政法学院学报》2012年第6期。

力产生腐败","绝对的权力产生绝对的腐败",同其他任何权力一样,审判权和执行权都存在滥用的风险。为制约审判权和执行权的恣意和专断,选择用另一种国家权力即检察权来制衡,检察机关既在实体上监督裁判的公正,也在诉讼程序当中监督法官的行为,以此来达到维护公平正义的目的。其次,检察机关在民事检察的程序上具有强制性效力,如果检察机关提起抗诉或监督意见后,法院必须对案件进行重新审理或审查,并将有关结果予以反馈。检察机关通过启动再审程序的强制性来制约法院审判权的随意性,督促法院及时审判、及时纠错。

二是在维护法制统一和国家稳定方面,民事检察在监督体制上设置了上级监督模式和对民事审判、执行的监督。首先,在民事检察监督体制方面,民事抗诉由作出生效裁判法院的上级检察院提出,能够有效地克服地方保护主义,确保司法独立,[①] 维护民事法律的统一正确实施。其次,随着现代法治的发展,法院的功能也不仅仅是解决纠纷,而是从这一功能扩展到通过具体纠纷的解决来建立了一套会影响当事人和其他人未来行为的规则,或而言之,裁判将会超越当下个案的意义,而具有公共性。如果法院错误地适用了法律,就是错误地向社会宣示了国家的法律,把社会公众往错误的法律道路上指引,这将导致立法目的的落空甚至是被逆反,严重影响了稳定的社会秩序和国家社会经济生活的稳定。因此,对民事审判和执行的监督,就是为了能够对公众进行正确的法治教育和提供正确的行为规范,保证法律适用的一致性和形成有序的社会经济生活秩序,民事检察监督在这方面具有不可替代性。

三是在维系司法权威,保护当事人的合法权益方面。首先,民

---

① 最高人民检察院法律政策研究室:《我国民事检察的功能定位和权力边界》,载《中国法学》2013年第4期。

事检察充分尊重法院的审判权。民事检察中的生效裁判监督主要表现为事后监督,既是由于在民事诉讼中,检察机关并不从诉讼开始之时就介入,对法官审判活动的了解都是事后知道的;又是因为检察机关的事后监督不会导致检察权的不当的扩张和滥用,不损害法院审判权依法独立行使。同时,检察机关提出抗诉或检察建议,不会直接导致案件结果被改判,而只是启动了再审程序,由法院最终通过审判来确定案件结果,案件的审判权依然由法官行使。换句话说,法官审理案件的程序操作、证据采信、事实认定、法律适用、实体裁判等并不会受到检察机关的干扰。此种方式是检察机关尊重法院的审判权的表现,能够更好地树立法院的裁判权威性,增强司法公信力,维系司法权威。其次,民事检察的事后性亦是对当事人处分权的充分尊重。在民事诉讼中,当事人对自己的民事实体权利和诉讼权利有处分权,有权提出、变更、放弃诉讼请求,检察权不过早介入便是对当事人合法处置其权利的一种保护。当然,对当事人合法权益的保护还表现在对错误的裁判进行抗诉纠正,并又提供给当事人自己申请启动审判监督的机会。检察监督,对当事人而言,为其能够获得司法救济提供了一种司法保障,尽管这种保障是一种事后的、补充性质的,但是却从诉讼构造上较好地保护了当事人的合法权益。民事诉讼是一种比较理想化的三角构造,当错误判决、裁定出现,当事人能够两审终审进行相应的补救,但是当两审终审结束的时候,单靠当事人难以启动纠错程序,而法院自身的内部监督又会受到自身集团利益的约束而难以实现。因此,检察机关在监督时补位,是能够弥补私权力量的不足,促使民事诉讼中当事人地位的平等,使诉讼架构不至于失衡,[①] 能够为当事人合法权益

[①] 最高人民检察院法律政策研究室:《我国民事检察的功能定位和权力边界》,载《中国法学》2013年第4期。

提供保障。

四是在对国家利益和公共利益的保护上。民事活动中,"意思自治"是一项基本原则。但是当事人对自己权利的自由处分应以不违背善良风俗、诚实信用,以及不损害国家和社会公共利益为前提。因此,在坚持"意思自治"的同时,仍需强调国家干预,国家通过公权力行使来调整当事人的权利义务关系,避免对国家和社会公共利益造成损害。出于这一目的,检察机关对于导致国家或社会公共利益受到侵害的错误的民事裁判、调解和执行行为,通过抗诉等程序督促法院予以纠正。

三、公益守护理念在行政检察中的实践

行政检察是指人民检察院独立行使检察权,通过办理行政抗诉案件,对行政诉讼活动进行法律监督的工作。行政检察贯穿于行政诉讼活动的全过程,既监督行政诉讼程序,也监督行政诉讼结果,具体包括3个方面:一是对生效判决、裁定、调解书的监督;二是对行政审判中违法行为的监督;三是对生效判决、裁定、调解书执行工作的监督。其中,执行监督包括非诉执行监督,即对法院行使非诉执行职能活动的监督。行政检察也正是通过对行政诉讼活动的监督,维护国家利益和社会公共利益,贯彻落实"公益守护"理念。具体而言表现在以下两方面:

一是通过行政诉讼监督,维护司法公正和国家法制统一。2017年行政诉讼法和2018年人民检察院组织法分别对行政诉讼监督作出了规定。《行政诉讼法》第11条规定:"人民检察院有权对行政诉讼实行法律监督。"第93条规定:"最高人民检察院对各级人民法院已经发生法律效力的判决、裁定,上级人民检察院对下级人民法院已经发生法律效力的判决、裁定,发现有本法第九十一条规定情形之一,或者发现调解书损害国家利益、社会公共利益的,应当

提出抗诉。地方各级人民检察院对同级人民法院已经发生法律效力的判决、裁定,发现有本法第九十一条规定情形之一,或者发现调解书损害国家利益、社会公共利益的,可以向同级人民法院提出检察建议,并报上级人民检察院备案;也可以提请上级人民检察院向同级人民法院提出抗诉。各级人民检察院对审判监督程序以外的其他审判程序中审判人员的违法行为,有权向同级人民法院提出检察建议。"2018年《人民检察院组织法》第20条第6项规定,检察机关对判决、裁定等生效法律文书的执行工作实行法律监督,包括刑事、民事、行政法律文书的执行监督。人民检察院对审判监督程序以外的其他审判程序中审判人员的违法行为,有权向人民法院提出检察建议。检察机关对行政诉讼的监督具有"一手托两家"的作用,即分别对法院公正司法、行政机关依法行政起到促进作用。一方面,与民事检察相似,检察机关通过对法院法律文书和审判人员的监督,纠正法院适用法律错误和审判人员的违法行为,维护行政法律实施的正确统一,通过个案正义的矫正来让人民群众感受到司法的公正;另一方面,与民事检察不同,行政诉讼涉及行政法律关系,基于行政诉讼"民告官"的本质,行政诉讼的发生往往是因为行政机关"涉嫌"不依法行政,检察机关可以通过直接监督人民法院的审判和执行活动,间接督促行政机关依法行政,推动法治政府的建设。检察机关对行政机关的这种间接监督,还集中体现在行政非诉执行监督方面。行政非诉执行是人民法院依据行政诉讼法和行政强制法的规定,应行政机关的申请,审查后作出执行裁定,对在法定期限内不复议、不起诉且不履行行政决定的行政相对人采取强制执行措施。检察机关对上述过程的监督,目的就在于防止法院对行政决定合法性审查的错误认定。而在监督过程中,若发现行政机关公职人员违法乱纪,侵害相对人合法权益,还可以将线索移交监察机关,有效地制约了行政权力的违法行使。

二是通过行政争议实质性化解，防范和化解社会矛盾，维护社会的和谐稳定。行政关系的和谐是法治国家、法治政府、法治社会的重要特征，然而在行政诉讼案件中，诉讼程序的结束并不意味着行政关系的修复。行政诉讼程序结束后，行政相对人往往还会通过信访等方式进行申诉，大有"官了民不了"的意味。[1] 这是因为在行政诉讼中，法院要依法办案，仅对争议事项有关的具体行政行为进行合法性审查。如果行政机关作出决定的程序是合法的，法院只能判决维持，反之，判决撤销行政行为，结果都无益于争议的解决，造成"程序空转"的现象。检察机关的监督无疑是解决行政争议的二次机会，但如果检察机关局限于裁判结果监督，简单地通过抗诉或者再审检察建议改判纠错，则可能会造成程序的再次空转，行政争议仍然得不到实质上的化解。因此，实质性化解行政纠纷成为行政检察的重点工作之一。最高人民检察院张雪樵副检察长在2019年9月17日的全国检察机关行政检察工作会议上强调："要以化解行政争议为己任，立足行政检察监督定位和法律监督机关职权优势，处理好抗诉与调处和解的衔接关系，明确办案责任，发挥协同合力，在办案同时做好调处和解工作。"检察机关通过抗诉或者再审申请程序，将行政争议的实质性化解作为自身办案使命，通过调处行政机关与行政相对人之间的矛盾，配合法院做好息诉工作，恢复行政关系的和谐有序，具有多重的价值和作用。其一，维护人民群众合法权益。检察机关通过调处和解，平衡行政相对人与行政机关之间的利益关系，保障行政相对人的正当利益诉求。其二，从根本上实现官民关系的和谐，避免出现"程序空转"和"官了民不了"的现象。其三，推进实质主义法治，不仅做到表

---

[1] 参见江必新：《论行政争议的实质性解决》，载《人民司法（应用）》2012年第19期。

面的合法，还要追求结果的正义。其四，减少社会矛盾，维护国家的长治久安。

四、公益守护理念在公益诉讼检察中的实践

2017年6月27日，全国人大常委会审议通过修改民事诉讼法和行政诉讼法的决定，正式确立检察公益诉讼制度。作为司法体制改革后检察工作创新发展的重要方面，建立检察公益诉讼制度的目的在于发挥检察机关的法律监督职能，充分维护国家利益和社会公共利益。检察公益诉讼按其监督对象的不同可分为检察民事公益诉讼和检察行政公益诉讼。2017年《民事诉讼法》第55条第2款规定了检察民事公益诉讼："人民检察院在履行职责中发现破坏生态环境和资源保护、食品药品安全领域侵害众多消费者合法权益等损害社会公共利益的行为，在没有前款规定的机关和组织或者前款规定的机关和组织不提起诉讼的情况下，可以向人民法院提起诉讼。前款规定的机关或者组织提起诉讼的，人民检察院可以支持起诉。"《英雄烈士保护法》第25条第2款规定："英雄烈士没有近亲属或者近亲属不提起诉讼的，检察机关依法对侵害英雄烈士的姓名、肖像、名誉、荣誉，损害社会公共利益的行为向人民法院提起诉讼。" 2017年《行政诉讼法》第25条第4款则对检察行政公益诉讼作出了规定："人民检察院在履行职责中发现生态环境和资源保护、食品药品安全、国有财产保护、国有土地使用权出让等领域负有监督管理职责的行政机关违法行使职权或者不作为，致使国家利益或者社会公共利益受到侵害的，应当向行政机关提出检察建议，督促其依法履行职责。行政机关不依法履行职责的，人民检察院依法向人民法院提起诉讼。"公益守护理念在公益诉讼检察中的贯彻落实也分别体现在这两类诉讼之中。

一是通过检察机关民事公益诉讼，修复公共利益。根据《民事诉讼法》第 55 条的规定，法律规定的机关和有关组织享有民事公益诉讼主体资格。之所以要在这些机关和组织之外赋予检察机关民事公益诉讼主体资格，其根本原因在于检察机关的法律监督机关身份。汤维建教授认为：检察机关作为国家的法律监督机关，理应对公益性法律的遵守情况进行监督。赋予其诉权是监督公益性法律遵守情况的应有之义。① 江伟教授认为，检察机关是代表公共利益并拥有足够有效法律手段和权威代表国家提起公益诉讼的最佳主体。② 也有观点认为检察机关提起公益诉讼是基于其公诉权，即行使公诉权不局限于对刑事犯罪的追诉。③ 虽然上述观点对检察机关提起公益诉讼法律基础的论证角度不同，但本质上均从检察机关的法律监督权出发进行了阐释。可见基于宪法规定之法律监督机关主体身份，检察机关理应享有公益诉讼主体资格。目前，立法规定检察机关可在生态环境和资源保护、食品药品安全、英烈保护等领域对损害社会公共利益的行为提起民事公益诉讼。检察机关提起民事公益诉讼充分实践了"公益守护"理念。其一，上述立法所明确的三大领域都是涉及广泛公共利益的领域，检察机关对违法行为人提起民事公益诉讼，追究其民事责任，可以保障大众在这些领域所享有的公共利益，救济公共利益所受到的损害；其二，上述领域所发生的一些公益损害，往往是因为行政监管机关对公共利益保护不力，检察机关提起民事公益诉讼实际上是通过诉讼机制弥补了行政机关在公共利益保护方面的不足，成为公共利益损害的重要救济渠道。

---

① 汤维建：《民事检察法理研究》，中国检察出版社 2014 年版，第 113 页。
② 江伟：《略论检察监督权在民事诉讼中的行使》，载《人民检察》2005 年第 9 期。
③ 孙洪坤、陶伯进：《检察机关参与环境公益诉讼的双重观察——兼论〈民事诉讼法〉第 55 条之完善》，载《东方法学》2013 年第 5 期。

二是通过检察机关提起行政公益诉讼，促进行政机关依法保护公共利益。检察公益诉讼制度，尤其是检察行政公益诉讼制度的确立，实际上是检察机关公益守护职能的进一步发展，从单纯地追诉犯罪转向了助推法治政府建设和促进国家治理的现代化。具体而言，根据现行立法规定，检察机关可在生态环境和资源保护、食品药品安全、国有财产保护、国有土地使用权出让等四大领域对负有监督管理职责的行政机关违法履职或者怠于履职行为提起行政公益诉讼。与民事公共诉讼相同，立法所明确的上述领域都涉及广泛公共利益。而"在传统行政法理论中，行政权一向被视为公共利益的主要代表，其基本任务就是保护公共利益，实现公共政策"[1]。但当行政机关违法履职或者怠于履职，致使公共利益受到损害时，检察机关就会启动诉前程序或者进入诉讼程序督促行政机关依法履职。一方面，检察机关可以通过行政公益诉讼程序有效监督和制约行政权的行使，进而保护公共利益。另一方面，检察机关的诉前程序也充分体现了检察机关对行政权在维护公共利益方面的专门性与专业性的尊重，即首先让行政机关进行内部自我纠错，救济公共利益损害，表明检察机关在维护公共利益方面具有兜底性，体现了"公益守护"的理念。

三是通过新领域探索，回应群众新需求。公共利益具有广泛性，立法不可能穷尽检察机关所保护的公共利益的范围，所以用等外"等"来对检察公益诉讼起诉范围加以规定。党的十九届四中全会明确部署，检察机关要"拓展公益诉讼案件范围"，包括民事公益诉讼与行政公益诉讼的案件范围。这是因为促进社会福祉、增加人民的幸福感和满足感是检察"公益守护"理念的价值追求之一，

---

[1] 王明远：《论我国环境公益诉讼的发展方向：基于行政权与司法权关系理论的分析》，载《中国法学》2016年第1期。

随着我国社会主要矛盾的变化,在有限领域提起公益诉讼已经无法满足人民日益增长的美好生活的需要和公共利益保护的要求。因此,除了生态环境和资源保护、食品药品安全、国有财产保护、国有土地使用权出让、英雄烈士保护等五大领域,在政策许可的前提下,检察机关应积极回应人民群众的新需求新期待,以"公共利益"为核心积极探索公益诉讼新领域,在更大范围内监督公民守法、行政机关依法履职,保障公共利益的实现,充分贯彻"公益守护"理念的价值追求和对检察机关法律监督工作的要求。

第七章 智慧借助理念

> 智者借力而行,慧者运力而动。
> ——中国古语

2019年3月14日,最高人民检察院张军检察长向十三届全国人大二次会议报告检察工作,在报告中提出了"智慧借助"的新理念。提及过去的一年,最高人民检察院积极"借力、借智"咨询委员会、特约监督员等力量,提升监督能力、破解发展难题,共同推进新时代检察工作创新发展。与会的人大代表表示,"智慧借助"理念的提出,充分体现了检察机关面对新时代新形势新任务,优化强化法律监督、推进公正司法的使命感责任感。此后,全国检察机关自上而下,在"智慧借助"理念指导下,体系化建立了一系列的检校共建、专业咨询委员会、特约检察员机制和制度,开展和实施了互派干部、专家论证、庭审专家辅助等智慧借助活动,用"客观公正"理念统领双赢多赢共赢等法律监督理念,始终呼应国家治理体系和治理能力现代化的全面推进。

第七章 智慧借助理念

第一节 智慧借助的渊源、内涵与意义

一、智慧借助理念的渊源

"智慧借助"理念的形成，既有语义上的渊源，也有法律政策上的渊源。

(一) 智慧借助的语义渊源

从语义学上，对"外脑""检察智库""法庭之友""专家辅助人"等相关概念进行梳理和辨析，是准确把握理解"智慧借助"理念内涵外延的重要前提。

1. "外脑"与"检察智库"。2018年11月18日《检察日报》发表的评论员文章《不断深化智慧借助理念——四论深入学习贯彻民事检察专项报告审议意见》中，将"智慧借助"诠释为"智者借力而行，慧者运力而动"，认为检察机关在提供法治服务时不能"唱独角戏"，要"众人搭台"，充分发挥社会力量特别是专家学者、专职律师、资深法官和有法律背景的人大代表、政协委员等的作用，借助"外脑"优化强化民事监督。[①]"智慧借助"前期主要应用在刑事检察领域，以机构或组织隶属关系为标准，将检察系统之外具有专业知识的人员称为"外脑"。至2019年伊始，从最高人民检察院至地方检察院，陆续出现将"外脑"表述为"检察智库""智库"，在主体归属感、智慧数量及智慧载体上均更具立体、更为丰富。如《借力"外脑"，为检察智慧注入新"硬核"——"检察智库"助推"四大检察"全面协调充分发展》一文，综述了2019年各级检察机关架构检察智库，关注领域从刑事检察向民事、行

[①] 参见《检察日报》2018年11月18日。

政、公益诉讼检察等领域拓展。① 又如,《智慧借助掀起 8 小时"头脑风暴"——安徽:邀请专家论证民事诉讼监督案件》报道:为打造专家"智库",2019 年 8 月,安徽省人民检察院从高校学者、实务部门专家和资深律师中聘请 71 人为该院新一届专家咨询委员会委员,这些委员分别来自法学、医学、金融、环境科学等领域,是所在单位、所在行业的业务专家,有着深厚的专业造诣和丰富的实务经验。任职后,他们将参与检察机关重大、疑难、复杂案件的研究"会诊",并为检察工作重大问题提供咨询。②

2. "智库"与"检察智库"。智库是一个舶来品,国外智库研究是我国智库研究的开端,也是最早的研究热点之一,其中多以美国智库为研究对象。根据 2016 年宾夕法尼亚大学发布的《全球智库报告 2015》,全球共计有 6826 家智库,分布于 182 个国家,中国拥有智库数量 435 家,数量上仅次于美国,在全球智库 175 强中,中国仅占 9 席。③ 智库又被称为"思想库"(Think Tank),在西方主要指以公共政策为研究对象,以影响政府决策和改进政策制定为目标,独立于政府之外的第三方非营利性研究机构。④ 如成立于 20 世纪初的美国市政研究局、卡耐基基金会、洛克菲勒基金会和布鲁金斯学会。美国智库产业集中度和产业集群性很高,华盛顿智库街上的近 400 家美国智库中,1/3 以上的智库拥有的全职研究员和职员在百名左右。美国西海岸的兰德公司有员工 1850 人⑤,该公司曾

---

① 参见《检察日报》2019 年 9 月 5 日。
② 参见《检察日报》2019 年 11 月 28 日。
③ 庆海涛、陈媛媛、关琳、丁炫凯:《智库专家胜任力模型构建研究》,载《图书馆论坛》2016 年第 5 期。
④ 陈媛媛、李刚、关琳:《中外智库影响力评价研究综述》,载《新疆师范大学学报(哲学社会科学版)》2015 年第 4 期。
⑤ 李刚、王斯敏等:《智库评价理论与方法》,南京大学出版社 2019 年版,第 4 页。

成功预测中国将出兵朝鲜、中美建交、古巴导弹危机、德国统一等大事件,被誉为现代智囊的"大脑集中营""超级军事学院",可以说是美国乃至世界最负盛名的决策咨询机构。

根据智库的功能,在中国古代有类似于现代智库的雏形。春秋战国时候的稷下学宫就是当时政策辩论和政策咨询的机构,而后的太学、翰林院也承担着政策咨询的职能,清代的幕府则是比较标准的智囊机构①。我国现代意义上的智库,根据2015年1月中共中央办公厅、国务院办公厅印发的《关于加强中国特色新型智库建设的意见》,将智库定义为以战略问题和公共政策为主要研究对象、以服务党和政府科学民主依法决策为宗旨的非营利性研究咨询机构。可见,智库是国家治理体系和治理能力现代化的重要抓手和重要路径。如党的十一届三中全会以来,为应对改革开放过程中出现的新形势、新问题,提高政府决策的科学化水平,以国务院发展研究中心、中共中央政策研究室、中国现代国际关系研究所为代表的各级党政部门下属的政策研究室、发展研究中心等决策咨询机构纷纷建立、发展。与此同时,中共中央党校及各级党校、中国社会科学院和各省社科院逐渐建构,而后随着北京大学国际关系研究所等高校智库蓬勃发展,深圳综合开发研究所、中国经济50人论坛等非官方决策咨询机构也陆续出现。2009年,国务院下属的中国国际交流经济中心成立,被称为"中国最高级别智库"。在作用方面,智库全面释放热能,为改革发展提供强大智力支持。如2016年菲律宾单方面提起"南海仲裁案",中国智库仗剑出海,把智库对话、法律研讨会开到华盛顿、海牙、新加坡,用旗帜鲜明的观点还原真相、驳斥谎言,响亮宣告了中国主权和国际法的尊严不可践踏、不

---

① 孔放、李刚、黄松菲:《中国智库研究文献计量分析报告(1998—2015年)》,载李刚、王斯敏等:《智库评价理论与方法》,南京大学出版社2019年版,第53页。

可侵犯。①

"检察智库"独立于检察系统之外,是"智库"文化涵盖下的检察职能具体运行中专门知识支撑、法律监督质效提升、检察宣传有效对话的重要依托,与检察系统内的研究室、宣教处等"内脑"对应,检察智库是检察机关的"外脑"。2017年6月5日,最高人民检察院检察理论研究所法治前海研究基地在深圳前海成立,标志着具有开拓性、建设性和可复制性的新型检察智库逐步建成。如最高人民检察院法律政策研究室和西南政法大学共建的检察应用理论研究基地,与中南财经政法大学共建的检察应用与法治建设研究实践基地,以及理论所与华东政法大学共建的检察研究院等。根据最高人民检察院官网2019年11月4日刊登的《最高检打造最强外脑,智库矩阵展现全新面貌》一文中的归纳,就个体身份而言,检察智库当前主要有4种(即咨询员、专家咨询委员会、特约检察员、特约监督员),将有专门知识的人归集为专家咨询委员会的成员。

3."检察智库"与"法庭之友""专家辅助人"。"法庭之友"并不是一个国内法上的专业名词,而是最早产生于古罗马法,多被应用于英美法系。通常而言,法庭之友定义可以理解为"对案件的疑难问题陈述意见并善意提醒法院注意某些法律问题的临时法庭顾问;协助法庭解决问题的人"。该制度的核心就是法院在审理案件过程中允许当事人以外的个人或组织利用自己的专门知识就与案件有关事实或者法律问题进行论证,并作出书面论证意见书。② 目前,"检察智库"最常见的表现形式是专家咨询委员会、有专门知识的

---

① 王斯敏、张胜、曲一琳:《奋进路上,智库力量正激荡——党的十八大以来中国特色智库建设回眸》,载《光明日报》2017年8月12日。

② 王彪:《美式法庭之友制度及启示》,载《合作经济与科技》2018年第3期。

人、特约人员等出具的意见。从诉讼法的功能层面,"有专门知识的人"与美国司法制度中的"法庭之友"、日韩检察制度中的"专家辅助人"相近,也可称之为"检察之友"。尤其是日韩检察制度中的"专家辅助人",又称技术检察官,与检察官共同办案,利用自然科学的专业知识,协助检察官处理技术问题,是"检察智库"的重要表现形式。

(二)智慧借助的法律渊源

根据实践中的对象不同,"智慧借助"主要分为3类:第一类是微观办案中"有专门知识的人";第二类是中观检察决策中的专家咨询委员会、"特约检察员""特约监督员";第三类是宏观政治协商中的人大代表、政协委员。因第三类属于既定的宏观政治体制,本书主要从中、微观角度考察,仅对第一、二类进行溯源。

1. 法律。我国刑事诉讼法、民事诉讼法及行政诉讼法,对有专门知识的人参与诉讼活动均有相关的法律规定。例如,《刑事诉讼法》第128条关于勘验、检查的范围的规定:"侦查人员对于与犯罪有关的场所、物品、人身、尸体应当进行勘验或者检查。在必要的时候,可以指派或者聘请具有专门知识的人,在侦查人员的主持下进行勘验、检查。"第146条关于鉴定的范围、鉴定人的种类的规定:"为了查明案情,需要解决案件中某些专门性问题的时候,应当指派、聘请有专门知识的人进行鉴定。"第197条关于调取新证据的规定:"法庭审理过程中,当事人和辩护人、诉讼代理人有权申请通知新的证人到庭,调取新的物证,申请重新鉴定或者勘验。公诉人、当事人和辩护人、诉讼代理人可以申请法庭通知有专门知识的人出庭,就鉴定人作出的鉴定意见提出意见。法庭对于上述申请,应当作出是否同意的决定。第二款规定的有专门知识的人出庭,适用鉴定人的有关规定。"再如,《民事诉讼法》第79条关于申请有专门知识的人出庭制度的规定:"当事人可以申请人民法院通知有专门知识的人出庭,就鉴定人作出的鉴定意见或者专业问题提出意见。"最后,《行政诉讼法》第101条规定:"人民法院审理行政案件,关于期间、送达、财产保全、开庭审理、调解、中止诉讼、终结诉讼、简易程序、执行等,以及人民检察院对行政案件受理、审理、裁判、执行的监督,本法没有规定的,适用《中华人民共和国民事诉讼法》的相关规定。"

2. 司法解释、司法文件及部门规章。一是最高人民检察院《人民检察院刑事诉讼规则》第九章之第四节关于勘验、检查的规定,共有5个法条对有专门知识的人参与诉讼作出相关规定。如第196条有关勘验检查的规定:"检察人员对于与犯罪有关的场所、物品、人身、尸体应当进行勘验或者检查。必要时,可以指派检察技术人员或者聘请其他具有专门知识的人,在检察人员的主持下进行勘验、检查。"第201条有关侦查实验的规定:"侦查实验,必要时可以聘请有关专业人员参加,也可以要求犯罪嫌疑人、被害人、证人参加。"第332条检察机关要求进行鉴定的规定:"人民检察院认为需要对案件中某些专门性问题进行鉴定而监察机关或者公安机关没有鉴定的,应当要求监察机关或者公安机关进行鉴定。必要时,也可以由人民检察院进行鉴定,或者由人民检察院聘请有鉴定资格的人进行鉴定。人民检察院自行进行鉴定的,可以商请监察机关或者公安机关派员参加,必要时可以聘请有鉴定资格或者有专门知识的人参加。"第334条检察机关以鉴定意见有疑义的规定:"人民检察院对鉴定意见有疑问的,可以询问鉴定人或者有专门知识的人并制作笔录附卷,也可以指派有鉴定资格的检察技术人员或者聘请其他有鉴定资格的人进行补充鉴定或者重新鉴定。人民检察院对鉴定意见等技术性证据材料需要进行专门审查的,按照有关规定交检察技术人员或者其他有专门知识的人进行审查并出具审查意见。"第335条检察机关要求复验复查的规定:"人民检察院审查案件时,对监察机关或者公安机关的勘验、检查，认为需要复验、复查的，应当要求其复验、复查，人民检察院可以派员参加；也可以自行复验、复查，商请监察机关或者公安机关派员参加，必要时也可以指派检察技术人员或者聘请其他有专门知识的人参加。"二是《人民检察院提起公益诉讼试点工作实施办法》第6条关于检察机关调查核实的规定："人民检察院可以采取以下方式调查核实污染环境、侵害众多消费者合法权益等违法行为、损害后果涉及的相关证据及有关情况：……（四）咨询专业人员、相关部门或者行业协会等对专门问题的意见；……"三是最高人民检察院《关于指派、聘请有专门知识的人参与办案若干问题的规定（试行）》，全文共计25条，整体上为有专门知识的人参与办案制度在检察机关的应用和发展提供了内容补给、程序规范，以形成科学办案的长效机制，并将有专门知识的人员与鉴定人作了区分。此外，最高人民法院《关于适用〈中华人民共和国刑事诉讼法〉的解释》《关于适用〈中华人民共和国民事诉讼法〉的解释》《关于审理环境民事公益诉讼案件适用法律若干问题的解释》等司法解释以及公安部《公安机关办理刑事案件程序规定》、司法部《司法鉴定程序通则》等部门规章中均对有专门知识的人参与诉讼进行了规定。

（三）"智慧借助"的政策渊源

1. 最高人民检察院咨询委员。最高人民检察院咨询委员会是最高人民检察院的咨询机构，受最高人民检察院党组领导，根据党组的委派组织咨询委员会委员开展工作。咨询委员会为了充分发挥老领导、老干部、老同志的作用，推动检察工作科学发展，于1988年经请示中央领导同志同意成立。2004年2月，最高人民检察院党组研究决定建立咨询委员制度，替代原有的咨询委员会制度，在离退休的院领导及正厅级领导同志、省级院检察长中聘任咨询委员，为最高人民检察院决策部署提供咨询。主要任务是根据最高人民检察院领导的要求，承担一些专项任务；直接对最高人民检察院检察长和分管院领导负责并报告工作等。党的十九大召开后，检察工作面临转型发展的新形势和新任务，需要更好凝聚多方合力，共同思考和谋划好新时期检察工作。2018年8月23日，第十三届最高人民检察院党组第二十二次会议通过《关于完善最高检咨询委员会制度的意见》，对咨询委员会的职能作出明确规定。2018年11月27日，最高人民检察院举行会议，聘任最高人民检察院原副检察长朱孝清等40名新一届最高人民检察院咨询委员①。

2. 专家咨询委员。1999年12月29日，最高人民检察院检察长办公会讨论通过《最高人民检察院专家咨询委员会工作办法》，2008年1月17日，第十届最高人民检察院党组第二百六十六次会议对其予以修订。专家咨询委员会的目的是"为进一步增强检察机关决策的民主化、科学化，充分发挥专家咨询委员会的作用"，工作任务主要是："对检察工作中遇到的重大问题开展咨询活动，包括对检察工作中重大理论问题进行研究，对重大疑难复杂案件的相关问题进行论证，对最高人民检察院起草的工作报告、司法解释和有关规范性文件提供专家咨询意见，开展专题调研，协助培养高级专门人才等。"2017年5月4日，第十二届最高人民检察院党组第二百零一次会议审议通过《最高检关于开展专家咨询委员会委员参与案件咨询论证工作的意见（试行）》。最高人民检察院自1999年6月设立专家咨询委员会以来，先后分4批次聘请法律、金融、证券、经济、环保等领域专家学者为最高人民检察院专家咨询委员。2020年8月，为进一步落实好"智慧借助"理念，充分借助专家"外脑"推动新时代检察工作创新发展，最高人民检察院决定

---

① 《"检察智库"助力检察工作破解发展难题》，载正义网，http://www.jcrb.com/FYFZ/tpjj/201904/t20190401_1983607.html，最后访问日期：2020年7月1日。

对专家咨询委员会进行换届。根据《最高人民检察院专家咨询委员会工作办法》，经中国法学会有关专业委员会等部门推荐并征求本人同意，决定改聘王作富、梁慧星等18位同志为最高人民检察院荣誉专家咨询委员；续聘和新聘马怀德、刘仁文等93位同志为最高人民检察院专家咨询委员。在最高人民检察院设立专家咨询委员会之后，由各厅局和各地检察机关根据工作需要，主动邀请专家咨询委员参加检察机关的调研、座谈等各类活动，相继成立了未成年人检察、民行检察、公益诉讼检察等专门的专家咨询委员会。专家咨询委员会被誉为检察机关的"智囊团"。

3. 特约检察员。特约检察员是以我国人民检察院名义专门聘请的行使检察权的兼职工作人员，主要人选来自民主党派和无党派人士。特约检察员的主要职责是对检察业务工作中的专业性问题提供咨询意见；对检察机关司法办案和队伍建设情况进行民主监督，收集、反馈包括所在民主党派、单位在内的社会各界的建议、批评和意见；经业务部门提出申请并报检察长批准，参与有关案件的研究和讨论以及群众来信来访接待工作，提出咨询论证意见等。实行特约检察员制度是检察机关在法律监督工作中认真接受民主监督的重要举措，也是将各民主党派和无党派人士参政议政作用落到检察工作实处的一项重要途径。通常，由最高人民检察院各厅局和各地检察机关根据工作需要，邀请特约检察员参加检察机关活动。自1990年12月聘请第一届最高人民检察院特约检察员，已连续聘请了6届共136名特约检察员。截至目前，共有28个省级检察院、980个市县级检察院先后开展特约检察员工作，共聘请特约检察员6839人次。[①] 2017年5月4日，第十二届最高人民检察院党组第二百零

---

① 《打造最强外脑！独家解密最高检智库最新矩阵》，载澎湃新闻，https://www.thepaper.cn/newsDetail_forward_4827146，最后访问日期：2020年7月1日。

一次会议通过了《最高人民检察院特约检察员工作规定》。

4. 特约监督员。特约监督员从全国人大代表中选聘。其职责包括：多了解司法实践、监督检察办案，促进法律正确适用、案件公正处理；围绕检察队伍建设建言献策，促进提升司法办案能力水平；帮助讲好检察故事，传播中国法治好声音，让人民群众更有效地了解、感知检察工作，也更好地把人民群众的要求、批评和建议传递给检察机关等。2016年7月5日，为贯彻落实党的十八届三中、四中全会关于人民监督员制度改革的要求，根据中央全面深化改革领导小组审议通过的《深化人民监督员制度改革方案》，在认真总结试点经验的基础上，最高人民检察院、司法部研究制定了《人民监督员选任管理办法》，人民监督员分为省级人民检察院人民监督员和设区的市级人民检察院人民监督员。2015年12月21日，最高人民检察院颁布实施《关于人民监督员监督工作的规定》，进一步明确特约监督员的职权和义务、履职保障、对接措施等。2018年11月27日，最高人民检察院举行咨询委员会和特约监督员工作会议，从全国人大代表中聘任了第一届98名最高人民检察院特约监督员。

二、智慧借助理念的内涵

"智慧借助"是从检察院与"外脑"关系角度作出的一种表述，不是一种工作理念，也是一种工作方法。"智慧借助"的内涵其实就是"检察智库"的内涵，即检察智库的性质。"智慧借助"的内涵是"内脑"与"外脑"的辩证统一。

（一）智慧借助是决策咨询

2015年中共中央办公厅、国务院办公厅印发《关于贯彻落实党的十八届四中全会决定进一步深化司法体制和社会体制改革的实施方案》，将84项四中全会改革措施逐项具体化，这些改革措施要在2015年至2017年内出台具体落实的政策、措施。随后叠加的监察体制改革以及宪法、三大诉讼法的修改及人民检察院民事诉讼监督规则、刑事诉讼规则的重修、公益诉讼制度的全面铺开等,检察机关面临体系、职能、理念等微观至宏观的全新变革。综观中外,并无成熟、成功模板可以复制,单靠检察机关自身的力量和知识储备无法顺利推进改革。因此,外脑的智慧、知识、经验和见识是检察机关重大决策的理念来源。为此,最高人民检察院关于咨询委员和专家咨询委员会的规范性文件中,明确特约检察员参加最高人民检察院组织的座谈、调研、检查、巡视活动,参与有关案件公开审查,参加相关司法解释等规范性文件和检察工作重大事项的研究讨论;专家咨询委员会的工作主要是对检察工作中遇到的重大问题开展咨询活动,包括对检察工作中重大理论问题进行研究,对重大疑难复杂案件的相关问题进行论证,对最高人民检察院起草的工作报告、司法解释和有关规范性文件提供专家咨询意见,开展专题调研,协助培养高级专门人才等。最高人民检察院原司改办主任张智辉介绍,自2015年开始担任最高人民检察院咨询委员会委员,基本每年都要出去调研。围绕司法改革赴陕西、甘肃调研,他就先后二十几次深入基层检察院。"调研回来以后,我写了调研报告报给张军检察长,张军检察长批示说我的意见很重要,今年按照张军检察长交办的调研题目,去了西部的两个省,接下来还想去东部的两个省。"①

(二) 智慧借助是专业知识的辅助

近年来,各式各样的专门性问题不断涌入司法活动,远远超出

---

① 《打造最强外脑!独家解密最高检智库最新矩阵》,载澎湃新闻,https://www.thepaper.cn/newsDetail_forward_4827146,最后访问日期:2020年7月1日。

检察人员的知识储备范围，检察机关对专业力量的帮助有强烈诉求，重新招揽和配备各类人才，既不现实也不可能。实际上，有专门知识的人参与办案制度可以为检察系统带来多重效益，它不仅能弥补办案人员专门知识的短板，切实提高检察公信力，还将为面临发展瓶颈的检察技术队伍提供转型契机。[①] 例如，为深入贯彻落实最高人民检察院"发挥社会力量，充分借力外脑"的部署要求，进一步发挥专家学者的"智库"作用，促进云南省未成年人检察工作科学、创新发展，云南省人民检察院举行聘任会，邀请14位全国知名高校的理论专家和20位省级单位推荐的业务专家担任未成年人检察专家咨询委员会。又如，2016年温州市人民检察院提起公诉的留美女学生被害案开庭审理时，辩护律师质疑美国警方法医所作的法医学尸体鉴定文书的证据资格和证明力，检方申请了公安机关的法医作为专家证人，对美国法医所做的尸体解剖鉴定做了说明和解释，从自然科学的角度诠释了鉴定文书的合理性，最终被告人李某以故意杀人罪被判处无期徒刑，使该起温州市首例中美合作侦破的跨国刑事案件画上完美的句号。

（三）智慧借助是桥梁纽带

《论语》云："毋意，毋必，毋固，毋我。"主观臆断、刚愎自用、固步自封、自以为是，均不是社会角色自我认同的有效方式，尤其是在当前我国从一个总体性社会向多元社会的变迁过程中，检察职能参与社会治理创新，并不需要把一些中间状态急于固定化或者模式化。事实上，随着宪法的修订和监察法的出台，检察机关公诉权在刑事诉讼中位阶发生了变化，法律监督权在宪法层面亦发生了位移，检察机关围绕职能的变化，从理念、原则、制度、机制和

---

① 赵志刚、刘品新等：《〈关于指派、聘请有专门知识的人参与办案若干问题的规定（试行）〉理解与适用》，载《人民检察》2018年第10期。

措施上均要重新架构，并根据实践情况进行调适和创新。调适是应对不断变化的社会状况作出政策上的调整，以适应政策形成和执行的变革需要；创新就是针对体制机制方面所存在的问题，探索解决的方法和途径，并把那些证明具有稳定性、有效性的成功实践经验固定化，进入正式政策和法律体系当中。在调适和创新过程中，检察内部的困惑和外部的质疑必然客观存在，"智慧借助"是不可或缺的桥梁纽带。首先，检察机关的顶层设计需要"检察智库"的理论论证和舆论推广。如刑事、民事、行政和公益诉讼四大检察的理论自洽，捕诉一体效率与自我约束的对立统一等检察改革热点问题，在政策设计、推广方面，毕竟不能检察机关自说自话，由独立于检察系统又亲近检察机关的第三方身份向社会说明、诠释和推广更为中肯，也更为社会所接受。其次，检察智库的组成人员不管是具有专业知识的人员，还是具有特别身份、特殊经历的人员，均来自各行各业，属于社会精英，在社会舆论方面具有相对多的话语权和公信力，这些社会精英携带的检察元素，在学术、行业领域就像检察机关宣传战线的桥头堡。最后，"检察智库"成员面广路宽，党委政府和社会公众对检察机关职能、决策的赞同、质疑或反对，都可以及时反馈给检察机关的决策层，使检察机关的专业化有效契合社会化，业务性有效融合政治性，使法律效果、政治效果与社会效果相互统一。

（四）智慧借助是人才培育

检察职业群体的成长需求是职业期待值很重要的组成部分，这种成长包括职业能力的提高，也包括自我抗压能力的增强。目前检察教育培训机制随着司法体制改革的进程也逐步专业化，但如何解决普适性需要和类别化要求、基础性培训和精细化研究的矛盾，如何破除形式化、填鸭式教育弊端，是亟待解决的问题。从调研的数据发现，培训总量和人均量的绝对值并不是很低，在培训方式上亦呈立体化、多样化，但内容主要限于政治类和业务知识类，在业务经验类、技能类和自我抗压方面存在短板。[①]"智慧借助"是引入外部智力，补齐和培育人才的一种方式。如2018年至2019年12月，陕西省人民检察院与西北政法大学联合设立的西北政法大学检察公益诉讼理论研究与实践基地，芜湖市人民检察院、安徽师范大学环境科学与工程学院共同组建该省首个公益诉讼联合检测实验室等。检校共建制度化后，检察系统内的人员理论素养增强、专业知识更新加快，院校的智库人员实践性增强，法学生等后备力量应用能力得以提高。又如，浙江省检察机关自2018年起，开展了"浙检大讲坛"及各市院的讲坛，定期邀请经济学、法学、心理学、社会学、知名企业等领域的检察"外脑"给检察系统作全员讲座，提升检察人员的综合素养，扩大其信息量，以丰富其知识结构，实践证明，这些举措取得了较好的培养效果。

三、检察工作中坚持智慧借助的重要意义

2018年始，张军检察长在最高人民检察院党组会议、检察机关学习贯彻全国两会精神电视电话会议和到北京市检察院调研时，鲜明提出了"讲政治、顾大局、谋发展、重自强"的12字新时代检察工作新要求，站在新的历史方位和时代起点，深刻阐明了新时期检察事业创新发展的指导思想、目标定位、要求路径。"智慧借助"预设功能的实现和完善，是满足新时代检察工作新要求的重要路径，在坚持中国特色社会主义检察制度、完善检察工作和深化检察

[①] 对浙江省温州市两级检察机关的调研发现：2017年官方提供的培训总量为9820人次，人均受培训率为9.4次/年。其中政治类培训7757人次，占79%；业务类培训2063人次，占21%，业务类人均受培训率为1.97次/年。政治类培训供应量与行政层级同向增长，业务类培训则反向增长，如政治类培训中国家级占96%，省级占64%，市级占31%。政法专项编制人员1042名。

改革方面具有现实意义。

(一) 智慧借助有利于提升决策的科学性

无论是国家层面，还是社会层面的转型，都迫切需要科学的决策和管理，需要制定清晰明确的路线图，需要"检察智库"提供知识储备、准确的预测和判断，尤其是在事关检察机关核心职能的发挥时，应摆脱传统司法的响应型、反应型、被动型的事务处理方式，而要采取前瞻型、主动型的处理方法，甚至先发制人。如在捕诉一体和内设机构改革的问题上，检察内外褒贬不一，最高人民检察院在比较域外、充分调研和咨询后，最终作出了民主、科学的决策，这一决策的优势现在逐渐凸显。2017年开始，我国部分省市进行了大部制等内设机构的改革与整合，但主流的模式还是依照检察办案业务流程依次设立侦监、公诉、刑罚执行、控申、民行等，实行"分段办案"，区别于法院平行设置刑事、民事、行政审判以及执行部门的"条块状"模式，我国检察机关采取的是"条线状"模式，与大陆法系国家和地区基本一致。① 但是，与日本、韩国、我国台湾地区检察机关具有强大的侦查职能所不同的是，我国在监察体制和司法体制改革后，检察机关对贪污贿赂等犯罪侦查职能和侦查监督职能已经逐渐剥离，存留的侦查和侦查监督职能是为了配合指控职能，而不是完整意义的侦查和侦查监督职能。在指挥刑罚执行方面，我国的体制是授权人民法院或者司法行政机关掌控刑罚执行，检察机关并不是刑罚执行主体，且检察机关的监督也仅是为了保障指控权的后续效应，不属于完全独立的监督。对此，"检察智库"和检察机关理论研究部门纷纷撰写报告和文章认为，公权力配置和行使必须符合立法的目的以及该权力本身的属性。我国现行

---

① 万毅：《检察机关内设机构改革的基本理论问题》，载《政法论坛》2018年第5期。

条线状的内设机构,以诉讼环节作为专业的切入点,解决的是形式上的专业,不是实质上的专业,人为割裂了指控权的整体性和连贯性。因此,内设机构的设置应围绕指控职能相应配置,检察业务应参照法院的内部庭室的设置原理,同步开展。

(二) 智慧借助有利于提升公信力

信任系统包括两方面内容,即对个人的信任和对制度的信任。检察官执掌国家刑罚的启动权,这也是检察机关核心的职能。检察官裁量的正义性作为连接法律和具体案件的纽带,是建构司法公信力的内在基础。司法公信力的提升,离不开检察官公正、公开的裁量过程,"检察智库"对这一过程的策略制定、时机选择、后果研判和舆论引导,是司法公信力提升的外在形式。多年来,检察裁量权一直在睡眠状态,公众并不熟知,认为刑事领域公安和法院是主角,甚至产生"柠檬市场"效应,① 片面认为检察机关在刑事领域的职能就是庭审指控而已。例如,正当防卫是大陆法系成熟的刑事司法理论,我国刑法对此有明确、具体的规定,即便有争议,也是体现在法院审判环节。然而,随着社会生活的不断复杂化,近年来山东聊城于欢案、江苏昆山反杀案、河北涞源反杀案、福建赵宇案等,数起孤立的个案,让正当防卫问题成为全民围观的网络热点议题。最高人民检察院敏锐地关注到社情民意的关切度,在总结实践经验的基础上,于2018年12月专门针对正当防卫问题发布了第十二批指导性案例,以案例形式进一步廓清了正当防卫与防卫过当的界限,为司法实践提供了重要参考。后参照案例指导精神,指导下

---

① 柠檬市场,是指由于信息不对称,消费者无法判断商品的好坏,只能按平均标准来评价商品质量,以致高于平均标准的商品被逐步淘汰,好的商品无法进入市场。就检察官自由裁量而言,一旦信任机制丧失,则检察官的裁量无论是否公正合理,都会被认为是不合理的,从而造成裁量激励机制失灵,久而久之对司法整体的公信力造成损害。二手货市场就是典型的柠檬市场。

级检察机关对赵宇案撤销原相对不起诉决定,重新作出法定不起诉决定,对涞源反杀案作捕后法定不起诉。一方面,向公众宣传了检察政策、职能及工作内容,特别是在刑事指控方面的裁量职能;另一方面,体现了检察机关实事求是、有错必纠的担当。在此基础上,最高人民检察院专家咨询委员会、各合作院校教研组等"检察智库"在媒体采访、业务专题培训等方面结合法学基础理论,对正当防卫理论和实践做了全链条的普法和宣传,不断推动公平正义以人民群众看得见、听得懂的方式加以实现,让"法不能向不法让步"的理念深入人心。

(三) 智慧借助有利于增加知识储备

新的现实主义法学派认为,法律的事实认定在一定程度上是个灵活的过程,应对有关政策及新的社会、技术和经济条件作出反应。这种更为灵活的有关法律与事实调查程序看起来更好地适应了变化迅速的现代社会之需要。时代的需要,流行的道德和政治理论,对公共政策的直觉,无论是公开宣称的还是无意识的,甚至是司法官员以及他的法律同事们共同具有的偏见,都比在确定人们应该遵守的规则时所采用的三段论起的作用更大。[1] 可见,法律的经验性技能和运用,是检察权能否贴近社会生活、对接普通民众心理需求的重中之重,在检察人才继续教育过程中,经济活动的现实路径、行业规则以及社会阅历,是集合培训或院校教育所无法提供的,应恢复传帮带的师徒模式传授业务技能,并扩大检察人才跨行业跨部门的交流和实践,实现社会生活的亲历性,丰富办案亲历性的触角。退一步讲,司法的重要功能是化解纠纷,缓和社会关系的张力,较为丰富的生活阅历或社会信息量是检察官应有的面相。通

---

[1] 宋灵珊、刘方权:《法律职业中的女性:从法学院到法院》,载《法律和社会科学》2016年第2期。

过"智慧借助",在数量和质量上能同步增加检察机关的知识储备,如在坚持中国特色社会主义检察制度过程中如何正确认识我国检察制度的特色,如何把握我国检察工作的规律,离不开检察智库的研究论证;在具体的检察工作中,针对层出不穷各种新情况新问题,如何确保各项检察职能协调发展,如何在司法办案中正确适用法律和运用政策,离不开检察智库的智力支持;随着司法体制改革步入深水区,一些涉及检察工作定位和检察权配置、运行、保障等体制性的问题不容回避。正确回答和解决这些问题,离不开检察智库的建设性意见。正如张军检察长所说"比如精准监督,最高检已经开始尝试去做,能力不足怎么办?于是我们提出了智慧借助的理念,确实靠人,人一时又很难培养起来,很难马上都调齐。我们组建了103人的最高检监督案件专家咨询委员会。包括专家学者、有法律背景的代表委员,律协专门委员会的主任,大律师和退休最高法院的法官"①。

第二节 智慧借助中的"借"与"扶"

一、"借"与"扶"关系辨析

《尚书·周书·吕刑》指出,"惟齐非齐,有伦有要",就是说,整个世界之所以能够和谐共存,正是由于万事万物并非整齐划一,而是各有不同,只有不同的事物相反相成、相辅相济,才能生生不已,使万物达到平衡并不断发展。为了有效控制由于人的本性而不可避免出现的社会矛盾和冲突,以最小的阻力和浪费最大限度

---

① 参见张军检察长于 2019 年 3 月在第 5 期全国检察业务专家高级研修班上的讲话实录。

地满足社会中人类的利益,法律必须在所有个人、社会和公共利益要求之中谋求并保持平衡。①"检察智库"有"内脑"和"外脑",内外分类的目的是释放内外智库的活力和创造力,使决策组织和"外脑"之间摒弃传统的单线传递的线性思维,打破组织和成员之间价值分离的机械模式,围绕组织和成员的共同价值创造开展,形成共享共生的协同关系。

在检察事业转型发展过程中,"外脑"具有基础理论研究、政策建言、人才培养、舆论引导和公共外交五大功能优势。而这些优势功能正是"内脑"必须解决而储备不足或不够的地方,通过"智慧借助"的"借力、借智"可以弥补上述不足。从相对方来看,"外脑"直接或间接设置在检察系统之外,②通过"智力输出",辅助了检察"内脑"顺利完成职责。可见,"借"是方法,"扶"是目标,两者是手段与目的的关系,借的越频,扶的越多,共同目标是检察事业的正当性、合理性。从供需角度讲,"外脑"可以理解为智力活动或产品的"卖家",检察机关是"买家",两者虽然通过"借"与"扶"的方式交易,但在智力市场上分属供给侧和需求侧,两者互相依存,共同目标是检察司法产品的物美价廉。因此,"智慧借助"中的"借"与"扶"是共享共生的协同关系。就如在今天被称为"东方硅谷"的杭州,一方面,是无人驾驶汽车的试航和无人机在快递业应用领域应用等颇吸引眼球的美好蓝图绘制;另一方面,则是杭州街头依然骑着双轮、三轮电动车等各

---

① 罗峰、杨树文:《刑法平衡机制》,载梁根林、张立宇主编:《刑事一体化的本体展开》,法律出版社2003年版,第88页。

② 最高人民检察院公布《最高人民检察院检察研究基地名单》,18所高校及法治前海研究基地的21所研究中心入选,覆盖10个检察业务类别。在2019年16所检察研究基地的基础上,增补清华大学、北京大学、河南大学、中国人民大学和中国政法大学的5所"检察研究基地"。

式传统交通工具的快递小哥穿梭在交通堵塞的道路上的现实困顿。蓬勃发展的电商零售业必须借助顺丰、菜鸟等物流行业，才能突破瓶颈，而电商零售同时滋养着物流行业的异军突起。①

二、借助"外脑"深化检察监督

当前，检察制度处于破旧与立新的转折期间，检察理论面临新的挑战和机遇，其回应外界、支持实践、自我构建的迫切性前所未有。应当更加全面、更加深入地推进检察理论创新，及时革新检察理论研究内容和研究方式，加快构建新时代中国特色检察理论体系和话语体系。② 在"智慧借助"这一对供需矛盾中，检察机关作为需求方是驱动市场交易的源动力。

（一）"智慧借助"需方的需求

实践中，各类型"外脑"的发展大部分依附于不同层级的检察机关，由于我国四级检察机关工作的内容不同，各层级检察智库的功能定位也存在一定的差异。③ 除特约检察员、特约监督员、专家辅助人等个体"外脑"依法依规提供锦囊外，有必要将机构性、组织性的检察"外脑"纵向划分为高、中、基三个层级，再横向配置每个层级不同"外脑"在深化检察监督过程中的功能。

1. 国家级检察"外脑"的功能定位。国家级检察"外脑"主要包括最高人民检察院联合外部单位、专家学者共建的智库机构，如最高人民检察院专家咨询委员会、华东检察研究院等。高层级检

---

① 郑志刚：《独角兽还是羚羊？——公司治理视角下的新经济企业》，北京大学出版社 2019 年版，第 161—162 页。

② 李乐平：《变革中的新时代检察理论研究》，载《检察调研与指导》2019 年第 1 辑。

③ 任海新、牟国清、林国强：《检察智库的功能定位及发展建议》，载《人民检察》2018 年第 1 期。

察智库主要定位于对全国的检察工作和社会治理工作提供决策咨询意见，促使研究成果以立法、司法解释等形式转化为顶层设计，同时注重对检察基础理论的创新。尤其是如何实质理解和深层挖掘检察监督的深刻内涵，如何完善检察监督体系，以及如何提高检察监督的结构性收益等根本性问题，明晰检察权在现代治理体系中的定位，明确检察机关法律监督的范围和边界等。毕竟，我国的上下级检察机关的关系是领导关系，"为了让思想被听进去，最好的战略就是先让领导人信服。随后，他们的思想将会向下渗透。一旦有人设法说服了领导层，行政部门的下级人员就更有可能对此人的思想产生兴趣"①。

2. 省级检察"外脑"的功能定位。省级检察"外脑"主要包括省级检察院与高校共建的检察理论研究机构，检察业务条线的专业委员会、专家咨询委员会、专业型社会团体、地域型论坛智库，以及高校独自成立的研究中心等。其功能定位在于为省域内法律适用、规范性文件制定、业务条线内的相关问题等重大决策提供咨询意见、对检察权运行中的相关法律制度等专业性问题做基础理论研究或对检察改革中的配套性措施做应用理论研究。

3. 地市级检察"外脑"的功能定位。地市级检察"外脑"包括检察机关与部分单位组建的专家咨询委员会和地区性的论坛等，常以专题座谈会、学术前沿讲座等形式开展工作，参与检察决策的机会不多。基层级检察智库的功能定位侧重于办案实践，主要是为检察办案过程中遇到的法律适用难题提供决策咨询意见或为专业性问题提供专家意见。如 2017 年温州市人民检察院办理一起家暴引起的杀夫案时，检察机关在庭审时申请最高人民法院法学应用研究

---

① ［德］约瑟夫·布拉姆：《德国：智与库》，载［加］唐纳德·E. 埃布尔森、斯蒂芬·布鲁克斯、忻华主编：《智库、外交政策和地缘政治——实现影响力的路径》，严志军、周诗珂译，南京大学出版社 2019 年版，第 142—143 页。

所的一名心理学专家作为专家证人出庭，在法庭上介绍了长期遭受家暴的女性，其控制能力、辨别能力要弱于正常的人员，因而主观恶性不深，该专家意见对被告人的量刑起了较为重要的作用，被告人后被判处 15 年有期徒刑。

（二）"智慧借助"中需求的满足

如前所述，检察机关的需求大于供给，市场上供给检察机关的知识产品不足，供不应求，在"智慧借助"中，检察"外脑"属于卖方市场，与买方市场的"以顾客为中心"不同，应以"生产为中心"增加产量和供给。若要尽快满足需求，检察机关首先得寻找更多更优的生产商，即更多的"外脑"；其次得明确和细化具体的需求，减少供给方的产品设计成本；最后，尽量运送原材料或劳动力至供应方，缩短供应方的生产流程，提高效率，如提供数据给"外脑"或邀请外脑介入检察机关，委托外脑开展调研或共同完成课题。

（三）"智慧借助"中供需的平衡

检察机关应支付更多的对价，即通过"补贴"的形式吸引或激发更多优质"外脑"愿意提供知识产品给检察机关。检察"外脑"编制隶属不同的单位，人、财、物等经费都受到一定程度的限制，检察机关物质上的贴补仅是杯水车薪，尚不足以支撑检察"外脑"成建制蓬勃发展。立足检察职能，以物质之外的"补贴"形式刺激"外脑"，是目前较为可行的方式。首先，提高"外脑"产品的利用率和采用率，激发检察"外脑"的主体意识。其次，加大对"外脑"的宣传，提高其社会影响力。检察"外脑"，需要专业性、理性表达，不同于意见领袖的通俗化、感性地表达。但后者能比前者获得更多的点击量和评论数，其影响力往往超过"外脑"，只有通过有影响力的网络意见领袖、政府、社会机构解读阐释等多级传播，"外脑"才能间接获得社会影响力，而这种传播能力，检察机关作为公权力机关有先天的优势。最后,向"外脑"开放部分案件数据资源,一方面有利于提高"外脑"智力产品的精准性,另一方面使其或者比其他"外脑"获得更多的独特资源,从而提高其积极性,更加契合检察监督的深入开展,进而形成优势累积,即马太效应:检察机关通过对某个个人或团体反复赋予研究资源和奖励,使此人或该团队越来越超越其竞争者,使得这种优势加速丰富起来;反之其他的人或团体对于研究资源的获得,则越来越少,甚至不能维持持续的研究而退出该检察研究领域。①

三、厚植专家型人才

检察职业不仅政治性要求高,而且专业性也非常强,需要检察人员具有相应的法律素养和办案能力。随着"四个全面"战略布局特别是全面依法治国、治理体系和治理能力现代化建设,民法典颁布施行、三大诉讼法修改等为检察机关发挥职能作用提供了广阔舞台和发展空间。目前,经济社会发展处于转型升级、攻坚克难的关键时期,高科技和新类型、新领域犯罪增多,履行检察职能不仅要具备法律专业知识,还要具备金融、科技等方面的专业知识。只有大力培养一支复合型、专家型人才队伍,才能完成党和人民赋予的神圣职责。同时,落实改革部署,要求检察人员必须按照专业化、职业化发展方向,统筹推进员额制检察官、检察辅助人员、司法行政人员队伍建设,做到各安其位、各尽其责、各展其才。②

通过"智慧借助"深化检察监督工作,从工作方法的角度是

---

① 刘文俊:《专业技术的岗位分级制度》,载张冠梓、黄晓勇主编:《智库的再造——中国社会科学院管理创新案例分析》,社会科学文献出版社2014年版,第137—138页。

② 阎兴振:《营造良好环境深入推进检察人才建设》,载《检察日报》2017年8月4日。

"借力而为""借船出海",从理念上讲,并不是因为"买船出海"太贵,而是在"借船出海"的同时,需要积累和培养"造船出海"的能力。在检察系统厚植专家型人才,是"智慧借助"理念和方法的阶段性成果,也是"智慧借助"工作机制的水利枢纽。所谓"千秋基业,人才为先",这些专家型人才属于检察机关的领军人才,在检察实务领域、理论研究领域、人才培养领域起带头和示范作用,是检察事业推进的特种兵。如最高人民检察院从2005年8月启动第一批全国检察业务专家评审工作以来,全国检察业务专家评审先后开展4次,共评选出专家324名,复审后现有全国检察业务专家269名,并于2017年修订了2009年《全国检察业务专家管理规定》,编制了《"十三五"时期检察教育培训规划》,明确高层次人才培养目标,在2020年底前,全国检察业务专家总数争取达到500名,省级检察业务专家总数争取达到1500名。

至于如何厚植专家型人才,最主要的途径还是通过"智慧借助"。

一是借助院校交流。加强检校合作力度,充分发挥检察机关的司法实践优势和高校的理论研究优势,共同制定培养目标,共同设计课程体系,共同组建培养基地,促进高层次检察人才培养的精准化、专业化、常态化、共享化,以人才资源共享促进检察工作平衡发展。如2018年8月,浙江省人民检察院与国内17所政法院校开展检校合作,高校选派优秀教师到浙江省检察系统挂职,选派优秀学生到浙江省检察系统开展实习实践和调研,并邀请浙江省检察系统的高水平实务专家到学校开设实务课程。双方也可派遣专家就检察工作中的重要问题共同开展研究。

二是加强培训。首先,把人才培训作为长期计划。人才成长是个长期过程,人才建设也不可能一蹴而就,必须长远规划、长期经营。检察系统的业务专家、岗位能手,都是长期以来个人努力和组织培养的结果,是多年来不断积累、不断提高的结果。其次,加大培训力度。在知识爆炸、信息化时代,每一个人要成才,离不开学习。检察工作具有很强的专业性,检察干警要胜任本职工作,成为行家里手,一方面,要树立终身学习的理念,不断充实自己、提高自己;另一方面,组织上要加大教育培训力度,围绕检察机关岗位素能基本标准,开展更符合干警实际和业务工作需要的专项实务技能培训,利用情景教学、现场观摩、跟班学习等模式,增强培训效果。如浙江省检察机关,为培养检察业务专家和业务能手,每年组织3—5次的专题培训,以邀请金融领域知名专家集中授课,依托上海交通大学、上海法政学院等知名院校封闭培训、至上海自贸区参观学习等方式,不断拓宽专家型人才的视野和知识面。再次,拓宽培训路径。对有工作经验的人员,通过开展精品案件评选、业务能手竞赛、检察业务专家评审等一系列活动,塑造全国、全省业务专家和办案能手并在干部选拔任用上有所偏重。对缺乏工作经验的人员,通过定期轮岗、上挂下派、基层锻炼等形式,让他们在实践中经历风雨、增长才干。最后,人才分类培养。结合检察人员分类管理改革,尽可能把每个人才都配置到最能发挥其特点和优势的岗位上去,以实现人尽其才,才尽其用。"闻道有先后、术业有专攻",无论是综合部门还是业务条线,刑事和公益、程序和实体均有不同的研究方向,有不同的职业技能与特长,应提供平台,在专业上越走越深,在横向上交融越来越宽,不断培养和产出具有检察特色的专家型人才。

三是聘请专家。针对专业化办案的需要,要探索运用公开选拔、挂职借用、定向培养、聘任制等方式,引进、培养办理金融证券、知识产权、网络安全、环境保护等案件的专门人才和检察技术、会计审计等特需人才;针对高层次人才的需求,要拓宽从高校专家、优秀律师、知名法律工作者中引进人才的渠道。要善于搭建平台、提供舞台,鼓励检察专家人员建功立业,最大限度地激发人才活力。若面临陌生的领域，没有专家或智库的信息资源，可以尝试借助"中国智库索引系统"，搜索适合实际需求的专家。该系统由南京大学与《光明日报》联合开发，2016年9月上线发布，向被收录的来源智库开放端口录入数据。截至2016年12月，收录了来源智库489家，拥有专家数据7443条，智库活动数据7127条，成果数据32866条，每条记录平均内含数据点20个，合计数据98万个。①

第三节　智慧借助理念在检察工作中的贯彻落实

2020年11月，习近平总书记在中央全面依法治国工作会议上发表重要讲话，从统筹中华民族伟大复兴战略全局和世界百年未有之大变局、实现党和国家长治久安的战略高度，全面回顾了我国社会主义法治建设历程特别是党的十八大以来取得的历史性成就，明确提出了当前和今后一个时期推进全面依法治国的总体要求，用"十一个坚持"系统阐述了新时代推进全面依法治国的重要思想和战略部署，深入回答我国社会主义法治建设一系列重大理论和实践问题。因此，"智慧借助"不仅是检察理念，也是工作方法，检察工作应始终围绕"国家治理体系和治理能力现代化"这一总目标，将检察实践工作融合到国家治理大局和党委政府中心工作中去，不断提高决策的科学化、业务的专业化和队伍的精英化水平。

---

① 李刚、王斯敏等：《智库评价理论与方法》，南京大学出版社2019年版，第164页。

一、规范和细化专家咨询论证机制

(一) 现有专家咨询机制存在的问题

专家咨询是"智慧借助"最主要的方式和途径，四级检察机关依照《最高人民检察院专家咨询委员会工作办法》相继成立了各业务条线和院层级的专家咨询委员会，也出台了相关的规范性文件，对专家咨询论证事宜进行了相应的规范，但总体上属于粗线条，大致规定了专家咨询的性质、任务、职权、范围及对接部门，在专家资格、论证规则、咨询程序、选任决策等方面均是空白。

1. 专家资格无标准或标准不一。对于"检察外脑""检察智库专家"，无论是学界还是智库实践部门，均无统一认可的标准和定义，与之相近的概念有智库思想家、智库研究人员、智库学者、智库政策专家、智库分析师、智库科研人员等，但不管如何称呼，检察智库专家并不是指精英的意思，而是指智库的专职或者兼职的分析研究咨询人员，是以检察战略问题和检察公共政策为研究对象，以影响检察机关决策、改进政策和精准监督为目标，提供决策方案和对策建议等智力产品的专兼职分析研究咨询人员。除特约检察员和特约监督员有较为详细的资格准入外，《最高人民检察院专家咨询委员会工作办法》没有规定专家的资格条件，在各省的规范性文件中，笼统地列举了专家专业方向，也没有明确专家的具体条件及选任程序。如2005年《湖北省人民检察院专家咨询工作规则》第2条规定："湖北省人民检察院实行专家咨询制度，设立专家咨询委员会。专家咨询委员会由省人民检察院聘请法律、经济、金融、证券、财会、科技等方面的专家20—25人组成，每届任期五年，可以连续聘任。"又如，2018年9月出台的《浙江省人民检察院民事行政检察监督案件专家咨询论证工作办法》，全国人大代表、九三学社十四届中央委员、北京市信利律师事务所首席合伙人阎建国等 25 名专家受聘。25 名"外脑"都是涉民事行政、公益诉讼方面的专家，既有来自高等院校、科研机构等单位的法学专家和技术专家，也有知名律师、离退休法官、检察官，还有不少具有法律专业背景的人大代表、政协委员。上述两省均没有明确"外脑"的准入门槛。

2. 专家论证的规则不明确。首先，专家论证的范围是弹性的、抽象的，没有可操作性的范围，没有区分轻重缓急和大小细微，不论是事关检察制度根本性、基础性的理论问题，还是全国通行的检察政策改革、措施机制，抑或业务条线上某个具体的法律、技术问题，在是否决定提交专家论证时存在一定的随意性，其表述都是"可以""如果需要"，没有分层为"应当""一般应当""可以"。如《最高人民检察院专家咨询委员会工作办法》第 2 条规定，专家咨询委员会的工作主要是对检察工作中遇到的重大问题开展咨询活动，包括对检察工作中重大理论问题进行研究，对重大疑难复杂案件的相关问题进行论证，对最高人民检察院起草的工作报告、司法解释和有关规范性文件提供专家咨询意见，开展专题调研，协助培养高级专门人才等。第 10 条规定，最高人民检察院各内设机构、地方各级人民检察院如果需要向最高人民检察院专家咨询委员会咨询的，应当提出咨询议案，载明需要咨询的具体内容，报请最高人民检察院领导批准后，交由法律政策研究室办理。其次，上述"重大""疑难复杂"过于抽象，无法操作，对需要论证的事项提交权授予给业务部门，使是否提交专家论证过于随意。最后，专家如何论证，论证的具体规则是合议制还是独任制，专家咨询意见的合理性如何判断、如何取舍，专家调研报告的必备要素和论证逻辑如何明确，各个层级的工作办法中较少有涉及。如 2016 年 5 月《河南省人民检察院专家咨询委员会工作规则》第 8 条规定，对于专家咨询委员会委员提出的咨询意见和建议，由有关业务部门负责记录、收集和整理,并报送分管副检察长。有关涉及检察委员会议题的咨询意见,由法律政策研究室负责记录、收集和整理,并向检察长和检察委员会汇报。必要时,可以邀请专家咨询委员会委员到会发表咨询意见。上述文件仅仅规定专家咨询意见的流转程序,没有从实体上和效能上设置一套对专家咨询意见的评价、辩论和筛选机制,专家也没有提供资政后的跟踪考察、修正等"售后服务"。此外,专家论证的工作形式亦缺乏归类。各地的工作规则和办法中,咨询委员会开展工作的主要形式是定期或不定期地召开专家咨询委员会会议、专题咨询论证会议、调查研究、书面咨询、个别咨询等。由于专家咨询委员会主要是兼职工作,且没有固定的工作场所和工作场景,这种工作形式在时间上不确定,在方式上过于笼统,形式意义大于实质。

3. "内脑"与"外脑"衔接通道狭窄。其一,"内脑"提供给"外脑"的有用信息有限。四级检察机关关于专家咨询委员会的规范性文件中,基本上都规定法律政策研究室根据院领导部署具体负责筹备、组织和联系专家咨询事宜,为便于专家咨询委员了解检察工作的有关情况,充分发挥专家咨询委员会的作用,由法律政策研究室负责为专家咨询委员提供各院公开或经批准出版发行报刊、图书和有关信息简报等资料。这些信息资料大部分是成型的政策和案件,或已经被归纳、整理的观点,不是原始的数据和信息,对专家而言,后者才是主要的素材和有用信息。其二,检察机关是办案部门,法律监督的价值主要通过办案来实现,而办案又是亲历性的活动,案件数据和信息是核心资源,若仅是通过汇报、介绍的形式,而不是全程向专家披露,可能就会导致供需之间的信息不对称,出现"内脑"与"外脑"两张皮和对专家数据和经费保障不足的问题。

(二)专家咨询论证机制的完善

1. 建立专家胜任力机制。胜任力概念由哈佛大学学者Mcclel-

land 首次提出,他认为胜任力是区分特定环境及工作岗位中个人工作绩效高低的个人特质,是个体取得良好工作绩效所应具备的知识、能力、素养等特质,胜任力能较好地预测个体的工作绩效。建立胜任力模型主要是通过各种技术方法辨别业绩优秀者和普通者在知识技能、人格特点、态度、内驱力等方面的差异,并将收集的信息数量量化,从而形成可判断胜任力的可操作模型。目前胜任力模型主要是冰山模型和洋葱模型。冰山模型包括外显看得见的胜任力特征,如同处于水面之上的冰山,如知识、技能,以及内隐看不见的胜任力特征,如同处于水面以下的冰山,不易触及,也最难改变,如自我概念、特质、动机等。洋葱模型是从另外一个角度对冰山模型的解释,仿照洋葱的结构,将胜任特征由外层向内层,层层深入,最外层为知识、技巧,中间为态度、价值观、自我概念,最里面为特质、动机。① 美国著名智库学者斯特鲁伊克在《智库经营》中提出,成功的智库专家应具有以下 3 个方面的能力:首先,应是一个好的研究者;其次,能力应该超过研究助理的水平,称为一个好的研究管理者;最后,还应该是一个政策建议的推销者。我国的智库胜任特征,一般从知识、能力、个性特质能 3 个维度进行概括,知识维度包括行业理论、政策理论、研究方法、研究工具 4 个特征;能力维度包括国际视野、政策洞察力、政策解读能力、成果说服能力、科研能力、学习能力、组织协调能力、社交能力、沟通能力等 9 项胜任特征;个性特质维度包括价值观、责任心、成就动机、工作兴趣、独立思考、宣传意识、客户意识、主动性共 8 项胜任指标。② 检察"外脑"尚处于发展期,不一定严苛于上述标

---

① 庆海涛、陈媛媛、关琳、丁炫凯:《智库专家胜任力模型构建研究》,载《图书馆论坛》2016 年第 5 期。

② 李刚、王斯敏等:《智库评价理论与方法》,南京大学出版社 2019 年版,第 115—117 页。

准,但是作为专家资格不能由聘任部门随意评定,应按 3 个维度的总体要求制定一定的准入资格。如知识维度方面,行业理论、研究方法必不可少;能力维度方面,政策洞察力和科研能力不可或缺;个性特质方面,价值观和成就动机相对重要。上述指标可以根据大数据予以筛选和收集,作为专家资格的准入参考,不同层级检察机关可以检察"外脑"的功能定位的差异,适当调整 3 个维度的具体标准。

2. 建立嵌入式决策咨询服务模式。嵌入式决策咨询服务模式指的是,智库的对策研究通过嵌入政府政策研究过程解决"外脑"和"内脑"的协同问题。嵌入式决策咨询服务包括政策过程的嵌入、决策咨询流程的嵌入、决策咨询场景的嵌入和政策共同体的圈层嵌入。如果智库能实现 4 种形式的嵌入,那么就有可能解决对策研究脱离实际、不接地气、没有市场的困境,成为党委政府想得起、用得上、离不开的智库。① 嵌入式决策咨询服务模式的目的是解决"内脑"与"外脑"之间信息不对称的顽疾。2016 年 5 月,习近平总书记在哲学社会科学工作座谈会上就该问题专门指出"近年来,哲学社会科学领域建设智库热情很高,成果也不少,为各级党政部门决策提供了有益帮助。同时,有的智库研究存在重数量、轻质量问题,有的存在重形式传播、轻内容创新问题,还有的流于搭台子、请名人、办论坛等形式主义的做法",强调"要加强决策部门同智库的信息共享和互动交流,把党政部门政策研究同智库对策研究紧密结合起来,引导和推动智库建设健康发展、更好发挥作用"。习近平总书记的总结是对政府智库包括检察"外脑"建设在内切中肯綮的评价。由于检察业务的多样性,在检察"外脑"的需求上,

---

① 李刚:《创新机制、重心下移、嵌入决策过程:中国特色新型智库建议的"下半场"》,载《国书馆论坛》2019 年第 3 期。

应设计"必须专家咨询、一般应该专家咨询、可以专家咨询"为基础的分层清单。在必须专家咨询事项上,应该建立嵌入式的决策咨询模式和咨询规则:在出台一项重要的检察政策时,检察"外脑"应该嵌入一个政策的完成过程,与"内脑"开展紧密合作,从议程设置、政策辩论、决策与推广、政策执行、政策教育、政策评估和政策反馈全过程地参与和发挥作用,不仅要关心政策文本的产生,还要促进政策文本的落地以及落地后的效果;在决策流程方面,要在调研、数据采集、分析、研判和撰写报告等过程中与"内脑"紧密合作,充分发挥"外脑"技术支援的优势,服务"内脑"政策研究;在决策咨询的场景方面,要积极参与领导的调研活动、决策咨询会议和政策路演过程,获得决策咨询的现场感与语境,充分了解政策产生的前因后果;此外,检察"外脑"还得以各种形式与政策决策者、"内脑"政策研究者深度联系和交流。

3. 合理设计"外脑"成果认定与激励机制。首先,明确检察"外脑"的智力成果评价标准,激发"外脑"服务检察的动力。实践中,检察"外脑"的智力成果,具体个案可以经过庭审展示和法院裁判后获得正面评价,但其余的智力成果没有具体的标准,更没有统一的标准。关于政策、决策和应对策略方面的调研报告和专家论证报告,唯一的评价标准是领导的批示,领导层级越高,说明智力成果越有成效。这种做法导致"外脑"只愿意为领导者决策服务,不愿意为决策过程服务;只愿意为高端决策者服务,不愿意为基层决策者服务;只愿意揣度领导的喜欢和侧重做政策研究,不愿意基于客观事实做政策研究。其次,"外脑"的检察政策评估、政策宣传、个案及类案论证等技术性的支援,往往是检察机关最需要的,这些应该纳入智力成果的绩效范围。再次,就四级检察机关而言,每个层级需要借助的智慧侧重点不同,成果的认定和激励也应该有所不同。如从最高人民检察院而言,在议程的设置阶段和政策辩论阶段主要需要高层次的"外脑"参加，而在政策的评估环节，即使是地方检察"外脑"也可以从本地出发对最高人民检察院政策的执行情况开展评估和反馈。也就是说，大部分的检察"外脑"的核心能力不是思想力，而是调查、数据、计算、规划、评估等定量分析能力。最后，当前的检察"外脑"主要是检察机关为主邀请专家形成专家咨询委员会，但这些委员会并不属于编制范围内的机构，组织形式和论证规则均不明确，经费的保障和人员进退，也都缺乏基本的规范，亟须在立法上、组织上和财政上予以系统化的保障。

二、智慧借助之"请进来"与"走出去"

（一）"请进来"和"走出去"在智慧借助语境下的涵义

"请进来"和"走出去"是我国对外开放的两个轮子，紧密联系、相互促进、缺一不可。40年来，我们不断吸引外资，引进先进技术和优秀人才，推动了我国的经济建设。随着经济全球化趋势的进一步加强，我们提出"走出去"战略，主动参与国际技术合作和竞争，开拓国际市场，推动我国的对外开放向纵深发展。可以说，"请进来"和"走出去"双管齐下，是推动我国成长为世界第二大经济体的重要驱动力。在人才培养的语境下，"智慧借助"的功能，某种程度上类似于美国的"旋转门"机制。所谓"旋转门"，指的是在美国及西方国家，个人在公共部门和私人部门之间双向转换角色、穿梭交叉的机制。"旋转门"机制可以被归为两类。第一类是由产业或民间部门进入政府的"旋转门"，这主要是指公司高级管理人员进入联邦政府并担任要职。第二类是由政府进入私人部门的"旋转门"。"旋转门"机制，使人才在政府与智库之间有序流动，打通了学术与政策研究的问题，是国际智库惯用的人才培养模式，但并不完全适合中国国情。我国公务员法、检察官法、法官法均对任职回避作了单独的限制，但这种人才的"走出去""请进来"的思路和理念，仍然值得检察机关在"智慧借助"中借鉴。当然，我们也可以尝试学习新加坡的模式，用市场机制引进人才，人员跟着项目走，随时流动，并在坚持专业所长的基础上不断拓展新的研究领域。实际上，政策研究和商品一样，也有自己的市场。研究者不进入这个市场，就什么也不懂，进入之后，随着研究经历的积淀，就会越来越得心应手。①

从管理学的角度看，如何提升组织效率是最为核心的命题。"请进来"和"走出去"的本质是通过内外协同，提高组织效率。从第一次工业革命至今，泰勒、马克斯·韦伯、福列特为解决劳动效率、组织效率、人的效率等问题提出了"分工""分权""分利"的理论，并在理论基础上建立了"责、权、利"对等模式，这些经典理论与模式在过去一百年中指导无数企业和政府改善管理、提升效率。然而，在互联网技术和数字化生存背景下，风险社会已然来临，不确定性因素促使组织管理的具体环境出现了以下五大特征：强个体出现，组织与个体之间关系改变；强链接关系，影响组织绩效的因素由内部转向外部；技术创新与技术创新的普及速度加快，驾驭不确定性成为组织管理的核心；组织内部不再具有"稳态"结构；"共生"成为未来组织发展的进化路径。② 在共生时代，组织获得系统整体效率成为关键，"把去中心化组织的成员联系在一起的不是领袖，而是某个共同的理念与价值观"③，只有确定共同理

---

① 王斯敏：《智库评价要不要做，如何做好？》，载《光明日报》2016年2月3日。
② 陈春花、朱丽：《协同：数字化时代组织效率的本质》，机械工业出版社2019年版，第3—5页。
③ 陈春花、朱丽：《协同：数字化时代组织效率的本质》，机械工业出版社2019年版，第175—176页。

念,实现内外协同管理,才可以让系统整体效率最大化。就检察机关而言,不管是为了适应去中心化改革的员额责任制,还是"外脑借助"的检察智库建设,都需要在诚恳、互利、信任的基础上,通过有效沟通,让"内脑"和"外脑"理解共同的目标并为此努力和贡献价值。

从治理能力和治理体系现代化的角度来看,"请进来"和"走出去"是应对不确定性的重要路径。互联网扁平化的发展逻辑,一方面,使个体变得更加强大,个体所拥有的知识、能力、信息以及独立的程度,使得个体更加明确地了解到自己的需求和价值;另一方面,组织变得更加强大,组织所拥有的资源、平台、机会以及聚合影响力的程度,使得组织更加明确地了解到自己的属性和价值。也就是说,拥有强大个体的组织,会更具有强大的影响力,来驾驭不确定性,而强大个体更需要嫁接到一个强大的组织平台上,才会释放出个体巨大的价值。企业和政府组织需要拥有一种能力,连接上下游的合作伙伴,连接相关产业的合作伙伴,还需要和其他产业、资本、顾客组合在一个共同生产的网络中,以达成价值共生、共同生长。[①] 这也是检察机关服务大局,融入国家、省域和地域治理能力和治理体系现代化建设的主要表现形式。

(二)"走出去"拓展"检察外"空间

首先,"走出去"可以借助"外脑"力量扩展视野、增长知识。检察业务比较专业,但风险社会不确定因素增多,新情况新问题层出不穷,检察业务不仅涉及法律问题,还牵涉技术、伦理、社会、政策等问题,需要培养复合型的专家型人才,只有"走出去",才有机会获得新的知识。同时,也只有"走出去"才能寻找到更多

---

① 陈春花:《激活组织——从个体价值到集合智慧》,机械工业出版社2017年版,第83—88页。

的"检察外脑",为"智慧借助"提供更多的选择和合作机会。例如,2017年开始,温州地市两级检察机关推行了全员培训计划,委托知名院校的培训机构,分批逐次对全员进行法律适用、国际战略、心理学、电子数据、侦查等模块的培训,截至2019年10月,已经轮流在中国政法大学、西南政法大学等五大政法院校,以及北京大学、清华大学、厦门大学等知名院校开展过全员轮训,参训人员的视野和知识面有了较大程度的扩展。

其次,"走出去"可以借助"外脑"增加内外互信。实地考察调研,区域性论坛、跨学科座谈会、组建知识产权保护联盟等形式,与外部门外单位互通有无、取长补短,借助"他山之石",精雕"本地之玉"。如在保护民营企业和企业家健康发展的非公保护专项行动中,温州检察机关组织召开了全国民营经济法治论坛、长三角金融检察论坛,邀请了知名学者、专家、企业代表和工商联等部门共300多人参加,向与会人员和社会宣传和介绍检察机关保护民营经济的做法和经验,向专家学者和企业代表征求进一步改善和加强保护民营经济健康发展的策略和方法,获得了企业和相关联部门、机构的认可和理解,乃至行动上的支持。同时,也了解到了外地、外部门的"智囊团"在这方面的成功经验和先进做法。

最后,"走出去"可以借助"外脑"讲好检察故事。检察"外脑"有其隶属的部门或者平台,特别是院校和关联行政机构中的"外脑"具有一定规模的传播、宣传组织,通过"外脑"既有的资源,可以更好地宣传检察机关、锻炼检察专家人才、讲好检察故事。比如,温州检察机关与温州大学法政学院建立战略合作联盟,法政学院开设司法实务课程,聘请检察官、律师、法官队伍中的业务专家作为实务导师授课,教学方式主要为案例教学,在教学过程中,学生亲历性地获得了实务知识和实习机会,导师则宣传和介绍了检察职能,同时也为检察官提供了一个非常好的锻炼平台。

（三）"请进来"优化了"检察内"资源

第一，"请进来"广开言路。健全联系机制，推进邀请人大代表和政协委员视察检察工作常态化、制度化。探索依法向社会公开人大代表建议和政协委员提案办理情况和结果。健全协商、咨询机制，建立动态化的专家库，健全重大决策咨询、重大问题联合调研等制度，组织特约检察员和邀请知名学者、行业专家参与案件评查、研讨社会关注重点案件和开展专题讲座。探索拓展人民监督员监督范围，重点监督查办职务犯罪的立案、羁押、扣押冻结财物、起诉等环节的执法活动。完善人大代表、政协委员、特约检察员、人民监督员和专家咨询委员参加检察机关公开审查案件、旁听和评议检察官出庭等制度。

第二，"请进来"解决专项短板。检察技术、舆论宣传和案件管理这三方面的业务不是传统法学的专业领域，不仅跨专业，而且跨学科，需要借助"外脑"的技术力量和专业特长予以填补，单靠检察机关以法律人才为主的人才储备无法完成任务，而这三方面又是检察机关呼应国家治理体系和治理能力现代化的重要载体，必须完成。通过引进专家以及专家团队与检察内部职能部门联合办公，或利用检察机关的办公场地和设备，将上述业务外包给专业的"外脑"执行，检察内设机构同步复制和跟进等方法，或许可以解决这些专项难题。

第三，"请进来"解决类案难题。专家咨询委员会等"外脑"既能用专业知识提升办案水平，又能让各界理论研究更贴近真实，为检察机关与社会各界沟通搭建了平台。在类案的处理过程中，检察政策的把握更加需要"外脑"的支援。如温州地区在践行"两个健康"先行实践基地时，企业代表普遍反映涉增值税类刑事案件的司法打击面过宽，宽严相济司法政策有必要进一步规范和完善。针对该类案件问题，温州检察机关邀请工商联、行业组织、税务专家和侦查部门的专家进行多次的论证,充分听取专家的意见建议,并委托工商联进行社会调查和第三方评估,最终出台侦查、检察、行政、企业均可接受的《涉增值税刑事案件相对不起诉的裁量标准》,并配套出台《涉企刑事案件社会评估机制》和《涉企刑事案件认罪认罚实施规范》,将保护必要性、社会关系修复等因素数据化,融入刑法的酌定从轻、从宽情节,尽量实现3个效果的统一。在此基础上,委托检察"外脑"与"内脑"联合做课题,将涉增值税案件从立法、司法、执法等角度作全面的研究,不仅解决了检察实践中的硬核问题,还为高层决策建言献策积累了实务素材。

三、智慧借助要实现传统人力资源与新兴科技手段并进

社会科学有完整的观察社会、解释社会的概念体系,根据研究方法的不同,有规范分析和实证分析的传统,定量研究是实证分析的核心。以政治科学为代表的学科群以规范分析为主,而以经济学、社会学为代表的学科群以定量分析来主。计算机以及网络科学的发展使得许多大数据库的建设成为可能,社会科学得益于大型数据库和统计软件,定量分析开始大行其道。[1]

(一)充分运用"云计算"等新技术,不断深化定量分析

随着大数据和云计算的日益强大,传统的基于预测的政策分析法,已无法满足政策制定者和决策者在面对难以预测的情况和不确定的未来时,做出正确的选择。而鲁棒决策分析法[2]不是使用模型和数据来对未来做出最佳预测,其通过成百上千次运用模型说明计

---

[1] 李刚:《外延扩张与内涵发展:新型智库的路径选择》,载《智库理论与实践》2016年第4期。

[2] 鲁棒决策分析法最早是在田口玄一推广的"稳健设计"领域发展起来的,是一种尽可能在已有资源的基础上消除不确定性因素,并选择一个对剩余不确定性不敏感的满意方案的过程。

划在未来各种可能的场景下的实施情况，并对模型运用生成的数据库进行可视化统计分析，帮助决策者充分了解计划实施后的各种情况，以便决策者制定更优计划。小米科技的创始人雷军曾经说过"站在风口上，猪也能飞起来"，以互联网技术为标志的第四次工业革命事实上向检察机关等国家机构以及其"智库"提出了一个新的内在需求，面对每天动态产生的海量数据，如何拥抱大数据、清洗和筛选信息，并计算数据内在逻辑和数据形态所隐含的寓意、预言。例如，面对区块链，如何在证据中予以应用；面对互联网金融，如何预警与规制风险；面对共享经济，如何区分罪与非罪等，这些问题的解答均离不开"云计算"等新技术的硬核支撑。

（二）构建数据库、数据云，完善智力体系

首先，建立完善的智力供应体系，至少应包括数据支撑体系、舆情交互体系、行政运营体系等。非人格化的数据支撑体系是智库运行的基本保障，"智慧借助"必须思考如何按照"云"构架，建立统一的、海量的哲学社会科学大型信息数据库，只有把握核心数据，才能建立起有效的决策支持系统。其次，需要建立快速反应的网络舆情反馈系统，帮助检察机关做好危机公关和正面宣传。如在2020年初的抗击新冠肺炎疫情期间，检察机关自上而下，协同各级政府抗击疫情，借助"外脑"和网络科技，第一时间出典型案例、司法解释、司法政策、快捕快诉涉疫案件、推出复工复产法律手册、云办公、远程视频宣告和提审等，充分运用公众号、微信号等新媒体工具，正面宣传了检察职能和检察理念，取得了较好的社会效果和法律效果。最后，日常行政运行体系是"内脑""外脑"协同配合的保障，"云办公"中人员的对接、数据的共享和基本财务的支撑，均会影响"智慧借助"质效。例如，宁波市人民检察院在疫情期间，案管和技术"外脑"通力协作，通过福建当地检察院的传输系统，为远在连江的辩护律师提供电子卷宗，较好彰显了人性化和法治化的完美组合,获得法律共同体一致的正面评价。正如科幻作家威廉·吉布森所说"未来已经到来,只不过尚未全面铺开"①,计算机完全取代司法官员的工作,技术上不可能,道理上也不应该,但相关的技术和经验可以被检察机关和"检察智库"借鉴。当然,这也包括建立打通检察和法院的平台系统,设立虚拟庭审和在线检察等。

(三)注重利用新媒体,扩大网络影响力

首先,网络空间的不断拓展,使得虚拟世界和现实世界之间的界限越来越模糊,人们同时生活在虚拟世界和真实世界,"智慧借助"应重视构建自身在网络传播中的影响力。如2020年3月初,《检察日报》相继刊登3篇文章分析孙杨案件是非曲直,刊登5篇文章评说肖战AO3事件,瞬间吸粉无数,《检察日报》微博下评论区瞬间沦陷,最多一条微博下有8万多条评论。针对一小部分粉丝批评《检察日报》不懂法,《检察日报》直接发起了一个话题,叫"幸亏懂点法",截至3月11日,这个话题评论已经到了500万条,网友表示,被逗笑了。一向以严肃形象报道法治新闻的《检察日报》,在连续发文评论孙杨、肖战事件后,突然成了近日最具话题度的媒体。② 这其中,离不开检察"内脑""外脑"在运用融媒体过程中的协作与配合。其次,在传统媒体时代,"外脑"智力产品的发声是通过编辑来把关的,而互联网、自媒体等发展起来以后,"外脑"的表达机会成倍增加、空间显著,但是,在表达空间无限扩张的同时,表达的专业性更受质疑。"外脑"的影响力和公信力

---

① [英]理查德·萨斯坎德:《法律人的明天会怎样?——法律职业的未来》,何广越译,北京大学出版社2019年版,第117—119页。

② 载http://www.cm3721.com/kuaixun/11161.html,最后访问日期:2020年3月11日。

主要体现在专业性和对社会问题回答的有效性,毕竟"软实力通过微妙的、经常是无形的方法,而不是强制或者使用武力来操纵国家和人民,软实力可以比单纯的军事力量更加强大"[①]。如美国在冷战时期利用"自由世界的捍卫者"的形象,将其影响力扩大到全球,而不是通过武力实现这一点。可口可乐、麦当劳以及好莱坞电影文化是典型体现。一直到"9·11"事件之前,美国都将这种软实力作为其国家力量的中心。同理,"检察智库"或"外脑",同样需要通过宣传,有效发挥软实力的作用。此外,要改变表达方式,将晦涩的专业术语,用准确而通俗的语言表达出来,以贴合群众。

---

① [美]威廉·恩道尔:《政府外脑——影响美国决策的智库》,梁长平译,中国民主法制出版社2018年版,第100页。

第八章 新时代检察理念与检察智能管理

> 大数据是信息化发展的新阶段。随着信息技术和人类生产生活交汇融合,互联网快速普及,全球数据呈现爆发增长、海量集聚的特点,对经济发展、社会治理、国家管理、人民生活都产生了重大影响。
>
> ——习近平

当前，以大数据、人工智能为代表的新一轮科技浪潮正引发深刻的社会变革，给人们的思维方式、工作方式和生活方式带来了广泛而深刻的影响。特别是随着电子商务的大发展，大数据技术被广泛应用于经济领域并取得积极成效，这给社会管理、司法管理包括检察管理的模式创新也同样带来巨大启示，因为大数据之于市场经济的作用或功能同样可以引申到司法管理包括检察管理中来，它不单是一种技术变革，更是一种管理变革，甚至是制度性的生态变革。用数据说话、用数据管理、用数据决策，已经成为现代社会管理的基本理念。以2013年全国检察机关统一业务应用系统部署应用为核心的检察信息化建设，推动了大数据与检察业务工作的深度融合，标志着检察大数据时代的到来。但检察机关对大数据技术的深度和广度运用还极为有限，特别是没有从大数据战略的高度来审视检察管理，只是实现了简单的网上办案、网上办公等初步信息化功能，没有进一步从信息化延伸到数据化的深度转化和运用，对检察大数据资源的开发、分类识别、数据共享、运用研判等远远不够，导致检察大数据功能难以有效发挥。检察管理在大数据信息技术之运用视野下还有相当大的改进空间，如何在更大范围、更广领域运用大数据技术、人工智能等新型科学技术，推动检察办案、检察管理与大数据的深度融合，全面提高检察办案和检察管理智能化水平，实现新时代检察管理体系和管理能力的现代化，是检察机关在新的历史条件下实现转型发展的重大课题。

第一节　检察智能管理的概念与内涵

检察智能管理,是指依托云计算、大数据、人工智能等新兴科学技术,将检察司法办案、检察办公、队伍管理、检务保障、检务公开和服务等进行全面、深刻的数字化改造,在实现"办案信息网上录入、办案活动网上管理、办案行为网上监督、办案绩效网上评价"的基础上,形成"全业务智能办案、全要素智能管理、全方位智能服务、全领域智能支撑"的新型管理模式。其内涵有以下3个方面:

一、检察智能管理是"智慧检务"的重要组成部分,是检察信息化建设发展的更高形态

检察信息化经过20多年的建设,历经检察办案自动化、检察机关网络化、检察业务信息化、检察工作智慧化几个阶段。当前,正在推进的"智慧检务",是通过运用计算机、大数据、物联网、人工智能等新技术,打造集"信息感知、网络传输、知识服务、检务应用、运行管理"为一体的检察信息化应用体系,形成以"最高人民检察院为中心、省级院为重点、市级院为骨干、基层院为基础"的检察信息化工作总体格局。随着全国检察统一业务应用系统的投入使用,涵盖司法办案、检察办公、队伍管理、检务保障等各类检察数据资源进一步充实。上海、贵州、浙江、江苏等地检察机关在检察大数据建设运用领域开展了一些有益探索,如贵州省大数据司法办案辅助系统、上海市刑事犯罪智能辅助办案系统、浙江政法一体化办案系统、江苏苏州市政法信息综合管理平台等系统。这些系统都是通过运用大数据、人工智能等技术,建立相关罪名的数学分析模型,为办案提供案件信息智能采集、"要素—证据"智能

关联、证据材料识别和风险预警，以及类案推送、量刑建议计算、文书一键生成等智能化服务。全国检察机关信息化建设的全面推进和深入开展，为检察智能管理奠定了实践基础，检察智能管理是检察信息化建设的必然结果和高级形态。

二、检察智能管理以大数据为关键要素，是以大数据理念为引领的新型管理模式

坚持用数据说话、用数据管理、用数据决策、用数据创新，是检察智能管理的最本质特征。故而，大数据、人工智能是检察智能管理的实现手段，大数据理念是检察智能管理的理论基础。因此，检察智能管理不仅是一种管理手段的革新，更是一场管理理念的深刻变革。按照英国数据学家维克托·迈尔·舍恩伯格的说法，大数据给人类带来的思维变革，主要体现为3个转变：一是要全体不要抽样。大数据时代，可以分析更多的数据，有时候甚至可以处理和某个特别现象相关的所有数据，即要分析与某事物相关的所有数据，而不是依靠分析少量的数据样本。这样就可以正确地考察并进行新的分析，在任何细微的层面上都可以用大数据去论证新的假设。二是要效率不要绝对精确。大数据时代，要学会拥抱混乱，允许不精确。大数据更强调数据的完整性和混杂性，以至于人们不再热衷于追求精确度，不再需要对一个现象刨根究底，快速获得一个大概的轮廓和发展脉络，就比严格的精确性要重要得多，因为适当忽略微观层面的精确度会让人类在宏观层面拥有更好的洞察力，才能打开一扇从未涉足的世界的窗户。三是要相关不要因果。大数据的运用只需要知道"是什么"即可，没必要进行因果关系链条的无限回溯，在海量数据的基础上分析出事物之间的客观规律和相互关联，让收集的海量数据自己说话即可。换言之，在大数据时代，无须再紧盯事物之间的因果关系，而应寻找事物之间的相关关系，即

我们不再追求一个行为背后为什么,更在意与该行为相关的是什么。相关关系也许不能准确地告知我们某件事情为何会发生,但是它会提醒我们这件事情正在发生。许多情况下,这种提醒的帮助已经足够大了,并会给我们提供非常新颖且有价值的观点。

三、检察智能管理是以智能化辅助办案为重点和支撑的全方位、系统化的新型管理模式

检察管理作为检察机关一项基础性、全局性工作,涵盖检察司法办案、检察办公、队伍建设和检察服务等方方面面,工作内容点多、面广、战线长。但是检察机关作为国家的法律监督机关和司法机关,办案始终是检察工作的中心。因此,检察智能管理的重中之重是对司法办案活动的管理。而对司法办案活动的智能化管理的前提,就是要对所有检察办案活动进行数字化改造,即实现司法办案活动的智能化,这既是检察智能管理的重点和基础,也是检察智能管理的着力点和突破口。运用大数据辅助司法办案,需要从监督、审查、追诉的全过程进行数字化处理,建设大数据辅助司法办案应用系统,为一线检察官办案、为检察管理决策提供辅助支持。用大数据技术辅助司法办案,具有两个战略意义:一是可以建立和掌控海量数据信息;二是可以对海量数据信息进行加工,实现数据增值,提升办案质效,提升检察管理效能。

第二节 检察智能管理的功能与作用

在国家监察体制、司法体制等多重改革背景下,检察机关用大数据、人工智能等创新检察管理模式,以智能管理提升检察管理体系和管理能力的现代化,推动新时代检察工作转型发展具有十分重要意义。具体讲,检察智能管理有以下几方面的作用与功能:

一、提升办案质效

司法责任制的逐步落实突出了检察官的办案主体地位，转变了以往行政色彩浓厚的逐级审批模式，对检察官的履职能力提出更高的要求，而检察智能管理无疑有助于检察官提升办案质效。例如，运用大数据等科技手段，从专业化视角出发整合信息资源，建立动态、智能的文献数据推送系统，解决个人信息掌握不全、精力有限的问题；利用大数据技术、人工智能向办案检察官推送同类案件，帮助检察官进行犯罪事实和法律规范的对照，提高案件审查的效率；通过机器的深度学习，辅助检察官定罪和量刑，可以突破承办人个人办案经验的局限，为一线检察官办案提供专业的智能辅助和引导；利用数据画像技术，可视化展示要素证据之间的关联关系，将证据以证据摘要的方式进行拆解，辅助承办人将事实、证据、法律三者关联起来，对案件进行形象描述，准确实现人、案、事实的精确匹配，辅助案件审前审查。

二、强化对检察权运行的监督制约

依托大数据、信息化手段实现司法办案的全流程、动态化管理和监督。一是大数据助推案件流程监控自动化。利用大数据技术，从数据库中提取和分析案件信息，根据流程监控规则，自动对案件的办案程序进行审查，识别问题案件和异常数据。通过对办案程序期限的事后监控，对审批流程、文书制作的事中监督，对潜在办案风险的预测提醒，形成事前、事中、事后的全过程闭环监督。二是大数据助力检察工作量科学核算。利用大数据技术，可以从绩效、时间、案件、人员 4 个维度，把案件数据细化到每个检察院、每个业务部门、每个检察办案人员，实现办案绩效评价的可量化和精准性。三是大数据预警助力风险防控。利用大数据的后台分析和预警功能，自动发现检察权运行过程中的廉政风险点和监督管理中的薄弱环节，提示检察权运行可能存在的廉政风险，强化事前预警和相应处置措施。

三、强化检察监督主责主业

长期以来，检察机关的法律监督工作一直都面临着信息不全、信息滞后，监督线索少、发现难等困境。综合运用数据采集、数据共享，依托网络爬虫、NLP 等技术，从互联网、公安法院等政法机关及行政执法单位、检察机关内部等多渠道采集海量数据，运用大数据挖掘技术筛选出监督案件线索，拓展法律监督线索发现途径，完善调查核实手段，强化检察监督的主动权，促进检察监督主责主业深入开展。

四、检察决策的科学化

传统的决策模式，决策者往往以自身的主观判断和经验为根据进行决策，容易出现"长官意志""拍脑袋决策"，也极易造成决策失误。这也是当前大多检察决策中存在的"痛点"，包括领导赖以决策的依据过于粗糙、不够精确、不够直观。当前，大数据正在成为商业、教育、政府、司法等各行各业最重要的决策资源和创新资源，基于数据的决策和创新将带动人类社会的各个领域都实现巨大的飞跃。检察智能管理累积了海量的数据，基于数据挖掘技术，通过特定的计算算法对大量的数据进行自动分析，从而揭示数据之间隐藏的关系、模式和趋势，在对数据量化分析、科学预测的基础上提出优化方案，将助力检察决策向精准化转变，使决策更具科学性和前瞻性。

五、提升检察对外服务水平

在开放、透明、信息化条件下，积极运用大数据、移动互联网等技术，开展线上、随时随地的司法为民服务，包括信息发布、网上办事、综合服务、在线答疑等，用数据融合创新为民服务的方法，提升为民服务水平。如在检察服务大厅、12309检察服务平台等引入检务机器人和电子客服，利用语音识别、自然语言理解技术，通过大数据和机器学习技术，收集和整理社会公众在举报、控告、检察业务查询、诉讼相关人员服务过程中经常遇到的问题，回答公众、律师和来访群众的咨询并提供查询结果，为公众、律师和来访群众提供自助、便捷、高效的检察服务。

当然，我们也必须清醒地认识到检察智能管理的可能限度：如统一证据审查与自由心证的冲突。在智慧检务的背景指导下，对证据的统一审查及数据化证明标准的建构，极易使得对案件事实的证明再次陷入证据法定主义的泥淖，与自由心证委诸法官对证据的证明力和证据价值依照具体个案进行判断存在冲突。智能辅助量刑建议，司法裁量权事实上部分由人让渡给了算法和模型，而算法带有与身俱来的无意识的偏见，因为算法最终表现为代码和模型，无论是代码书写还是模型建构，都或多或少带有程序设计者的个人印记。

第三节 大数据与检察智能管理的融合之道

一、大数据的概念与特点

大数据（Big Data）这一概念，被美国预言学家阿尔文·托夫勒于20世纪80年代首次提出以后，就受到了广泛的关注。2008年，美国《自然》杂志推出名为"大数据"的封面专刊，对大数据的概念界定、使用价值作了专题介绍和分析。由此，大数据成为互联网技术行业中的热门词汇，同时也成为一个学术热词。随着英国维克托·迈尔－舍恩伯格和肯尼思·库克耶关于大数据研究的先河之作《大数据时代——生活、工作与思维的大变革》一书的出版，大数据成为一个标志时代特征的概念。一般而言，大数据区别于传统数据的最显著特征是数据量大，大到超出以往一切社会数据总量之和，亦超出传统数据截取、分析、储存与显示的能力。目前，大数据还没有形成一个统一的概念，人们往往从不同的层面、角度使用大数据并赋予其不同的涵义。从技术属性上看，IDC（国际数据公司）对大数据特点的界定在业内最具代表性，即用4个V（Volume，Variety，Value，Velocity）来概括大数据的特征。

（一）海量性

海量性（Volume），即指数据体量巨大。目前，数据的起始计量单位已经从TB级别跃升至PB级别。海量性也指终端设备产生的数据量的巨大。据国际数据公司IDC发布的《数字宇宙研究报告》预测，2020年以前全球数据量仍将保持每年40%—60%的高速增长，2020年全球数据量将超过40ZB。

（二）多样性

多样性（Variety），即数据类型的多样。相对于以往便于存储的以文本为主的结构化数据，大数据分为3类数据[①]：一是结构化数据，如企业用的人事系统、财务系统、ERP系统；二是半结构化

[①] 结构化数据和非结构化数据：按结构，数据可以分为结构化数据和非结构化数据。结构化数据是指存储在数据库当中，具有统一结构和格式的数据。这种数据，比较容易分析和处理。非结构化数据是指无法用数字或统一的结构来表示的信息，包括各种文档、图像、音频和视频等，这种数据没有统一的大小和格式，给分析和挖掘带来更大的挑战。从结构化数据到非结构化数据的推进，也代表着可供挖掘的数据在大幅增加。传统的数据挖掘是指在结构化的数据中发现潜在的关系和规律，现在如何挖掘博客、论坛、社交网站和微博上用文字记录的信息等非结构化数据，是数据挖掘努力的方向和面临的最大挑战。

数据,如电子邮件、用 Windows 处理的文字、在网上看到的新闻;三是非结构化数据,如网络日志、视频、图片、地理位置信息所产生的数据,物联网的传感器、移动互联网、车联网、手机、平板电脑及遍布各个角落的传感器所产生的数据。多样化的数据来源正是大数据的威力所在,也对数据的处理能力提出更高的要求。

(三)快速性

快速性(Velocity),有两层含义:一是数据产生的速度很快。有的数据是爆发式产生,例如,欧洲核子研究中心的大型强子对撞机在工作状态下每秒产生 PB 级的数据;有的数据是涓涓细流式产生,但是由于用户众多,短时间内产生的数据量依然非常庞大,例如,点击流、日志、射频识别数据、GPS 位置信息。二是数据处理的速度非常快。在数据处理速度领域内的"一秒定律"认为,必须在 1 秒钟内完成高速实时的数据处理,超过这个时间,数据便失去了价值。

(四)价值性

价值性(Value),即密度低价值高。一方面,价值密度的高低与数据总量的大小成反比。随着数据产生速度的加快,单位容量里数据所含的价值越来越低。另一方面,大数据蕴含巨大的价值。大数据之大在于数据具有"再生性",数据的价值具有巨大的增值效应。大数据的使用者并非停留在对表层数据的使用和发现表层数据的价值,而是通过表层数据不断挖掘,既可挖掘更深层次的数据,也可通过深层次的各种数据从而挖掘出更大的价值。例如,一个人在网上搜索"咳嗽、发烧"等词条留下的搜索记录是没什么用处的,但是 Google 却通过分析人们在网上的这些检索记录,赶在疾控中心的流行病学家之前两个星期预测出了 2008 年流感的出现。

二、检察大数据的现状

(一) 基本情况

2013年,全国检察机关统一业务应用系统(以下简称统一业务应用系统)的部署应用,标志着检察大数据时代的到来。统一业务应用系统,是由最高人民检察院按照"统一规划、统一标准、统一设计、统一实施"的总体要求组织开发,适用于全部检察业务工作,融业务办理、管理、统计于一体,在全国四级人民检察院互联互通,及时、全面、实时、动态地交换数据的计算机信息系统。统一业务应用系统,作为检察机关的办案载体,将大数据思维、大数据技术运用于司法办案整个流程,汇聚了检察机关的重要业务数据,动态实现了检察机关数据之间互联互通,已成为检察机关核心数据资源,是大数据运用的强大平台,为检察智能管理提供了强大数据支撑。

1. 积累了海量的数据资源。统一业务应用系统自2013年上线运行以来,聚集了宠大的检察业务数据资源,截至2017年12月,统一业务应用系统存储的数据量已达到9000GB,各类案件约2000万件,各种文书约3亿份。统一业务应用系统内的数据资源具有以下3个特点:一是全面性。从数据体现的业务内容覆盖面上看,统一业务应用系统涵盖了侦监公诉、民事行政、公益诉讼、刑事执行、未成年人检察等检察业务的各项流程和环节;从系统数据的完整性上看,不仅囊括了各类业务数据,还具备完整的基础数据,如数据字典、流程配置项、组织机构、人员权限等,这些数据也是其他检察办公系统运行的基础;从数据的类别上看,系统中存储了各类结构化数据(如案卡)、半结构化数据(如流程配置项)以及非结构化数据(如文书、图片等)。二是全阶段性。统一业务应用系统中的数据,从产生到终结的过程贯穿了信息资源生命周期的需求定义、收集、传递、存储、传播和利用等7个阶段，即系统通过需求定义生成数据模型，通过人工和自动输入进行数据收集，通过数据传递推动业务办理，而这些数据在产生后都通过一定的方式存储在介质中，以查询、分析、决策、输出等形式供传播和利用。三是基础性。无论是具体业务类别的应用系统，还是决策分析类别的应用系统，都是在统一业务应用系统数据之上进行的数据处理和数据延伸，如业务决策支持信息系统是对业务数据按区域、时间、案件属性、犯罪嫌疑人属性等多个维度进行的挖掘、分析，以达到辅助决策的目的。

2. 统计分析功能进一步强化。检察统计方式经历了由手工到自动化、网络化，由静态采集到与办案活动融合的几个阶段。随着统一业务应用系统的深度应用和不断完善，实现了办案系统与统计系统的衔接。新的统计子系统立足于数据自动生成和案件信息查询两大基本功能，包含了2个子系统、17项应用模块、305项具体应用，具有以下特点：一是数据自动生成，自动汇聚。实现了将办案信息记录自动转化为直观的、可对比的数据，各单位的办案信息自动集中生成数据。二是数据动态生成，每日更新。实现了随时生成数据，每天晚上对各单位当天的办案信息自动集中生成，每日一早即可了解前一日的工作情况。三是数据全面生成，体量巨大。每个检察院集中生成的基础数据达到708万项，是原来统计数据量的50.7倍。四是数据按需定制，定向投放。对于不同岗位用户所需要的数据，由案件管理部门统一定义和分配，用户通过网络动态查询，实现个性化、精准化数据服务。五是案件灵活查询，内容丰富。采取全面客户端查询方式，每个符合条件的用户在自己的电脑上查询履行职责所需的数据，带来了数据使用方式的根本变化，用户可自主设定条件，对案件信息进行多维度的组合查询，获得更加巨大的数据。六是信息互通关联，人、案、数一体。可自动生成每个办案部门、每位检察官的办案数据,数据可关联到具体案件,个案信息可关联流程,了解到案件办理进程、节点和法律文书。新的统计子系统全面运行后,传统统计逐级填报、逐级汇总方式由技术手段自动完成,月度统计周期转变为数据动态生成,人工数据服务转变为用户网络查询,从而引发统计模式和工作机制的重大变化,带来统计职能的变革转型。

3. 数据应用能力大幅提升。统一业务运用系统的部署应用,检察人员经历了从抵触到自觉、从不适应到适应的过程。经过几年的实践应用,检察人员的数据意识逐渐增强,数据应用分析能力逐步得到提升。例如,检察机关内设机构改革前,负责侦查监督业务的部门运用大数据分析技术,为审查逮捕、侦查活动监督、立案监督案件办理提供依据,帮助分析侦查活动过程中的不当执法行为;负责公诉业务的部门运用大数据技术统一证据审查标准,巩固完善证据体系,智能生成法律文书,提高了公诉人员办案效率和质量;负责案件管理业务的部门通过对统一业务应用系统产生和采集的海量数据进行分析研判,深入挖掘数据蕴涵的有效价值,为领导和业务部门提供决策参考。最高人民检察院张军检察长高度重视检察业务分析研判工作,亲自推动建立检察业务数据分析研判会商工作机制,每季度由案件管理部门与业务部门共同围绕数据进行会商,集中"把脉会诊""对症下药",分析研究检察业务数据反映的问题、原因或者值得关注特点、规律、趋势、影响等,为检察决策和业务开展提供参考依据。总之,加强业务数据分析研判已成为各级院党组业务决策的重要抓手。

4. 数据开放逐步展开。2019年10月30日,最高人民检察院对外公布前三季度全国检察机关主要办案数据,包括检察机关深入开展扫黑除恶专项斗争,积极服务保障"三大攻坚战",平等保护民营企业合法权益,精准服务和保障民生等服务大局、为民司法的相关办案数据。检察机关过去也对外发布相关业务统计数据，但一般是通过《最高人民检察院公报》《中国法律年鉴》《中国检察年鉴》《最高人民检察院工作报告》、相关业务工作新闻发布会等方式。本次发布是最高人民检察院首次按季度向社会公布检察业务统计数据，之后已成为常态，标志着检察机关在数据开放方面迈出了一大步。

（二）存在的问题

1. 数据意识淡薄。社会公众存在这样一种现象：凡事只讲求差不多、大致如此，倾向于粗略的主观定性、排斥精确的客观定量，从而养成了重形象、重概括、轻逻辑、轻数据的文化习惯。具体到检察机关，一线检察人员是大数据应用的主体，他们在工作中的实践需求是大数据应用创新的源泉。由于检察队伍庞大，年龄层次、知识背景、认知水平存在差异，部分检察人员甚至个别领导干部对数据价值重视程度不高，大数据理念和数据化思维缺失，难以主动从本职工作角度思考数据的利用方法，对大数据辅助办案、大数据分析研判不够重视。

2. 数据质量不高。目前检察机关在办案中产生的数据主要依赖办案人员和管理人员的手工填录，选择性填录、错误填入的现象还比较普遍，统一业务应用系统中信息填录不完整、不准确、不规范问题还不同程度地存在，业务数据质量不高。而且数据库主要来源于提取案卡信息，尚未对文书信息、附件信息进行碎片化提取，导致无法全面从纷繁复杂的刑事诉讼案件各个环节提取出检察官办案情况、证据比对、案件评查等的相关数据集，因此，对类案的分析研判、各个专项活动具体情况等相关信息需求尚不能有效获取，影响对数据价值的深度挖掘。

3. 数据应用智能化程度较低。当前数据分析主要依靠人工查找、提取数据，再进行分析比对，有些还停留在案件统计和初级的分析阶段，只是就数据说数据，局限于以时间轴、年度对比、同比环比、各地区对比的常规化比较分析，局限于对各业务条线进行数据罗列，分析的深度还不够。多沿用传统的数据分析工具，缺乏智能化分析数据的辅助系统，尚未实现按区域、行业、系统等设计多种比对分析模型；不能通过多维度的交叉比对分析，实时、动态、全方位反映趋势变化数据等自动比对分析功能；灵活运用柱状图、饼状图、曲线图等多种图表的方式展示数据结果不够，导致数据分析效率较低，可视化程度不高。

4. 数据信息互通共享不够。数据共享是运用大数据技术的基础和前提。由于缺乏有效的规划和目标指引，司法数据的开放与共享依然遵循的是"摸着石头过河"式的改革进路，哪些信息应当共享，如何共享，尚无统一的规划和标准，同时受到权限、保密、部门利益等问题的影响，数据壁垒、"信息孤岛"现象一直存在。实践中，公检法司之间条块分割明显，选择开放少量数据内容，关键重要信息有所保留或不开放，导致政法部门所共享的数据呈现出强烈的局部性和碎片化的特征，无法做到关联和聚合，数据信息交互性低，严重影响和制约司法大数据的集成和应用。

5. 数据应用能力不足。当前检察大数据运用的门槛依然较高，检察机关借助大数据手段进行司法办案、服务群众等工作都需要有丰富的检务工作经验以及大数据专业知识的数据分析人才来支撑协助。目前各级检察机关大数据运用人才匮乏，从事大数据运用的专职人员较少，专业程度不高。面对纷繁复杂的数据信息，缺乏对社会重点、敏感问题、类案数据特点和重要数据异常等情况的敏锐捕捉，对数据的深度挖掘、碰撞、比对和分析的能力不强。同时，司法人员与技术人员之间的"隔行"是一个不容忽视问题，不是技术人员不懂司法业务，就是司法人员不懂技术原理，导致很多司法需求难以被理解、被转换成技术方案。

三、推动检察大数据智能化运用的实践路径

大数据时代释放出来的巨大价值使得我们选择大数据的理念和方法不再是一种权衡，而是通往未来之路的必然选择。检察机关要积极适应大数据时代的思维模式，加快推进检察管理模式的创新升级，打造检察智能管理新模式，切实做到让数据说话、让数据管理、让数据决策、让数据创新，使大数据所蕴含的巨大能量转化为检察机关发展的强劲动力。当然，推进检察大数据智能化运用是一项系统工程，不单单是技术问题，更是理念问题、机制问题，既应适当超前，又不能脱离现实；既要总体谋划，又应逐步推动；既要靠检察机关自身推进，也需外部数据共享环境的营造。

（一）树立大数据驱动思维导向

随着检察信息化水平的不断提高，大数据在检察办案中的作用从服务、支撑、引领转变为强力驱动。检察人员的大数据意识、数字素养直接关系到检察履职的效能，也直接关系到检察管理智能化水平。要高度重视大数据思维和理念的培育，定期邀请大数据领域的知名学者、行业专家进行授课培训，普及大数据前沿理论，培育大数据运用理念及意识，引导检察人员着力改变重定性轻定量、重观点轻数据的传统思维模式，涵养以尊重事实、推崇理性、强调精确、注重细节为主要特征的"数据文化"。要充分认识到大数据辅助司法办案和检察管理的远大前景和广阔空间，积极探索大数据、人工智能在司法领域的深度运用，自觉将大数据思维和技术运用到具体的检察办案、办公和管理工作全过程，全面提升检察工作智能化水平。

（二）加强大数据的顶层设计和统筹规划

检察智能管理是一场深刻的改革，要提高决策的科学性、连续

性和可行性，就离不开统筹谋划，在战略思考的基础上进行顶层设计，避免走重复建设、系统林立的老路，防止出现信息孤岛。要在国家电子政务建设、大数据发展战略规划的整体框架下，结合司法体制改革的要求和检察机关的职能定位，制定检察大数据研究和发展规划，建立内容完整、项目科学、协调统一的基础数据采集、应用、安全等检察数据标准体系，真正发挥检察大数据的整体效能。各地在探索数据创新应用增加数据维度时，应科学规范建立本地化的数据标准体系，形成数据治理的长效机制。

（三）突出大数据业务应用着力点

坚持问题导向、需求导向、实践导向，突出重点，选好应用场景，以办案为中心，把智能化辅助办案和对办案活动的智能化管理作为大数据运用的着力点。一方面，大数据运用应从管理本位转向服务本位。通过汇集司法大数据，为检察官办案提供智能生成法律文书、智能摘录证据、快速检索、类案推送、量刑建议等办案辅助服务，充分发挥大数据技术在服务司法办案一线的积极作用，真正把已经建成的信息化系统和历史积累的司法数据用起来，增强大数据应用的实效性。另一方面，从源头解决大数据和检察业务两层皮现象，以需求为主导开展大数据运用，找准大数据运用与检察业务工作的结合点，重点推广具有普适性、成熟稳定的大数据技术开发应用，提供基础性、通用型、平台化、模块式的大数据技术服务，并能让办案人员根据办案的具体需要将各类基础应用像搭积木一样进行拼配、组合使用，最大限度满足办案人员个性化需求，提高智能化管理效能。

（四）完善数据开放共享机制

数据开放与共享是大数据得以形成的基础。只有建立数据共享机制，实现数据和信息的自由流动，才能实现数据的海量聚合和价值倍增。一要统一政法统计的元数据标准。通过制定统一的技术手册的方式，包括单一标识、类别、描述、数据预览、修订历史、许可项、标签、API 授权项、附属项等内容，对司法数据采集的种类、内容、起止时间、存储、信息交换与利用等环节的技术操作进行详细规范，为司法数据的深度融合和协同开放提供技术标准和支撑，实现跨部门、跨层级、跨业务的多维度数据融合，实现检察机关与外部司法案件信息环境的互联互通。二要厘清统计保密与统计开放的关系。破除实践中司法统计数据长期处于过度保密，把大部分不属于保密的数据捆绑于保密数据一起控制的做法，建立开放式的检察统计体系，除关系国家安全和国家形象以及统计伦理外，其他统计数据尽可能地全面公开，为法律、司法现象的科学研究提供资源，并接受社会的质询，提高统计数据的资源利用率和社会公信度，更好地保障民众对司法的知情权、参与权和监督权。三要以监察体制改革为契机，对统一业务应用系统进行脱密，在检察系统内全面开放案件信息数据，为各级检察院数据查询、分析研判提供便利条件，最大限度地发挥统一业务应用系统大数据资源的优势和效用。

（五）夯实大数据运用基础保障

大数据运用集业务性、法律性和技术性于一体，既需要懂法律业务、懂统计分析、懂信息技术的复合型人才，也需要先进的分析软件等技术硬件保障。一是建立专业化机构。可借鉴美国和我国台湾地区设置专门的司法统计机构的做法[①]，组建集数据管理、数据分析研判、数据发布为一体的检察大数据中心，推进深度信息化和

---

① 在司法统计机构的设置和管理方面，美国、我国台湾地区的司法统计机构值得借鉴。如我国台湾地区"司法院"统计处有 24 人，具有统计调查、信息管理等综合职能；美国司法部司法统计局有 70 多人，分为 4 个行政办公处和 5 个统计业务处，是美国司法案件统计、司法信息标准制定、管理、发布乃至调查研究等方面的唯一机构，是真正的司法信息中心。

大数据全面运用。二是加大对大数据人才的引进和培养力度。在引进具有大数据应用经验的专家等充实到检察队伍中的同时，要加大对大数据技术应用的培训，让能熟练应用大数据去解决司法问题的经验丰富的研究者或实务者参与检察系统人才培训方案的设计，聘请实践经验丰富的专家学者讲解大数据相关知识、程序规则、数据挖掘、电子证据等内容，提高检察人员的大数据运用能力。特别是要使统计人员及时熟悉掌握最前沿的大数据理论和分析方法，把更多的统计人员从统计专家向统计数据专家、统计分析专家的方向转变。三是引进先进的数据分析软件。大数据运用不但要掌握数据分析方法，还要熟练掌握数据分析工具。要针对目前检察统计分析工具相对滞后的现状，适当引进 SPSS、SAS、MATLAB、R 等专业化数据分析工具[①]，便于进行专业的数据分析、数据建模等，为检察大数据运用提供强大的技术支撑。

---

① SPSS 是世界上最早采用图形菜单驱动界面的统计软件，它最突出的特点就是操作界面极为友好，输出结果美观漂亮。它几乎将所有的功能都以统一、规范的界面展现出来，如使用 Windows 窗口方式展示各种管理和分析数据方法的功能，使用对话框展示出各种功能的选择项。用户只要掌握一定的 Windows 操作技能，粗通统计分析原理，就可以使用该软件为特定的科研工作服务。R 软件是一套完整的数据处理、计算和制图软件系统，它具备高效的数据处理和存储功能，擅长数据矩阵操作，并且提供了大量适用于数据分析的工具，支持各种数据可视化输出。MATLAB 是由美国 Math Works 公司生产的商品化应用软件，该软件具有良好的用户界面和实时的人机交互环境，使用该软件可以进行程序设计、统计分析和数据挖掘。SAS 是用于决策支持的大型集成信息系统，在数据处理和统计分析领域，被誉为国际上的标准软件系统，堪称统计软件界的"巨无霸"。

第九章 新时代检察理念与检察官能力建设

> 检察官既是犯罪的追诉者,也是无辜的保护者,更要努力成为中国特色社会主义法律意识和法治进步的引领者。
>
> ——张 军
>
> 检察官不仅要做办好案的「工匠」,还要努力成为司法检察政策把握运用的「大家」。
>
> ——张 军

就检察理念而言，其本质上是基于对检察权及其发展规律的认识，围绕检察工作，通过理性整理形成的一系列信念、思想、原则和价值的集合体，引领和指导着检察机关及其检察官行使检察权，开展各项检察工作。新时代检察理念的实现，归根结底要落实到检察权行使的主体检察官身上，检察官只有学懂弄通悟透新时代检察理念的内涵，并根据新时代检察理念的要求，找准角色定位，注重提升能力，才能把新时代检察理念内化于心、外化于行，贯彻落实至检察工作全过程和司法办案的每一个环节。

第九章 新时代检察理念与检察官能力建设

第一节 新时代检察官的角色定位

检察官在新时代的新定位与新时代下检察权的新内涵（即新时代检察机关面临的新形势和新任务）息息相关。在新的历史方位和背景下，如何找准定位，答好时代出的这张"考卷"，才能让阅卷人——人民群众给出满意的"分数"，是摆在检察机关及检察官面前的首要课题。检察机关经历监察体制改革、司法体制改革以及捕诉一体办案模式的调整，职责发生了重大变化，形成了刑事、民事、行政和公益诉讼"四大检察"法律监督新格局。无论形势如何发展变化，检察机关是国家法律监督机关的宪法定位没有变，反之，法律监督属性还得到了进一步强化。做新时代合格检察官需要在检察理念的指引下，明晰新时代下所肩负的光荣使命，准确把握自己的角色定位，培养好自己的基本技能，才能切实做到不缺位、不错位、不越位。

一、犯罪的追诉者、无辜的保护者

检察官制度起源于法国，从该制度的确立和演变来看，其理论基础是诉讼分权——限制警察的侦查权和法官的裁判权，即"检察官就承担着追诉的使命。在大陆法系国家，检察官是天然的追诉者，……在英美法系国家，检察官也是追诉的重要担当人"[①]。此外，由于检察制度在实施过程中，存在偏重打击犯罪、单纯追求实体正义，从而忽略程序正义和被控告之人的权利保护等情形，保护无辜逐渐受到理论界和实务界的关注。在我国，受惩罚犯罪、维护

[①] 谢佑平、宋远升：《检察官角色的冲突衡平与定位》，载《国家检察官学院学报》2010年第4期。

稳定等根深蒂固观念的影响，一度也存在重打击轻保护、重实体轻程序、重支持配合轻制约监督的问题。随着人权保障意识的提高，公民权利保障体系逐渐完善。我国《刑事诉讼法》第 2 条明确规定，该法的任务之一是"保障无罪的人不受刑事追究"，并于 2012 年修正时加入了"尊重和保障人权"的表述。2019 年修订的《检察官法》第 5 条第 2 款还特别就检察官办理刑事案件的原则单独进行了规定，"检察官办理刑事案件，应当严格坚持罪刑法定原则，尊重和保障人权，既要追诉犯罪，也要保障无罪的人不受刑事追究"；同时，第 10 条第 3 项明确，检察官应当"依法保障当事人和其他诉讼参与人的诉讼权利"。故而，保护无辜的人的权利亦是检察官定位的题中之义。

二、国家法制统一、尊严和权威的维护者

纵观检察官制度在欧洲的发展历程，检察官的定位虽然一度存在争论，检察官实际的权力义务亦存在变化，但是截至目前，"守护法律"、实现客观法意旨系检察官的义务这一观点已被广泛接受，并被法律规定和相应制度安排予以固定。[①] 在我国，检察机关系宪法规定的法律监督机关，且具有浓重的司法机关性质，维护国家法律完整统一正确实施是其不同于其他国家机关的、最为鲜明的特征。这一点不仅体现在人民检察院组织法（其中第 2 条规定最为明确）的整体规定中，还体现在党中央的具体决策部署中。党的十九届四中全会指出，加强对法律实施的监督，健全司法监督。故而，行使检察权的检察官自应成为法律的适用者和贯彻者，"以法律为准绳"，严格遵守、忠实执行宪法和法律（《检察官法》第 3 条、

[①] 参见孙谦：《维护司法的公平和正义是检察官的基本追求——〈检察官论〉评介（一）》《维护司法的公平和正义是检察官的基本追求——〈检察官论〉评介（二）》，载《人民检察》2004 年第 2 期、第 3 期。

第 10 条），维护国家法制统一、尊严和权威。

三、公共利益的代表者

在现代社会中，以国家、社会和个人为主体的三元利益格局逐渐确立起来，公共利益就是基于上述分类衍生的概念，其包括国家利益和社会公共利益。① 进入新时代，人民群众在民主、法治、公平、正义、安全、环境等方面有了更高层次的需求，表现之一就是人民群众不再局限于对个人权益的单纯追求，还对公共利益提出了广泛的诉求。但是，在检察公益诉讼制度建立之前，满足人民群众对公共利益诉求的具有权威性、终局性的司法渠道不够畅通。故而，"必须要设定一个能够代表公共利益，而且拥有足够有效法律手段和权威的主体代表国家提起诉讼、参与诉讼"②，以切实维护国家利益和社会公共利益。对该主体的选择，习近平总书记给我们指明了方向，在致第二十二届国际检察官联合会年会暨会员代表大会的贺信中指出："检察官作为公共利益的代表，肩负着重要责任……中国检察机关是国家的法律监督机关，承担惩治和预防犯罪、对诉讼活动进行监督等职责，是保护国家利益和社会公共利益的一支重要力量。"习近平总书记的这一重要论断阐明了检察官不仅要保障个人权益，还要维护国家利益和社会公共利益。2017 年 6 月，经修改的民事诉讼法和行政诉讼法正式确立了检察机关提起民事和行政公益诉讼制度，赋予了检察机关全新的职能。《检察官法》

---

① 苗生明：《新时代检察权的定位、特征与发展趋向》，载《中国法学》2019 年第 6 期。

② 江伟：《略论检察监督权在民事诉讼中的行使》，载《人民检察》2005 年第 9 期。转引自李艳芳、吴凯杰：《论检察机关在环境公益诉讼中的角色与定位——兼评最高人民检察院〈检察机关提起公益诉讼改革试点方案〉》，载《中国人民大学学报》2016 年第 2 期。

第 10 条第 4 项亦明确规定，检察官应当维护国家利益、社会公共利益。

四、中国特色社会主义法律意识和法治进步的引领者

该定位是张军检察长在 2019 年 7 月的大检察官研讨班开幕时对全国检察官提出的具有宗旨性、终极性的定位。与其他国家的检察官不同，我国检察制度下的检察官定位具有更为丰富和特殊的内涵。在 2019 年 1 月召开的中央政法工作会议上，习近平总书记指出："努力打造一支党中央放心、人民群众满意的高素质政法队伍。……矢志不渝做中国特色社会主义事业的建设者、捍卫者。"党的十九届四中全会进一步指出，建设中国特色社会主义法治体系、建设社会主义法治国家是坚持和发展中国特色社会主义的内在要求。同时，检察官作为法治工作队伍、法治专门队伍的重要组成部分，在将国家各项事业和各项工作以及社会生活各个环节纳入法治轨道上承担着重要的主体责任。故而，检察官在审视检察职能、看待检察岗位、从事检察工作时，除了上述 3 个面向的定位，还应当以更高的站位去思考检察官"存在的意义"——检察官通过法治建设，建设和捍卫中国特色社会主义事业。简言之，检察官是人民的检察官，要切实履行好维护国家政治安全、确保社会大局稳定、促进社会公平正义、保障人民安居乐业的职责使命。

第二节 新时代检察官的能力提升

一、检察"工匠"与检察"大家"的关系

贯彻检察"大家"之理念，明确检察官之定位，培育检察"工匠"之技能，应成为新时代合格检察官的修炼之道。

（一）检察"工匠"的内涵

匠，木工也，后发展出铜匠、铁匠、石匠等称呼来指代各种手工技艺者，并用匠人、工匠统称手艺人。随着后工业时代的到来，一些老手艺、老工匠逐渐淡出我们的生活，但工匠精神永不过时。2019年9月，习近平总书记对我国技能选手在第45届世界技能大赛上取得佳绩作出重要指示时强调，要在全社会弘扬精益求精的工匠精神。新时代新形势新任务下，对于检察机关及其检察官而言，工匠精神同样重要。以精益求精为核心的工匠精神，其主要内容大致包括：高度认同、敬业乐业的精神，专注专一、全情投入的精神，精益求精、追求卓越的精神。[①] 对此，新时代检察官应当做到：一是"好之者不如乐之者"，从内心深处认同宪法法律和习近平法治思想，从理论和政治高度认同检察官的定位，从自身职业发展规划认同检察官职业，怀揣使命感、敬畏感、荣誉感行使检察权，以检察工作为乐。二是"踏踏实实，干一行爱一行"，对检察工作高度专注、心无旁骛，以检察事业作为终生奋斗的对象。三是"玉不琢，不成器"，在检察工作中追求专业、追求极致、追求完美，办理每一个具体的检察监督案件时，努力实现政治效果、法律效果、社会效果的有机统一，为人民群众提供卓越的检察监督产品和服务。

（二）检察"大家"与检察理念

正所谓匠心独运，匠人还要有匠心，才能独创性、能动性地跳出专业、思维和现状的限制，成为具有独特素养和技艺理念的大家。这对于检察"大家"的"打造"同样适用。关于检察"大家"的内涵，张军检察长有明确的阐述，其在2019年4月的最高人民

[①] 刘建军：《工匠精神及其当代价值》，载《思想教育研究》2016年第10期。

检察院领导干部业务讲座授课时，就更新办案理念指出"理念是指引、引领办案的思想和灵魂。要深入思考如何敏于、善于把握和解决好个案背后的深层次问题、社会问题。检察官不仅要做办好案的'工匠'，还要努力成为司法检察政策把握运用的'大家'"。所谓检察政策，是"检察机关根据国家政策以及检察制度和检察工作发展需要，制定并实施的规范和指导检察工作的目标、方针和策略的总和"，同时，"检察政策的内涵和理念随着国家形势政策的发展变化，也在不断地进行自我调整和自我完善"[①]。也即，从引领性的高度视之，检察"大家"是树立并敏于善于运用具有时代性、整体性、科学性的检察理念的检察官。

（三）"工匠"与"大家"的关系

"理念一新天地宽"，理念变革是引领检察工作创新发展的前提，是检察"工匠"成为检察"大家"的起点，属于检察工作的宏观和抽象面向。"一分部署，九分落实"，过硬的基本技能是检察官诠释工匠精神的基本路径，是检察官之所以成为"工匠"的核心要素，是检察官真真切切地将检察理念不降标、不遗漏落实的必要条件，是检察官实现从"工匠"到"大家"跨越的基础，属于检察工作的微观和具体面向。

二、检察"工匠"应具备的基本技能及其培育

最高人民检察院曾先后于 2016 年 4 月、2018 年 5 月下发了《检察机关岗位素能基本标准（试行）》（以下简称《试行标准》）、

---

① 李乐平：《加强检察政策建设》，载《检察日报》2016 年 5 月 6 日。

《检察机关岗位素能基本标准（续编）》,① 两份标准对检察官应具备的素养和能力进行了最为明确和详细的规定。虽然两份标准出台于"四大检察""十大业务"检察监督格局形成之前，但其中许多标准特别是通用能力标准仍然适用。《试行标准》规定，检察机关岗位的通用能力指所有检察官履职所必须具备的基本能力，具体为案件研判能力、法律适用能力、释法说理能力、服务群众能力、学习创新能力、沟通协调能力。② 除此之外，检察官还应具有良好的课题调研、文稿撰写能力以及调查核实能力。

（一）案件研判和法律适用能力

三大诉讼法均规定，相关诉讼案件的审理应当"以事实为依据，以法律为准绳"，这不仅仅体现在检察理念的落实和检察官的定位之中，还贯穿于整个司法办案的全过程，即事实认定和法律适用是司法的永恒主题。据此，检察官应当具备案件研判和法律适用能力。案件研判能力指的是检察官根据法律、逻辑和经验，对案件涉及的事实认定、业务办理、处理决定等问题作出判断的能力。该能力要求检察官准确掌握法律事实这一小前提，在案件事实与法律

---

① 相关具体标准可参见最高人民检察院：《检察机关岗位素能基本标准（试行）》，中国检察出版社2016年版。其涵盖了当时的侦查监督、公诉、反贪污等10项主要业务。此外，最高人民检察院还于2018年5月出台了《检察机关岗位素能基本标准（续编）》，续编标准涵盖了办公室、政工、法律政策研究等11个条线（部门）的岗位基本素能标准。故本文的素能系与业务相关的试行标准，后文对通用能力的定义，除没有明确规定外，均来自试行标准作出的官方定义。

② 其中，沟通协调能力指的是通过与他人或相关组织、部门等传递、交流信息、观念、情感等，调动各方面积极因素和力量，并使之相互协调，达到完成检察工作目标的能力。《检察机关岗位素能基本标准（试行）》已就该能力的所应具备的4个层次作了较为具体的规定，为该能力的培育指明了确切的方向，故不再赘述。

规定之中往复循环,最终将事实涵摄于法律这一大前提之中。法律适用能力与案件研判能力密不可分,其指的是检察官正确理解和运用法律规定,就案件作出法律处理意见的能力。该能力要求检察官全面了解法律法规、司法解释和司法政策,熟练运用法律原理和原则,精于适用目的解释、体系解释等法律解释方法,作出让当事人和法庭信服的法律处理意见。在两种能力的培育中,检察官还应特别注意:一是重视经验法则。法律的生命不仅在于逻辑,还在于经验。严格的逻辑推理的确使法律或者判决具有了理性和科学的色彩,但是较之更甚的危害性在于,由于过于关注逻辑的严密性和完整性,往往容易导致法律严重脱离经验世界而日渐封闭。① 正如陈忠林教授所言,"严格依照法律理解适用法律,当然就意味着必须以常识常理常情正确理解刑法规范的基础、指导、灵魂和判断我们对法律的理解是否正确的标准"②,而这,不仅于刑法的适用是如此,于其他法律亦然。简言之,检察官要提升捕捉和理解现实生活动向的能力,将人文情怀更多地融入案件办理之中,除了形式逻辑推理外,还要注重结合经验和业务工作情况等因素,进行具体案件的研判和法律适用,坚决避免办出不符合一般道德情理认知的案件。二是树立案例意识。检察官应当认真学习贯彻最高人民检察院于 2019 年印发的《关于案例指导工作的规定》,加强对指导性案例的学习应用,参照指导性案例办理类似案件,在检委会审议案件时,承办检察官应当报告有无类似指导性案例,并说明参照适用情况。同时,检察官应当以精准监督为目标,分析和把握个案背后的深层次因素——办理一件案件促进解决一个领域、一个地方、一个

---

① 冯玉军、邱婷:《法律的生命不在于逻辑,而在于经验》,载《人民法院报》2010 年 8 月 13 日。

② 陈忠林:《"执法如山"与"执法如水"》,载《检察日报》2019 年 12 月 18 日。

时期司法理念、政策、导向的问题,发挥对类案的指导作用,培育优秀精品案例。以民事检察工作为例,要审慎、优先选择具有创新性、进步性、引领性的案件提出抗诉,努力将抗诉案件打造为具有指导意义的经典案例,对那些确有错误的非典型个案也不放任,以发送再审检察建议的方式促请法院及时纠正。

(二) 调查核实能力

该能力是案件研判和法律适用能力的应有之义。反贪反渎转隶后,除了保留的14个罪名涉及的自侦刑事案件外,法律没有赋予检察机关侦查权。但是,检察机关开展诉讼监督的前提是查清事实,这就意味着检察官难免会遇到需要进行必要调查核实工作的案件,否则办案可能会陷入停滞,影响监督的主动性和有效性。这在民事检察和公益诉讼检察工作中体现得尤为明显。以民事检察工作为例,《民事诉讼法》第210条未就权力行使的范围、方式及程序予以明确,也没有规定被调查人员或单位有配合检察机关调查的义务,这给民事检察官行使调查核实权带来了不小的挑战。立法和司法现状对检察官培养调查核实能力提出了急切的现实要求。对此,非刑检线的检察官有必要树立侦查意识,与具有侦查经验的刑事检察部门的检察官学习交流,梳理出不同类型案件的特点、重点、难点,在法律允许的限度内,有针对性地开展调查工作,实现案件办理的突破。具体而言,一是要加强线索的研判。通过审查案件材料、询问当事人、关注新闻报道等途径,发现可能涉及环境污染、虚假诉讼等需要调查核实的线索。二是要注重方案的优化。针对具体情形,明确调查核实的目的和基本目标,判断需要调查核实的事项,制定具有针对性和合法性的调查核实方案,采取具有必要性和合理性的调查核实措施,并能根据办案需要进行动态调整。三是要追求调查的质效。经调查核实,一旦发现可以监督的事项,及时按照程序启动法律监督,且能够根据已查明的违法事实发现其他违法情形，扩大监督效果。四是要促进调查机制的建立健全。检察官可以充分发挥自己的沟通协调能力，推动与任职检察机关所在行政区域内的银行等金融机构的合作，构建和完善协助检察机关调查核实的机制体制。

（三）释法说理和服务群众能力

服务群众和释法说理能力联系紧密，该两种能力对检察官助力社会治理法治化具有重要意义。服务群众能力，指的是通过履行检察工作职责，为人民服务，为群众办实事，满足群众司法需求的能力。该能力是"以人民为中心"在司法领域的具体体现，是司法为民对检察官提出的根本要求。释法说理能力，则指的是检察官阐释检察机关决定所涉及的事实、法律和政策依据，使说理对象接受检察机关决定，以案释法的能力。加强以案释法是修订后的《检察官法》第10条第7项对检察官提出的新的要求。司法实践中，包括当事人在内的人民群众无疑是释法说理最重要的对象，据此，可以将释法说理理解为服务群众要求的延伸。在两种能力的培育中，检察官应当做到：一要坚持服务中心大局。紧紧围绕"五位一体"总体布局和"四个全面"战略布局履职尽责，① 根据党委和检察机关的统一部署，加大关系群众切身利益的重点领域司法力度，积极投入打赢"三大攻坚战"、扫黑除恶专项斗争、平等保护民营经济、服务保障长江经济带发展、贯彻落实"一号检察建议"等重点工作及各项专项监督中，为"让天更蓝、水更清、空气更清新、食品更安全、交通更顺畅、社会更和谐有序"贡献检察力量。二要加强法律文书撰写能力。起诉书、抗诉书、决定书等法律文书应当围绕争议焦点，依据事实、证据有针对性地进行详细的分析，对法律予以

---

① 孙谦：《新时代检察机关法律监督的理念、原则与职能——写在新修订的人民检察院组织法颁布之际》，载《人民检察》2018年第21期。

客观、准确的深入解读，消除当事人的猜疑和误解，使其理解并认同检察机关的决定，真正做到让当事人服判息诉、尽量避免当事人信访申诉。三要提高群众工作能力。检察官应当对人民群众态度真诚热情，能够换位思考，积极关注人民群众对于检察工作的动向反映，通过法律进机关、进乡村、进社区、进学校、进企业、进单位以及听证会、新闻发布会、检察开放日等形式及时回应民众呼声，用人民群众听得懂、能理解、易接受的语言和方式来宣讲释明法律，引导当事人依法按程序表达诉求，做好答疑疏导和矛盾化解工作，让广大人民群众在相信法律、遵守法律的同时，懂得有效运用法律武器捍卫自身合法权益。

（四）学习创新和课题调研、文稿撰写能力

学习创新能力指的是通过学习检察业务及其他相关的知识和技能，不断完善自我，提升综合素质、工作水平和创新发展能力。而课题调研和文稿撰写则是培育学习创新能力的重要途径和方法，特别是对于从事专业工作的检察官而言，具有十分重要的意义。

宏观层面上，检察官应当树立科技意识。目前，人类社会正经历着信息化革命，大数据、人工智能、区块链等前沿信息技术发展迅猛，并受到党中央的广泛关注。[1] 2018年的中央政法工作会议要求，深入实施大数据战略，大力加强智能化建设。检察机关对大数据等信息技术与检察工作的深度融合同样非常重视。最高人民检察院自2017年起，相继印发了《关于深化智慧检务建设的意见》《全国检察机关智慧检务行动指南（2018—2020年）》《智慧检务工程建设指导方案（2018—2020年）》。近年来，检察机关已经在用信

---

[1] 例如，习近平总书记在中共中央政治局第十八次集体学习时即强调，要把区块链作为核心技术自主创新重要突破口，加快推动区块链技术和产业创新发展。

息技术助推检察工作创新发展方面进行了许多卓有成效的探索，"智能量刑辅助系统""民事裁判智慧监督系统""检察公益诉讼智能化办案一体化系统"等智能化系统在突破案件线索匮乏等方面取得了可喜的成果。但这还远远不够——还需要各个条线的检察官运用自己的创新能力，结合实际工作的弱项、短板、难点，做出更多更大胆的突破。

微观层面上，检察官应当知行合一。第一，充实脑瓜子。通过业务培训、"检察微课""检答网"等载体学深学精与条线工作相关的法律知识，拓展和融合其他法律门类知识。延伸知识宽度，广泛涉猎与法律相关的其他社会科学和自然科学知识。第二，练好笔杆子。积极主动参与各类课题调研、优秀说理检察法律文书评选。调研时勤动腿脚，多深入基层、多调查研究，尽量准确、全面掌握基础材料；撰写材料、论文时，灵活用脑，提炼新视角、新观点，力争发表高质量的理论和业务实践论文。第三，善动嘴皮子。有意识地培养思、辩能力，在符合规定的员额检察官联席会议等场合中多与其他检察官交流对相关法律问题的思考。积极参与各类业务竞赛和学术研讨，不断提升敢于表达、善于表达的能力。

新时代下，做合格检察官，必须在新时代检察理念的指引下，对标对表角色定位，绵绵用力、久久为功，修炼成为办实事、求极致的检察"工匠"，解难题、葆本色的检察"大家"，努力把"四大检察""十大业务"做精做细，更好地为党分忧、为民解难，更好地为大局服务、为人民司法，更好地实现自身价值、成就职业荣誉感。

第十章 新时代检察理念与检察制度改革

> 中国社会主要矛盾从过去的『有没有』变成现在的『好不好』，检察机关要适应这一变化，从法治供给侧为人民群众提供更多更优的检察产品。
>
> ——张军

检察理念与检察制度是内涵与载体的关系，二者相互依存，密不可分。一方面，检察理念是对检察制度背后精神原则和指导思想的高度凝炼总结，是检察制度的思想灵魂；另一方面，检察制度是检察理念的具体展开，是检察理念投射于现实的客观存在。因此，检察制度离不开检察理念，检察制度的字里行间无时无刻不散发着检察理念的思想光辉和精神原则；检察理念也须臾离不开检察制度，检察理念必须借助于检察制度才能够体现和指导现实的检察实践。

第十章　新时代检察理念与检察制度改革

第一节　新时代检察制度改革的模式与原则

一、我国检察制度改革的模式

我国1954年制定和颁布了第一部宪法和人民检察院组织法等重要法律，基本完成了宪法制度的建立，确立了苏联模式的检察制度框架。改革具有承继性和连续性，这是社会主义中国检察改革的起源。改革开放以来，我国发动和推进了包括体制改革、机制创新和典型试验等多种改革活动，探索建立新的国家制度的过程，这一方面必然包含对于检察制度的选择和孕育，另一方面检察制度自身也面临同质发展的诉求。为了实现在国家建设和政治、经济发展中的服务和保障功能，检察机关在多年的实践中运用工作机制的全面探索、业务工作的探索试验、组织机构的摸索等各种方式，不断改革和发展具有中国特色的社会主义检察制度。[1]

（一）内生型改革模式

检察制度自其创生之日起即一直处于不断改革、发展和完善之中，且至今仍未定型，检察机关历来被称作"一个尚未完成的机关"。[2] 这是检察制度改革、发展的内在客观规律，该客观规律在我国的体现可以归结为"内生型"改革。内生型改革是我国多年以来检察改革的常态，是一种自下而上、先实践探索、后总结推广的模式。早如新中国成立初期的免予起诉制度之产生和发展，近如检察

---

[1] 徐鹤喃：《制度内生视角下的中国检察改革》，载《中国法学》2014年第2期。

[2] 万毅：《论检察制度发展的"东亚模式"——兼论对我国检察改革的启示》，载《东方法学》2018年第1期。

官办案责任制、附条件逮捕、刑事和解等，都属于自下而上形成和推进的工作机制创新。其中，又以检察官办案责任制影响最为深远。检察官办案责任制背后蕴涵的重要原理就是司法亲历性，而司法亲历性又是司法规律中行为规律的重要内容，在司法制度和诉讼制度中居于重要地位，是"谁办案谁负责、谁决定谁负责"的理论基础之一，对新一轮检察机关有关"办案组织及运行机制"的司法责任制改革产生了重要影响。总体上，随着党的十一届三中全会作出把党的工作重点转移到社会主义现代化建设上来的战略决策，中国社会发生了持续性变迁，推动了包括司法制度在内的社会制度深刻变革，检察制度也迎来了新的创新发展时期，偏重于机制创新的自下而上的改革十分活跃，进一步巩固了检察制度的基本架构和社会功能，完善了检察权运行程序，基本完成了现代化转型建构。

（二）外动型改革模式

体制的健全与完善，紧靠其内生动力尚无法完成，而需要外部力量予以推进，检察制度的改革亦然。细言之，纵观我国检察制度发展的历史，外动型改革是一种极为重要的模式选择——通过顶层设计，自上而下系统推进改革。究其原因，主要有二：第一，检察机关是党领导下的政法机关，党和国家的一系列顶层设计和改革举措也必然会将检察体制的改革和完善纳入考虑；第二，还应当看到，检察机关除了具有司法机关的属性外，还具有行政机关的属性，实行科层式建制和"上下一体、上命下从"的组织原则，这意味着从上至下的体制改革与发展应是题中之义。例如，从改革开放和社会主义现代化建设时期的服务大局理念至新时代尤为明确和强调的党的领导理念，从新中国成立初期的体制改革至近年来中央关于司法体制与工作机制改革的部署，特别是检察机关反贪反渎职能转隶至新设立的监察委员会，均是检察制度外动型改革模式的生动体现。又如，党的十五大以来，中央提出要继续推进政治体制改革，进一步扩大社会主义民主，健全社会主义法制，依法治国，建设社会主义法治国家。在这一中国特色社会主义理论体系和社会主义法律体系建立的过程中，司法改革得到中央的集中推进。而检察改革在这个背景下得到了前所未有的、自上而下的发动。一方面，为回应社会需求，中央提出科学发展观、构建社会主义和谐社会等一系列重要指示，检察机关自觉推进了旨在增强检察工作社会功能的一系列改革创新，如附条件不起诉、不起诉听证、刑事被害人救助、取保候审制度改革试验等。另一方面，这一时期社会民主和文化大发展，以新兴媒体为代表的民意传达渠道越来越丰富，公民的权利意识、监督意识、参与意识进一步增强，促使检察机关根据中央的总体要求加强自身监督和制约，探索发展了如人民监督员制度、职务犯罪案件审查决定逮捕上提一级、职务犯罪讯问犯罪嫌疑人全程同步录音录像等工作机制创新。

（三）内生与外动结合的改革模式

在历史和实践中，我国的检察改革更多体现为一种内生与外动相互结合的模式，这种模式下顶层设计的系统推动与自下而上的改革探索交替进行，互动发展，其中二者的区分不是严格的，它依然揭示了改革的进路和发展动力是重要的制度内生因素。一方面，中国特色社会主义检察制度的构建属于中国特色社会主义制度建设的一个部分，而党的领导又是中国特色社会主义最本质的特征，这意味着，检察制度自上而下的改革离不开党的领导——必须服从于新时代党和国家各项工作的大政方针。为此，检察体制自上及下的系统改革，必然是放置于"四个全面"战略布局和"五位一体"总体布局等顶层设计之中的。另一方面，在未来，无论是从历史发展惯性分析，还是从制度演进规律解析，乃至现实需要都表明，我国检察改革应当对那些自下而上的、内生的且符合司法规律的改革探索给予更多关注。主办检察官办案责任制、派驻基层检察室等体制机制均是自下而上诞生的，这些改革顺应了现实需要，蕴含着制度的内生发展力量，同时也可能包含着不同程度的自我便利性倾向，因而有待理论和立法层面的顶层关注和规制，以保障其能够实现普遍性价值以及融入法治体系中。这既是统一规范执法的需要，更是进一步落实顶层设计的必然要求。

二、新时代检察改革应坚持的原则

在建设社会主义法治国家的进程中深化检察体制改革，怎样在加快建设公正高效权威的中国特色社会主义司法制度、加快推进"法治中国"建设背景下，坚守"人民检察院是国家的法律监督机关"的宪法定位，发展完善检察体系，加速推进法律监督能力现代化，客观上要求司法体制改革、监察体制改革、法治体系改革带动检察体制改革与之协调推进。检察体制改革实践先行并与其他各项改革叠加推进，必须坚持以下几个基本原则：

（一）坚持党的绝对领导原则

坚持并加强党对检察工作的绝对领导是人民检察事业持续正确稳定发展的首要准则和根本保证。新时代的检察改革必须坚持以习近平新时代中国特色社会主义思想特别是习近平法治思想为指导，坚决维护习近平总书记党中央的核心、全党的核心地位，坚决维护党中央权威和集中统一领导，坚持党对检察工作和检察改革的绝对领导，确保党的方针政策在检察工作和检察改革中得到不折不扣的执行。坚持发展和完善中国特色社会主义检察制度。坚定不移走中国特色社会主义法治道路。

（二）坚持检察为民原则

坚持以人民为中心的改革价值取向，始终站在人民的立场把握和处理检察改革的重大问题，广泛听取人民群众意见，自觉接受人民群众监督，积极回应人民群众在民主、法治、公平、正义、安全、环境等方面的新期待新需求，把人民群众的满意度作为评判改革成效的标准。通过检察改革，为人民群众提供更丰富、更优质的法治产品、检察产品。

（三）坚持检察机关宪法定位原则

全面、协调、平衡发展检察机关各项法律监督职能，提升办案质量和效率，提升专业素养和专业精神，提升法律监督能力和水平，把传统业务做优，把新增职能做好，把短板工作补强。牢固树立双赢多赢共赢的监督理念，实现法律监督政治效果、社会效果和法律效果的有机统一。

（四）坚持遵循司法规律的原则

既遵循司法活动一般规律，又尊重检察工作自身规律，全面把握不同层级检察机关职权运行、队伍管理和机构设置等方面的特点，从检察权不同于其他国家权力的特点和实际出发积极探索实践，推动检察制度创新。

（五）坚持从检察实际出发的原则

结合当前检察工作和检察改革实际，进一步抓住司法责任制尚未全面落实、综合配套措施不到位、部分检察人员专业能力不足等影响改革效果、影响司法公信力、制约检察工作质量效率的瓶颈问题和关键环节，加强顶层设计、完善制度机制、强化规范统一，增强改革的针对性和实效性。

（六）坚持依法有序推进原则

在检察改革中，需要遵循依法有序原则，积极稳妥地推进各项工作，正确处理改革发展稳定的关系。重大改革都要于法有据，需要修改法律的，在完善法律制度后再全面推开。有的重要改革举措，需要得到法律授权的，要按照法律程序进行，以确保法制的统一和权威。检察改革要坚持问题导向和改革取向，按照中央统一部署扎实推进、稳步实施，尤其在一些重大改革措施出台前要充分论证，加强可行性研究并先行试点，提高改革决策的科学性。

第二节 新时代检察制度改革的挑战与应对

中国特色社会主义进入新时代，党的十九届四中全会提出了坚持和完善中国特色社会主义制度、推进国家治理体系和治理能力现代化的总目标。检察制度发展也进入新的历史时期，检察改革面临新的形势和新的任务。新时代我国社会主要矛盾发生历史性变化，人民群众对民主、法治、公平、正义、安全、环境等方面的需求更高。随着国家监察体制改革的实施，检察机关已完成了空前而又深刻的职能、机构调整和人员转隶，如何把"转隶"变为"转机"，实现新时代检察工作创新发展，把检察机关法律监督工作做实做好做强，实现法律监督工作的"双赢""多赢""共赢"，成为检察改革必须解决的重大课题。新的形势下，检察制度改革也必然面临着新的机遇与挑战。

一、国家治理体系现代化必然要求检察制度同步迈向现代化

党的十九届四中全会通过了《中共中央关于坚持和完善中国特色社会主义制度 推进国家治理体系和治理能力现代化若干重大问题的决定》（以下简称《决定》），在坚持和完善党的领导制度体系等13个方面作出战略部署，全面系统向世人展示了"中国之治"的制度"密码"。这是以习近平同志为核心的党中央推进中国特色社会主义事业永续发展作出的重大战略部署，是对马克思主义国家学说的创造性运用，标志着我们党对共产党执政规律、社会主义现代化建设规律和国家治理规律的认识达到了历史新高度。

在探索发展中国特色社会主义国家制度和法律制度过程中，我

国建立了一套科学完整、优势明显的检察制度，对加强国家治理发挥了重要保障作用。我国检察制度是中国特色社会主义的重要组成部分，甚至是突出的特色制度。因此，在中国特色社会主义新时代，国家治理体系要实现现代化，必然要求检察制度同步迈向现代化。《决定》提出了要"加强对法律实施的监督"，并对司法监督纳入党和国家监督体系作出部署。检察机关是宪法规定的国家法律监督机关，在推进国家治理体系和治理能力现代化中肩负重要使命和责任。《决定》还明确提出"完善检察制度"，部署了一系列与检察工作直接相关的重大任务，如"拓展公益诉讼案件范围""完善生态环境公益诉讼制度"等。持续完善和发展中国特色社会主义检察制度，充分正确履行检察机关法律监督职能服务和保障"中国之治"，是完善国家治理体系、提升国家治理能力的必然要求和重要途径。党中央推进国家治理体系和治理能力现代化的重大决定和部署为新时代检察事业的发展带来了全面的挑战和机遇。

二、新时代人民群众对检察机关平衡、充分履职有更高的需求

进入中国特色社会主义新时代，社会主要矛盾发生变化，人民群众对民主、法治、公平、正义、安全、环境的新要求新期待与日俱增，不仅要求将促进社会公平正义、增进人民福祉作为检验既定制度安排、职权体系、运行机制成效的根本标准，而且要求检察机关必须把全面履行宪法法律赋予的法律监督职能作为深化检察体制改革标准，保证法律正确实施、公正司法、维护国家法制统一尊严权威，不断向人民群众提供更充分有效的检察产品，使人民群众不断增强对民主法治、公平正义、法制统一、安全环境等方面的获得感、幸福感和满意度。

检察机关履行法律监督职责存在诸多不充分、不协调、不适应的状况，主要表现在：一是人民群众对监察体制改革后检察机关的

反腐败职责作用依然有所期待。国家监察体制改革确定监察委员会对所有行使公权力的公职人员进行监察全覆盖，职务犯罪侦查和预防职能整合至监察委员会。但是修改后的《刑事诉讼法》第19条规定了检察机关实行法律监督的职务犯罪侦查权。检察机关应当完善人民检察院自侦权与监察委员会的职责衔接，发挥检察机关在国家反腐败体系中应有的作用。二是检察机关审查批捕、审查起诉、出庭支持公诉、刑事诉讼活动法律监督等刑事检察职能履行不全面，检察机关在加大立案与侦查活动监督，促进公安机关加大侦查破案力度与为被害人提供及时有效的权利救济与权益保护进而提供更加充分更加精准的"刑事检察产品"之间顾此失彼，对事关人民群众自身的生命健康、财产权益保护及社区和谐、公共安全、生态环境保障等实体性权利要求，"检察产品"有效充分精准供给始终未能取得实质性突破。三是民事检察与行政检察职能未能合理区分、机构混合设置、功能混淆并用、力量配置单薄，公益诉讼检察长期缺失，形成"重职务犯罪侦查、轻刑事检察、弱民事行政检察、虚公益诉讼检察"的"一重一轻一弱一虚"的状态。民事检察、行政检察、公益诉讼检察未能作为履行法律监督职能实现形式的主职主业"三驾马车"，与刑事检察职能无法"并驾齐驱"。

三、在中国特色社会主义法治建设中持续深入推进检察改革

挑战也是机遇，检察机关应当抓住机遇，应对挑战，在党中央的领导和统一部署下持续协调推进检察体制改革。以改革开放前后两个30年我国检察制度的探索实践为基础，紧密结合新时代检察制度创新发展所面临的机遇和挑战，立足于坚守"人民检察院是国家的法律监督机关"的宪法定位，从承担"保证公正司法、维护国家法制统一，保障人民权益、让人民群众从每个司法个案中感受到公平正义"的时代使命来谋划和推动检察体制改革。一方面，应对

社会主要矛盾发生变化后检察供给与人民群众对"公正司法、法制统一"需求不协调不充分不平衡矛盾的挑战,从推进国家治理体系和治理能力现代化视角检视检察体制存在的薄弱环节,深化检察体制改革,优化检察职权配置,加强对人权司法保障,促使检察机关聚焦法律监督主责主业,推进法律监督体系现代化。改革始终坚持以人民为中心的立场,坚持中国特色社会主义检察制度,以提升法律监督能力为核心,以机构职能优化协同高效为着力点,优化职能配置,整合司法资源。通过改革明确了检察机关职能定位,厘清了检察机关法律监督与监察委员会等其他国家机关监督的关系,确立了"刑事、民事、行政和公益"四大检察职能布局,确定了十大业务职能内设机构,推动了中国特色社会主义检察制度现代化。另一方面,从改革检察管理体制入手推动检察权和检察事务权适度分离,扭住"检察人员分类管理、员额制、司法责任制、省以下人财物统一管理"四项改革不放,确保检察机关依法独立公正行使检察权,发挥检察机关"保证公正司法、维护国家法制统一"的作用,推动了新时代检察制度创新、理论创新、实践创新。

以习近平新时代中国特色社会主义思想和党的十九大精神为统领,紧紧围绕统筹推进"五位一体"总体布局和协调推进"四个全面"战略布局,按照党中央确定的全面深化改革和全面依法治国的总目标,全面落实党的十八大、十九大部署的司法体制改革任务,深化综合配套改革举措,保持改革工作的连续性和力度的持续性,在巩固中深化,在深化中巩固;增强改革措施的系统性、整体性、协同性;聚焦法律监督主业,提升检察公信力,推动新时代检察制度在继承中发展,在发展中创新,在改革中完善;提高检察机关维护国家政治安全能力、服务大局能力和法律监督能力,努力让人民群众在每一个司法案件中感受到公平正义。

坚持党对检察工作的领导,全面、充分履行宪法和法律赋予检察机关的法律监督职责，构建以刑事检察、民事检察、行政检察、公益诉讼检察为主要内容的检察机关法律监督职能体系，提升司法办案专业化、组织体系科学化、检察队伍职业化水平，构建与国家治理体系和治理能力现代化要求相符合，与建设中国特色社会主义法治国家相适应的新时代检察体制和工作机制。

第三节 新时代检察制度改革的成就与评述

党的十八大以来，以习近平同志为核心的党中央始终把检察体制改革与监察体制改革、司法体制改革、党和国家机构改革、法治体系改革统筹谋划、顶层设计、协调推进，取得了历史性成就。在党中央领导下，检察机关以落实司法责任制为核心，扎实推进司法体制改革，取得重要进展。改革主体框架基本确立，符合司法规律的体制机制逐步形成，司法质量效率和司法公信力持续提升。新形势下检察机关以内设机构为突破口，对工作格局、职权范围、运行机制等进行了系列调整，对检察业务进行了系统性、整体性、重塑性改革，形成了"四大检察""十大业务"的基本格局。一是完善法律监督体系。检察机关法律监督总体布局由过去偏重反贪向刑事、民事、行政、公益诉讼检察并进转变，各项法律监督职能得到优化。适应以审判为中心的诉讼制度改革，建立以证据为核心的刑事诉讼指控体系；完成认罪认罚从宽试点工作，建立与速裁程序、简易程序、普通程序相互衔接的多层次诉讼体系相适应的检察监督制度；建立检察机关提起公益诉讼制度，探索检察机关提起公益诉讼的条件、适应范围和程序等。二是完善检察权运行体系。坚持"一类事项原则上由一个部门统筹、一件事情原则上由一个部门负责"，完成内设机构改革，实现检察权和司法行政事务相分离。例如，改变过去批捕、起诉职能分开行使导致重复劳动、效率不高等现状，实行捕诉一体办案机制。推行司法责任制改革，完善检察官办案责任制，明确独任检察官和检察官办案组两种办案组织形式，明晰检察委员会、检察长、检察官之间的职责权限等。三是完善检察人员分类管理体系。实行检察人员分类管理，将检察人员分为检察官、检察辅助人员和司法行政人员3类，分别实行不同的职务序列和管理制度。新时代检察制度改革取得的成就全面而显著，从法律监督体系完善的角度看，突出的亮点主要有以下4个方面：

一、四大检察并进格局初步形成

2019年1月17日，最高人民检察院张军检察长在全国检察长会议上提出"刑事、民事、行政、公益诉讼检察并进"的法律监督总体布局。"四检并行"是检察机关在职能调整、社会发展变革的大背景下，为推进新时代检察服务供给侧结构性改革，更好满足人民群众新的、更高水平要求提出的法律监督新布局。该制度以内设机构改革为突破口，坚持以上率下的改革方法论，促进各项法律监督职能进一步优化。一是明确四大检察的基本特征。四大检察的基本特征包含政治属性、法治属性、社会属性。[①] 其中，法治属性是检察职能的立足点，也是政治属性的基础。法治属性主要体现在检察监督的属性、基本价值和监督领域三个方面。二是协调四大检察的关系。四大检察共同构成了检察机关完整的法律监督体系，四大检察之间并不是孤立的存在，而是彼此贯通，相互支持，相互促进。四大检察性质上具有共通性——法律监督属性，功能上具有共同性——维护法律统一正确实施、维护公平正义，内容上具有交叉

---

① 王祺国：《关于检察监督体系的有效实施》，载《人民检察》2019年第19—20期合刊。

交融性。① 三是全面充分协调发展的路径。四大检察全面充分协调发展，应以刑事检察作为检察机关核心的、基本的职能，并在此基础上更加注重发展民事、行政、公益诉讼检察。此外，坚持四大检察全面充分协调发展，并不是以平均主义的思想来发展，而是要求四大检察并驾齐驱，实现强者更强、弱者变强，最终实现四大检察全面均衡发展。

二、捕诉一体改革稳步推进

2018年7月至8月，全国人大监察和司法委员会、最高人民检察院先后两次邀请法学专家就捕诉一体改革进行实地调研。调研结果显示，捕诉一体有利于侦查监督的全覆盖，能够切实提高工作质效。2018年7月25日，最高人民检察院张军检察长在大检察官研讨班上指出，要以检察机关内设机构改革为突破口，通过重组办案机构，以案件类别划分，实行捕诉一体。捕诉一体的办案模式，是指检察机关对本院管辖的同一刑事案件的适时介入、审查逮捕、审查起诉、诉讼监督等办案工作，原则上由一个办案部门的同一承办检察官办理。② 一是系统论述了捕诉一体的合理性。学界从不同角度论述了捕诉一体的正当性和合理性，如捕诉一体是我国司法体制下的合理选择；捕诉一体有利于强化侦查监督力度，提高案件治理能力；捕诉一体有利于律师辩护权，更好地保护人权；捕诉一体有利于提高诉讼效率和办案质量等。③ 从目前的司法实践看，捕诉一

---

① 苗生明：《以刑事检察为视角看四大检察的协同发展》，载《人民检察》2019年第19—20期合刊。

② 洪浩：《我国"捕诉合一"模式的正当性及其限度》，载《中国刑事法杂志》2018年第4期。

③ 邓思清：《捕诉合一是中国司法体制下的合理选择》，载《检察日报》2018年6月6日。

体对侦查活动、审查活动的质量提升产生了重要影响。二是捕诉一体模式下逮捕标准和条件的把握。检察机关要正确把审查逮捕和审查起诉证据标准的差异，不能以起诉的标准代替逮捕的标准。在逮捕条件的把握上，要正确理解证据条件、刑罚条件和社会危险性条件三者的内在关系，证据条件和刑罚条件是前提，社会危险性条件是核心，在具备前两者条件的情形下，通过考量社会危险性决定捕与不捕。[①] 三是捕诉一体模式下如何引导侦查的问题。介入侦查重点是疑难复杂案件。但是介入侦查活动，坚持适度原则，尊重侦查权的分工和侦查活动的专业性和规律性，防止越权、越位、越界。四是完善捕诉一体的办案机制。进一步完善繁简分流办案机制，针对不同案件类型，设置专门办案机构或者组织。完善分案规则，根据案件繁简程度设置不同的分案规则，保证检察官合理的办案数量和质量。

三、认罪认罚从宽制度深入推行

2018年10月通过的《关于修改〈中华人民共和国刑事诉讼法〉的决定》，使认罪认罚从宽制度以立法的形式加以巩固。经过两年的试点，2019年认罪认罚从宽制度在全国范围内全面深入推行。这一制度对于优化司法资源配置、高效惩治犯罪、及时修复社会关系有着变革性作用。2019年10月24日，最高人民检察院联合最高人民法院、公安部、国家安全部、司法部共同发布《关于适用认罪认罚从宽制度的指导意见》，对认罪认罚从宽制度的基本原则、当事人权益保障等作出了具体规定。检察机关积极履行主导责任，在提升诉讼效率、化解社会矛盾、减少社会戾气、创新社会治理、促进社会和谐等方面取得了明显成效，为促进社会治理体系和治理

[①] 邓思清：《捕诉一体的实践与发展》，载《环球法律评论》2019年第5期。

能力现代化贡献了法治智慧，体现了检察担当。认罪认罚从宽制度是以检察官主导责任为基础、贯穿整个刑事诉讼活动的制度设计。该制度适用于所有类型的案件，但应以量刑为限，不包括定罪。一是认罪认罚从宽制度的证据标准。在认罪认罚案件中，应当坚持法定证明标准，但这并不影响检察机关在审查起诉阶段就证据较为薄弱的案件与犯罪嫌疑人进行协商，同时检察机关在认罪认罪案件中应当遵守底线并提供必要的保障。[①] 同时，认罪协商失败后，对被告人的认罪陈述应当限制使用，通过不正当协商方式获得的认罪陈述应当排除。[②] 二是认罪认罚的量刑问题。认罪认罚中对"从宽"理解应当结合国家施予从宽的可能区间和从宽的最高限度以及不同诉讼节点对应的从宽比例等，为不同的协商主体划定不可超越的"红线"。[③] 此外，应以诉讼经济与人身危险性为量度建立整体性的认罪认罚从宽制度。[④] 三是认罪认罚从宽制度中的律师参与。目前，值班律师制度在保障认罪认罚的自愿性、明知性的作用尚未充分发挥，甚至存在值班律师被异化为见证制度的风险。[⑤] 鉴于律师制度全覆盖有利于保障被追诉人的合法权益，应通过律师辩护和法律帮助有效衔接与融合等方式，完善律师在认罪认罚从宽制度中的定位。

[①] 孙长永：《认罪认罚案件的证明标准》，载《法学研究》2018年第1期。

[②] 艾明：《认罪认罚从宽制度中的证据法问题》，载《山东警察学院学报》2018年第1期。

[③] 周新：《论从宽的幅度》，载《法学杂志》2018年第1期。

[④] 郭烁：《层级性：认罪认罚制度的另一个侧面》，载《河南大学学报（社会科学版）》2018年第2期。

[⑤] 胡铭：《律师在认罪认罚从宽制度中的定位及其完善——以Z省H市为例的实证分析》，载《中国刑事法杂志》2018年第5期。

四、公益诉讼检察制度全面推开

2015年7月,我国开始推行检察机关提起公益诉讼改革试点。2017年6月,在全面总结公益诉讼试点经验的基础上,通过《关于修改〈中华人民共和国民事诉讼法〉和〈中华人民共和国行政诉讼法〉的决定》,正式建立检察机关提起公益诉讼制度。2017年7月1日,修改后的民事诉讼法和行政诉讼法正式施行,公益诉讼检察工作全面推开,从顶层设计到实践落地,从局部试点到全面推开、健康发展,形成了公益司法保护的"中国方案"。一是检察机关提起公益诉讼的定位。检察机关提起公益诉讼,具有公益诉权和法律监督权双重权能,但以法律监督权为主导。[①] 公益诉权是监督行政权合法运行的权力,法律监督权是监督审判权合法运行的权力,两种均属于程序启动权。二是检察机关提起公益诉讼的范围。目前,民事诉讼法和行政诉讼法确定的检察机关提起公益诉讼的案件范围,都有一个"等"字,其含义是在没有明确授权之前,检察机关应审慎地在其他领域开展公益诉讼规则。[②] 党的十九届四中全会通过的《中共中央关于坚持和完善中国特色社会主义制度 推进国家治理体系和治理能力现代化若干重大问题的决定》在坚持和完善中国特色社会主义法治体系部分,明确提出"拓展公益诉讼案件范围"。因此,检察机关应结合地方实际,积极、稳妥去尝试在限定领域具有相当性、为人民所关切的范围内开展公益诉讼工作。三是公益诉讼中检察机关的调查核实权。检察机关在公益诉讼中的调查核实权有别于刑事侦查、法院调查和一般诉讼监督的调查,其来

---

① 樊崇义、白秀峰:《关于检察机关提起公益诉讼的几点思考》,载《法学杂志》2017年第5期。

② 田凯:《拓展检察公益诉讼范围思考》,载《检察日报》2019年12月17日。

源于法律监督权,属于法律监督权的附属权力,其权力行使应受到检察监督目的制约,保持谦抑性。[①] 检察机关应根据公益诉讼的职权定位、工作实际等因素,建立除强制措施之外的各种调查方式的法律制度,保障调查核实权的实施。

第四节 中国特色社会主义检察制度的前景展望

党的十九届四中全会指出,坚持和完善中国特色社会主义制度,推进国家治理体系和治理能力现代化是一项重大战略任务。而中国特色社会主义检察制度是中国特色社会主义制度的重要组成部分,检察机关在推进国家治理体系和治理能力现代化过程中重任在肩。中国特色社会主义新时代的社会主要矛盾从"有没有"转变为"不平衡不充分",适应新时代新形势要求,检察机关明确了刑事、民事、行政和公益诉讼"四大检察"法律监督总体布局。2020年11月,中央全面依法治国工作会议首次提出了习近平法治思想,系统深刻地回答了新时代为什么实行全面依法治国、怎样实行全面依法治国等一系列重大问题。习近平法治思想是马克思主义法治理论中国化最新成果,是全面依法治国的根本遵循和行动指南。全面推进依法治国需要建立公正高效的司法制度,检察制度是司法制度的重要组成部分。从战略布局和长远发展看,检察机关应以习近平新时代中国特色社会主义思想特别是习近平法治思想为指导,坚持宪法定位,以代表公共利益为职责使命,健全四大检察全面充分协调发展法律监督体系,推动和促进国家治理体系和治理能力现代化。

---

① 天津市西河区人民检察院课题组、杜博懿:《检察公益诉讼调查核实权分析》,载《中国检察官》2019年第13期。

一、检察机关坚持党的领导制度体系更加完善

习近平法治思想指出,党的十八大以来,全面依法治国实践取得重大进展,其中首要方面是"党对全面依法治国的集中统一领导全面加强"。2018年8月24日,习近平总书记在中央全面依法治国委员会第一次会议上就指出:"党的领导是社会主义法治最根本的保证。全面依法治国决不是要削弱党的领导,而是要加强和改善党的领导。"而我国检察制度自创设以来,所取得的成绩都是在党的领导下取得的。因此,新时代检察改革要继续坚持党的领导,坚持自上而下的集中管理,这是中国特色检察制度内生发展规律的重要体现,是中国道路和中国特色的必然要求。① 具体而言,新时代检察制度要坚持以习近平新时代中国特色社会主义思想特别是习近平法治思想为指导,坚持党对检察工作和检察改革的绝对领导,确保党的方针政策在检察工作和检察改革中得到不折不扣的执行,坚定不移地走中国特色社会主义法治道路。在此前提下,新时代检察制度要更加尊重实践,着力提高执法能力和执法效果,为推进国家治理体系和治理能力现代化作出贡献。严格按照中央关于深化改革的要求,以去行政化作为主要发展逻辑,尊重司法规律,尊重来自于基层实践的改革创新自觉性及其成果,重视检察权行使主体的制度建设,系统加强检察权运行的组织建设等。

二、检察机关的宪法定位更加明确

在第二十二届国际检察官联合会年会暨会员代表大会上,习近平总书记发来贺信,指出:"检察官作为公共利益的代表,肩负着

---

① 徐鹤喃:《制度内生视角下的中国检察改革》,载《中国法学》2014年第2期。

重要责任……中国检察机关是国家的法律监督机关,承担惩治和预防犯罪、对诉讼活动进行监督等职责,是保护国家利益和社会公共利益的一支重要力量。"检察机关作为公益的代表,其活动范围并不局限于刑事诉讼领域,而是广泛地参与涉及公益的诉讼,其职能由刑事公诉向依法全面维护公益方面扩展。第一,以公益原则制约公诉权的范围和方向。检察权行使对犯罪起诉与否的裁量时,应遵守公益原则,并把权衡公共利益作为正确行使公诉权的重要标志。当现有证据足以认定构成犯罪的情况下,检察机关应以公共利益标准来衡量是否需要起诉。当不支持起诉的公共利益因素的分量明显超过提起公诉的公共利益因素或者案件的整体情况表明从起诉程序中分流出去更为适宜,检察机关可作出不起诉处理。否则,即使存在不支持起诉的因素,也应在量刑时加以考虑。第二,检察机关以公共利益作为公益诉讼的启动标准。现有民事诉讼法和行政诉讼法将公共利益的范围限定在生态环境和资源保护、食品药品安全、国有财产保护、国有土地使用权出让、英雄烈士保护五大类。因此,检察机关对等外领域进行探索时,应以与现有限定范围领域具有相当性和人民所关切两个标准来衡量是否应当提起公益诉讼。第三,以公共利益作为检察机关依职权启动民事诉讼监督和行政诉讼监督的标准。在民事行政诉讼中,检察机关发挥的其他职能,包括抗诉,也以公共利益为出发点。由于检察监督具有事后性和救济性,其依职权启动对诉讼监督,应与违法情形的性质、程度及诉讼阶段相适应。①

三、四大检察的发展更加全面充分协调

在推进国家治理体系和治理能力现代化的大背景下,检察机关

---

① 孙谦:《新时代检察机关法律监督的理念、原则与职能——写在新修订的人民检察院组织法颁布之际》,载《人民检察》2018 年第 21 期。

应立足法律监督职能，以四大检察全面充分协调发展为依托，前移检察监督端口，使部分矛盾冲突在转换为严重犯罪行为之前得到解决，从而缓解行政压力，也防止出现滥诉，节约司法资源，促进社会善治。

(一) 刑事检察更加注重分层次多元化处置犯罪

从根本上讲，检察机关代表国家维护公共利益，其根本目的就是防止和减少危害公共利益行为所造成的损失，并纠正和预防违法犯罪的行为。新时代刑事检察制度应更加关注和聚焦轻微违法和犯罪，构建多层次刑事诉讼程序。一是严格区分罪与非罪。对犯罪行为的审查坚持证据标准和公共利益标准相结合的方式，坚持罪刑法定原则和刑法谦抑性原则，严格把握罪与非罪的界限。对不构成犯罪的，或者虽然构成犯罪，但犯罪情节轻微的，作不起诉处理。二是推动认罪认罚从宽制度，促进非刑事化和诉讼程序简化。对因认罪认罚不需要判处刑罚，且符合法律规定的不起诉条件的犯罪，依法作出不起诉处理。对已经进入刑事诉讼程序的案件，构建刑事诉讼案件分层分类处置机制，加快案件办理进程。三是积极探索刑罚替代性措施。结合我国实际，借鉴国外的 ADR（非诉讼纠纷解决机制）纠纷解决替代机制，探索刑罚替代性措施，如检察机关可以通过谈判、调解等方式让轻微刑事犯罪行为人或者是尚不构成刑法意义上犯罪却可以构成犯罪学意义上具有损害性的违法犯罪行为人付出道歉、赔偿、社区劳动等代价。四是注重犯罪预防。检察机关在追诉犯罪的同时，应积极探究案件背后的深层次问题，并以检察建议、调研报告、立法建议等方式从源头上预防犯罪行为的发生。

(二) 民事检察监督更加精准和有效

在全面推进依法治国的法治语境下，民事检察监督应以公民基本权利保护为切入点，以宪法"依法治国""尊重和保障人权"的精神为依托，努力成为公民基本权利的守护者。但是，发挥民事检察监督职能实现对公民基本权利的保护，必须处理好法律监督和司法保障机制的关系。在保护公民基本权利方面，现有司法保障制度负有第一位的责任，只有在保护公民基本权利的司法机制缺位时，检察机关的法律监督才是必要和迫切的。① 因此，民事检察监督职能在保护公民基本权利上发挥的是拾遗补缺的作用。同时，民事检察监督制度应从单一抗诉制度，向涵盖诉前监督、诉中监督、诉后监督和执行监督在内的监督转变。②

（三）行政检察监督的促进依法行政功能更彰显

行政机关是国家治理的具体实施者和推进者，在实现国家治理体系和治理能力现代化过程中发挥着重要作用。③ 新时代行政检察制度应立足诉讼活动，从刑事、民事、行政、公益诉讼案件中发现行政执法缺位等问题，通过检察建议、抗诉等手段，直接或者间接对行政执法活动进行监督。同时，以诉讼监督为依托，逐步拓展监督领域，将法律监督的触角拓展至行政执法活动监督。具体而言，在尊重行政权、审判权边界的前提下，采取各方均能接受的方式，按照符合现有法律法规、公共利益以及平等保护原则的要求，积极推进行政争议实质性化解，切实减轻当事人的诉累，使审判权、行政权朝着双赢多赢共赢的目标发展。需要注意的是，对行政执法活动的监督并不等于一般监督，必须以"人民检察院行使职权时发

---

① 魏晓娜：《依法治国语境下检察机关的性质与职权》，载《中国法学》2018 年第 1 期。

② 汤建维：《新时代民事检察发展的八大支点》，载《人民检察》2019 年第 19—20 期合刊。

③ 袁曙宏：《在新时代深化依法治国实践中谱写法治政府建设新篇章》，载《法制日报》2018 年 8 月 30 日。

现"和涉及公共利益的双重标准,来限定行政检察监督权的边界。①

(四) 公益诉讼参与社会治理的作用发挥更充分

聚焦党和国家工作大局,在党委领导、政府负责、社会协调、公众参与、法治保障的社会治理体系中发挥检察公益诉讼的独特作用。一方面,进一步加大重点领域监督办案力度;另一方面,积极、稳妥拓展损害公共利益的新领域,同时坚持监督必要性原则,防止为了监督而监督,避免没有实质内容的监督。具体而言,在行政公益诉讼中,检察机关应树立通过诉前检察建议实现维护公益目的是司法最佳状态的理念。只有当行政机关不纠正违法或者怠于履行职责时,检察机关才作为公益利益代表人提起行政公益诉讼。同时,强化行政检察和公益诉讼衔接机制。在民事公益诉讼中,检察机关要加强与相关社会组织沟通,引导、支持、建议符合条件的社会组织以原告身份提起诉讼,形成行政机关、社会组织、司法机关共同保护公益的格局。

四、检察职能履行的组织机制更健全

立足检察机关的宪法定位和检察权运行规律,根据中央政法委关于"优化法院检察院机构职能体系"的要求,以内设机构改革为契机,以优化职能配置、突出履职能力为重点,完善检察权运行体系、人员分类管理体系和组织管理体系。一是完善检察权运行体系。加强以办案组织检察官为核心的办案团队建设,科学界定检察官、检察官助理的职责;细化检察委员会、检察长、检察官之间的职责权限;科学合理设定考评指标体系,完善检察官业绩考核评价机制;建立健全案件质量评查机制,完善案件管理机制;建立健全

---

① 姜明安:《行政检察监督在新时代依法治国伟大工程中的地位与作用》,《人民检察》2019年第19—20期合刊。

检察官惩戒制度，完善司法责任认定和追究机制。二是完善人员分类管理体系。按照三类人员的序列进行分别管理：检察官序列重点在于完善检察官入额遴选和公开选拔检察官制度，建立健全检察官逐级遴选制度、动态管理机制和退出机制等；检察辅助人员序列重点在于探索实行检察辅助人员集中管理、统一调度使用和所在部门管理、动态管理相结合的管理使用模式；司法行政人员序列重点在于落实司法行政人员职务与职级并行制度，拓展司法行政人员发展通道。三是完善组织管理体系。通过整合内部资源，构建符合司法运行规律、科学规范的内设机构体制。按照案件类型组建专业化刑事办案机构，实行捕诉一体办案机制；适应人民群众司法需求和社会经济发展，分设民事、行政、公益诉讼检察机构。同时，深化与行政区划适当分离的司法管辖制度改革，健全对最高人民法院巡回法庭、知识产权法院、互联网法院、金融法院等的法律监督机制。

五、检察工作与科学技术深度融合

在未来，检察工作与现代科学技术深度融合，智慧检务工程持续建设，健全运用科技手段提升司法办案、检察管理与服务能力机制。全面构建应用层、支撑层、数据层有机结合的新时代智慧检察生态。依托人工智能、大数据等技术，统筹研发运用智能辅助办案和管理系统，完善类案分析、结果比对、办案瑕疵提示、超期预警等功能，促进法律统一适用。按照"全业务智慧办案、全要素智慧管理、全方位智慧服务、全领域智慧支撑"的要求，将智慧检务从诉讼办案领域拓展到检察监督全域，推进以强化法律监督为主要目的的"智慧监督"辅助系统建设，探索构建"互联网＋检察监督"模式，推动信息网络技术与检察监督工作的深度融合，凸显数据在检察监督环节中的实时导入、职能分析和可视化展现等功能，以信息化手段和互联网思维引领检察监督工作的现代化。

一是加快推进以电子检务工程建设为龙头的科技强检工作,建设司法办案、检察办公、队伍管理、检务保障、检务公开等平台,形成以需求为主导、以业务为主线、以网络为基础、以应用为核心、以安全为保障的检察信息化综合体系。借助大数据去中心化、可追溯与不可篡改的特性,改变传统的事后监督模式,将检察监督点前移。

二是立足四大检察一体化发展理念,建立健全系统之间的互联互查功能。将信息技术拓展至检察监督全领域,建立数据基础平台,开发业务应用,实现全方位的信息共享机制,实现检察监督的精细化管理。①

三是在省级层面统筹指导,打破地区"信息孤岛"瓶颈,避免出现低水平重复建设、数据整合利用率低下等问题。通过相对统一的职能研发和应用,反向助推厘清各级检察机关的职能定位,明晰不同层级检察院的监督侧重点,形成上下联动机制。同时,打破不同部门之间的信息壁垒,将检察机关、公安机关、司法行政机关所收集和制作的、符合条件的数据全面纳入共建共通共享的范围,推动形成有利于平台互联互通、信息共享共用、业务衔接联动的体制机制,从而发挥大数据优势,实现数字化向智能化跃升。

---

① 季美君、王燃、姚石京等:《大数据时代检察机关遇到的挑战与应对》,载《人民检察》2017年第15期。

后　　记

　　岁月不居，时节如流。转瞬来浙江工作已近三年。回首2018年以来检察工作的发展实践，最突出的感受是，以理念变革引领检察事业创新发展，是新时代检察工作最鲜明的特征之一。最高人民检察院党组和张军检察长高度重视理念变革，因应新形势新任务新要求，提出了一系列新时代检察工作新理念。"理念一新天地宽。"近年来，适应犯罪结构变化落实少捕慎诉慎押司法理念，平等保护民营经济，新时代法律监督为大局服务、为人民司法更加自觉；通过重塑性内设机构改革形成"四大检察""十大业务"法律监督新格局，实行"捕诉一体""派驻+巡回"，新时代法律监督体系更加完善；勇担指控证明犯罪和认罪认罚从宽制度主导责任，以典型案例主动引领社会法治进步，新时代检察履职更加有力；坚持政治建设与业务建设融合推进，创新使用"案－件比"质效评价标准，坚定落实"三个规定"，新时代法律监督能力稳步提升。

　　本书结合近年浙江检察创新转型发展的具体实践，试图对新时代检察新理念做一些梳理和解读，以求教于检察系统各位领导同仁和理论界的朋友们。需要说明的是，社会发展永无止境，检察实践和检察理念的创新发展亦无止境。作为人类思想观念的一部分，检察理念的创新发展总是处于不断生成、发展与变化之中，甚至在某种意义上说，它是一个"永无完结的事业"。因此，本书的目的绝非仅在于探究新时代检察理念的内涵，还在于探索新时代这一特殊改革转型发展时期检察理念的生成与进化，即对构建新时代中国特色社会主义检察理念的"根据"进行智识性发掘和拓展性思考。职是之故，本书所阐发的并非一个"决断式"的封闭性论断，而是一种"问题式"的开放性命题，以期引起更多专家学者和实务工作者参与到新时代检察理念的知识构建中来，为新时代中国特色社会主义检察事业的发展贡献智慧和力量。

  本书写作过程中，得到了我的同事糜方强、李忠强、胡勇、胡金龙、王克文、张峰、曾于生、高德清、魏干等同志的倾力帮助。中国法学会刑法学研究会名誉会长、中国人民大学法学院荣誉一级教授、人民教育家高铭暄先生，不顾年事已高，欣然应允作序，使拙著陡然增色。在此，谨对为本书的写作出版给予大力支持和辛勤付出的所有朋友们一并致以由衷的谢意！

贾　宇

2020 年 12 月于杭州